思想觀念的帶動者
文化現象的觀察者
本土經驗的整理者
生命故事的關懷者

Psychotherapy

探訪幽微的心靈，如同潛越曲折逶迤的河流
面對無法預期的彎道或風景，時而煙波浩渺，時而萬壑爭流
留下無數廓清、洗滌或抉擇的痕跡
只為尋獲真實自我的洞天福地

CLOSELY OBSERVED INFANTS

嬰兒觀察

分析取向的心智發展解析

Lisa Miller　　Margaret Rustin　　Michael Rustin　　Judy Shuttleworth
麗莎・米勒　瑪格麗特・羅斯汀　麥克・羅斯汀　茱蒂・沙托沃斯

編

樊雪梅───譯

愛・兒・學 合作出版

目次

第一部　理論與方法

第二部　觀察

附錄

【推薦序一】嬰兒觀察與心理治療師態度的養成

　　埃斯特 ・比克（Esther Bick）於 1948 年率先在倫敦塔維斯托克（Tavistock）中心推出「嬰兒觀察」做為兒童心理治療師的訓練課程之一。1960 年倫敦精神分析學院（Institute of Psycho-Analysis）跟進，「嬰兒觀察」成為精神分析和精神分析取向心理治療的重要基礎訓練之一。至今此專業訓練已廣及世界六大洲。筆者於 2000 年從英國倫敦塔維斯托克受訓回國之後開始將嬰兒觀察介紹給華人臨床工作者，近幾年來陸續從塔維斯托克中心完成訓練的樊雪梅（本書譯者）、魏秀年、甄家明、陳煥昭和翁欣凱也積極在台海兩岸推動嬰兒觀察的訓練。

　　為何嬰兒觀察在精神分析取向心理治療訓練中扮演如此舉足輕重的角色？三十年來筆者在精神分析這塊土地耕耘，深感心理治療師態度養成之重要。佛洛伊德（Freud 1912）當論及精神分析技巧時，建議從事精神分析的醫師們在聆聽個案時，勿將注意力放在任何特定事項上，而是要以…「『均等懸浮的注意力』面對所聽到的一切……」（p. 111-112）。比昂（Bion 1967）以「負極能力」（negative capability）描繪分析師在診療室中將欲求理解與治療目標拋諸腦後，並跟「不解」（puzzling）共處的心智狀態。晚期布利頓（Britton 1989）也論及分析師在診療室作為一位參與者同時是觀察者所需要的伊底帕斯三角空間。以上論點可說含攝了精神分析臨床工作中非常重要的「設置」（setting），以及「設置」所揭櫫的心理治療師的態度。然而「均等懸浮的注

意力」如何達成？如何跟模糊的情境共處而不被自己的慾望所左右？提供觀察和思考能力的三角空間又要如何獲得？除了透過個人分析或「自我分析的淨化」（Freud 1912），心理治療師的態度，作為心理治療最重要的設置之一，要如何養成？嬰兒觀察可否作為養成心理治療師態度之契機？

　　嬰兒在育嬰室的尖叫、哀號；孩童在遊戲室的咆哮，以及個案在診療室透過分裂與投射試圖操弄內在難忍（無法消化）的情緒，見證了一個嬰兒的成長以及診療室的劇場中，投射－認同（projective-identification）的必要。如同照顧者在育嬰室被迫內攝嬰兒內在的崩解，治療師在遊戲室或診療室也必須經驗轟炸式的情緒投射。嬰兒觀察如何協助心理治療師學習在診療室面對此種狂亂不安之情緒時，仍能參與其中並同時觀看和思考自己的情緒反應。

　　本書闡述嬰兒觀察以一種臨在、不主動介入和專注的態度在「參與觀察」中保持思考（Rustin，第一章）。觀察員學習將進入一個陌生家庭的不確定感留在心中；當被暴露在強烈的情緒中，面對不熟悉的混淆和強烈的嬰兒式情緒生活時，讓經驗的衝擊直接浮現，同時觀看自己被誘發的情緒反應（尷尬、無助、不確定、不知所措、不解、生氣、想批判等），看著它們的消長與變遷，不急著以行動紓解自己的焦慮或找出問題的根源和解答；透過長時間的觀察，學會留在困惑中，觀察自己的慾望（想介入、想幫忙、想被肯定、想解決問題、想滿足自己和他人的需要等），看著它們的來去（Rustin，第一章）。

　　在長時間的觀察中，觀察員學會找到一個親密、自在卻又足夠遠的位置，讓自己擁有一個觀察自己的內在以及母嬰之互動的

心理空間；診療室的治療師也必須找到一個作為參與者同時是觀察者所需要的伊底帕斯三角空間。觀察員在育嬰室學會體驗母親和嬰兒「找到彼此」的過程不能被強迫，治療師也常常必須跟不確定和焦慮相處，以容受（receptive）的態度，面對個案的各種情緒，並在長時間的陪伴歷程中，漸漸找到自己跟個案相處的方式。一位母親對於嬰兒的無助不知所措時，她可能會覺得她必須做一些事情，例如餵奶，給奶嘴，搖晃嬰兒等，以停止嬰兒的痛苦；治療師也可能會覺得單單臨在、專注和對困境感興趣是不夠的。他會覺得自己必須透過做一些事情來協助個案，以此合理化自己的存在（Waddell 1998）。這種對嬰兒（個案）的需求過度關注，很可能傳達給嬰兒（個案）的是一種未被消化之焦慮的投射，這種焦慮使嬰兒（個案）混淆並且無助於區辨自己的情緒跟母親（治療師）的情緒。

　　哈里斯（Harris, M. 1976）在論及嬰兒觀察與精神分析師之養成的論文中，闡釋育嬰室的嬰兒觀察跟診療室的心理治療如何異曲同工；搖籃中的部分客體和完整客體之波動跟躺椅上的「嬰兒」和「成人」之間的波動如何相似；育嬰室所面對的強烈情緒又如何對比診療室中的情緒衝擊，以及觀察員（治療師）貼近一個足以引發衝擊之關係的重要。哈里斯（Harris）指出診療室中的移情是嬰兒期慾望和客體關係的外化，治療師可從育嬰室觀察到診療室移情的本質，並學習當面對強烈情緒投射時，耐受痛苦而不付諸行動的重要。

　　「負極能力」（negative capability）是從經驗中學習的先決條件，它包括學習承受大量焦慮的投射，並抑制想立刻介入的衝動以及透過建議或支持來緩解焦慮的行動化。同樣地，診療

室作為一種觀察情境，治療師可運用嬰兒觀察所養成的情緒受納（emotional receptivity）態度學會等待，直到蒐集到更多被個案誘發的反應，而不是以「解釋」阻礙個案情緒經驗的出現。若治療師能等待夠久，也許會有機會遇見個案人格中更原始的嬰兒部分的投射（learning from）。

　　觀察中難免碰上主要照顧者無法照顧到嬰兒情緒需求的場景，面對此狀況，觀察員可能會經歷不安，或被激起強烈的情緒反應。如同母親的心智作為嬰兒的阿爾法功能（alpha function），涵容嬰兒支離破碎的心理經驗並轉化嬰兒的處境，嬰兒觀察訓練中的小組討論作為觀察員（治療師）的「能涵容」（container），協助治療師理解並消化在觀察歷程中所被激起的痛苦情緒，使觀察得以持續。

　　精神分析或分析取向心理治療工作中所面臨最大的困境，來自這種工作模式的主要治療工具是治療師本人。佛洛伊德針對想從事精神分析的醫師之建言中提到，臨床工作者若想以自己的潛意識作為分析的工具，**他必須不能容忍自己的任何抗拒，因為它會阻礙其潛意識所覺知到的進入其意識**（Freud 1912）。他同時談到臨床工作者對於個案的幫助會受限於他自己未解決的衝突和阻抗。對於這困境的出路，佛洛伊德建議臨床工作者接受個人分析的淨化，但是他也坦承，**個人分析終究是不完整的，即使結案之後持續自我分析，也必須安然接受自我了解的有限與不足**（Freud 1937）。這個限度也讓診療室中上演的戲碼成為難解之謎：到底治療師在臨床現場的情緒反應係來自個案的投射－認同（projective-identification），還是來自治療師自己沒有處理好的反移情？嬰兒觀察當然也無法解開這道謎，但是在深度陪伴的漫

長旅途中，除了個人分析，育嬰室的現場體驗以及事後的小組討論，得以讓觀察員多了一個從自己的反移情中學習的契機。大多觀察員表示他們在不同觀察階段，經歷焦慮、矛盾、嫉羨、生氣、競爭或是難過、無助和無望（Rustin，第一章）。觀察員透過自我反省或是藉由小組討論，理解這些感覺的來龍去脈，體驗並接受自己的限度。

「最艱難的路依然是最近的一條路」（Freud 1904/3）。所有觀察員剛開始，都覺得嬰兒觀察是不可能的任務。然而在觀察的旅程中，大家都漸漸找到了自己在觀察中的角色，覺得自己不再為了沒做什麼而感到困窘而不自在、接受作為無用的第三者的位置，並能允許自己更多時間反芻所經驗的一切。

「嬰兒觀察」於第一次在台灣出版之後，短期內即銷售一空。本書中文版能再度問世，不僅僅是兒童臨床工作者的福音，也是精神分析或精神分析取向心理治療臨床工作者不可或缺的閱讀文獻之一，更是推動華人兒童心理治療以及相關領域之臨床訓練的得力助手。

林玉華
國際精神分析學會兒童暨成人精神分析師
台灣兒童青少年心理治療學會理事長
前輔仁大學醫學院臨床心理學系系主任

參考資料

Bick, E. (1968). The Experience of the Skin in Early Object-Relations. Int. J. Psycho-Anal. 49: 484-6.

Bion, W. (1967). Second Thoughts: Selected Papers on Psycho-Analysis. London: Karnac Books, 1984.

Britton, R. (etc. ed.) (1989). The Oedipus Complex Today: Clinical Implications. London: Karnac Books

Freud, S. (1903/4). Freud's Psychoanalytic procedure. S.E. 7. 249-254

Freud, S (1912). Recommendations to physicians Practicing Psychoanalysis. S.E. 12. 109-121.

Freud, S. (1937). Analysis terminable and interminable. S.E. 23. London: Hogarth Press.

Harris, M.(1976). The contribution of Observation of Mother-Infant Interaction and Development to the equipment of a psychoanalyst or psychoanalytic psychotherapist. In The Tavistock Model: Papers on Child Development and Psychoanalytic Training, 117-132.

Waddell, M. (1998). Inside Lives. Psychoanalysis and the Growth of the Personality. UK: Duckworth.

【推薦序二】為中文版第一次出版作序*

　　即使嬰兒觀察已自 1948 年起被納入精神分析教育中，當《嬰兒觀察》一書於 1989 年出版時，關於嬰兒觀察的文字出版品還是非常少，連在專門的精神分析期刊裡也很難找到。令人驚嘆的是，在本書出版後十幾年之間，這本書被翻譯成好幾種語言，包括法文、義大利文、西班牙文與葡萄牙文，而且在歐洲的幾個國家裡每年還有固定的嬰兒觀察國際會議，吸引數百人參加，同時也有了一本國際刊物《國際嬰幼兒觀察與應用期刊》（The International Journal of Infant Observation and its Application），每年出版三次。這些在在證明大眾對嬰兒觀察的興趣在成長中，而心理衛生及其他專業領域訓練課程應用嬰兒觀察法來培訓學員的盛況只是其中的一部分。本書中文版的出版更顯露出精神分析觀察法的核心理念對世界的影響。目前，世界上有許多國家都有人在進行嬰兒觀察。2002 年是埃絲特·比克（Esther Bick）的百年誕辰，許多重要的研討會及探討其精神分析工作的新書紛紛以法文、英文出版，紀念慶祝她創立嬰兒觀察的貢獻。現在也有嬰兒觀察教學錄影帶（觀察嬰兒觀察），可以幫助讀者了解當前塔維斯托克診所（Tavistock Clinic）對嬰兒觀察核心理念的想法。

　　本書的新讀者可能有興趣了解這本書的出版過程。1980 年

---

* 編註：本文撰寫於 2002 年，原為中文世界首次出版《嬰兒觀察》所做。時隔二十年，此次重新出版本書時，瑪格麗特·羅斯汀（Margaret Rustin）已從塔維斯托克診所退休。因該文對於讀者理解嬰兒觀察法及全書主旨內容皆有提綱挈領之效，故仍收錄於新版中，以饗讀者。

代早期，在英國受訓成為精神分析取向心理治療師（特別是兒童心理治療師）的人數顯著增加，那些接受比克嬰兒觀察法訓練出來的新一代治療師開始與他們的學生分享他們的知識與經驗。令人不解的是，除了埃絲特・比克（Esther Bick）幾篇經典的文章，及其他於兒童心理治療領域零星的出版物外，觀察者所累積下來的大量嬰兒觀察紀錄，只有極少數被出版。我們當然可以理解為什麼會有這樣的狀況。觀察員被接納，被允許進到被觀察家庭觀察嬰兒與其家庭的親密生活，是莫大的特權，觀察員自然會很強烈地想要尊重並保護被觀察家庭的隱私，維持保密協議。然而，敘說的需要也很迫切，包括尋找觀察員可以書寫其發現的方法，針對已發展成熟的研究法，提供正統的說明，並描述此研究法的潛力。

我們花了許多時間討論如何以最適切的方式達到這些目標。有很長的一段時間，四位編輯固定聚會討論每一章節如何能呈現嬰兒觀察的目標與精神分析取向觀察法的內涵，並且試著將此研究法放在較大的學術脈絡中來探討。我們特別希望討論分析取向嬰兒觀察裡所隱含的心智模式與人類發展論，並描述學習中的臨床工作者暴露在什麼樣的經驗中，同時探索此觀察法的研究潛力。四位編輯共同草擬了這些主要的論述，並一起撰寫。

下一個任務則是決定如何呈現嬰兒觀察的詳細實例。我們決定找能代表多樣性的一群嬰兒，男孩和女孩、頭胎和有兄姊的嬰兒、一對雙胞胎，並確保這些嬰兒的家庭也能代表多元的社經背景，有中產、勞動階級的家庭，以及母親需要外出工作，所以嬰兒的照顧責任必須分擔的家庭。不過，我們決定選取雙親都在的嬰兒，主要是因為這是這些觀察在進行時，大部分家庭的樣貌。

我們所邀請撰寫報告的觀察員也來自各種背景：有男、有女，年紀大的、年紀輕的，已經當父母的、尚未有小孩的。我們請觀察員提供他們的「原始觀察資料」，所以讀者可以直接感受到觀察進行時的氛圍，並將這組資料與後來研討小組裡的討論，及觀察員接下來對其經驗概念化時的詮釋性想法，清楚地分開。我們希望透過這種方式，可以清楚地呈現觀察與詮釋之間的關鍵差異，此種差異是精神分析態度的核心。

我認為，自從本書出版後，嬰兒觀察的書寫品質和內容都穩穩地立基於上述的根本原則，而這樣的書寫模式是有益的。

如今，令人興奮的是，嬰兒觀察將進入新的紀元，更多焦點會放在複雜的文化差異，而毫無疑問地，被觀察家庭的形式也會更多元。在西方國家中，離婚成了每天會發生的事實，許多孩子誕生在單親家庭。同時因為醫學科技的進步，生孩子的方式也可以非常不同，這些變化也很需要列入考慮。已經穩固建立的精神分析取向觀察法應該能讓我們從更多元的觀察實例中，有醍醐灌頂般的學習，並持續汲取比克（Bick）極具啟示性的創造，去理解嬰兒與父母無論在什麼樣的環境裡，都必須面對的根本焦慮。

無論如何，過去這些年來，在世界各地所進行的嬰兒觀察的比較，讓我們看見，儘管文化與社會元素有所不同，觀察實例裡浮現的議題似乎顯示，親子關係的持續性與相似性大於其差異性。國際間的交流，與嬰兒觀察小組督導在不同國家裡帶領小組的經驗，特別能看見這種相似性，比克（Bick）最先描述的深層嬰兒式焦慮、嬰兒用來抵禦這些焦慮的防衛結構，以及父母內心類似的深層焦慮，都能被熟悉地辨識出來，雖然其中有複雜的、微妙的個別差異。

瑪格麗特・羅斯汀
兒童及青少年心理治療師名譽顧問
塔維斯托克診所前主任
塔維斯托克及波特曼全國健保基金信託
英國倫敦

Margaret Rustin
Honorary Consultant Child & Adolescent Psychotherapist,
Former Chair of the Tavistock Clinic
Tavistock and Portman NHS Foundation Trust
London, England

前言 _{vii}

　　埃絲特‧比克（Esther Bick）於 1948 年將嬰兒觀察引進塔維斯托克診所的課程，開始用以培訓兒童心理治療師，本書是在此傳統下完成。她這具啟發性的創舉影響甚巨。目前每年大約有上百個學生在塔維斯托克診所修習此課程，學習過程中帶來的教育啟發及興趣，使得嬰兒觀察實務廣為流傳。倫敦精神分析學院（The Institute of Psychoanalysis in London）於 1960 年始，將嬰兒觀察列為其必修課程，這些年來英國多數訓練精神分析導向心理治療師的機構也紛紛跟進。此課程也發展至海外，且有驚人的成長，尤其是義大利，其他如法國、西班牙、挪威、德國、澳洲及好幾個南美洲國家也是，近來加拿大及美國也加入。

　　在嬰兒及其家庭的研究中，精神分析導向嬰兒觀察是極獨特的一種研究方法。近來，愈來愈多研究者希望使用學術研究的方式來探究嬰兒的發展。這些細緻的新研究法開啟了臨床工作者與研究者之間全新的對話基礎，同時，一門新興且重要的領域也在此時誕生：嬰兒精神醫學（Infant Psychiatry）。在此脈絡下，出版塔維斯托克診所兒童心理治療師在這方面的經驗，似乎正逢其時，且極具價值。本書有三位編輯是資深兒童心理治療師，教授嬰兒觀察課程已二十餘年，第四位是位對精神分析極感興趣的社會學家。本書是在與瑪莎‧哈里斯（Martha Harris）的討論之中漸漸成形，她在教授用嬰兒觀察來探究人類關係（human relationship）有過人之處，本書四位編輯受她影響極深，特別要

將此書獻給她，以紀念她，並表達深切的感激。

為了保護本書中每個家庭的隱私，撰寫各章案例的觀察者將列名為對此書有貢獻者，而非各章的作者。瑪莉‧巴克（Mary Barker）是其中一位早期參與計畫討論的觀察者，很遺憾她於1987 年過世，我們很感謝能徵得同意，後來以瑪莉的章節早期手稿做為其中一份案例研究的基礎。

viii　　將多位作者的稿件集結成書，過程甚是緩慢。我們要特別感謝整理手稿並打字的工作人員，她們的巧思及耐性給我們極大的幫助，尤其是珍‧雷諾（Jane Raynor）、戴安娜‧畢賽特（Diana Bissett）與蘇珊‧費茲傑羅（Susan Fitzgerald）。派崔克‧勒費爾（Patrick Lefevre）協助我們處理電腦問題。達克沃斯（Duckworth）出版社的編輯黛博拉‧布雷克（Deborah Blake）協助我們順利完成本書最後階段的工作。感謝所有參與其中的人，及提供我們觀察機會的家庭，能參與他們的嬰兒的發展，是我們莫大的榮幸。感謝我們的家人陪我們一起熬過出版此書的過程。

緒論 1

麗莎・米勒（Lisa Miller）

　　本書要將用於訓練兒童心理治療師的嬰兒觀察法介紹給更多人。本書的作者因在倫敦的塔維斯托克診所接受或從事兒童心理治療師訓練而熟悉此觀察法，但此嬰兒觀察並不限於訓練治療師與分析師，它也可以拓展並豐富其他專業工作者的工作，例如老師、醫師及社工人員。此外，這些發展不僅限於倫敦，在伯明罕（Birmingham）、里茲（Leeds）、牛津（Oxford）、布里斯托（Bristol）及愛丁堡（Edinburgh）都有，甚至也不僅止於英格蘭，義大利許多城市、法國及美國也在此列。雖然此觀察法被廣為應用，不過一開始它是用來訓練修習兒童精神分析導向心理治療的學生。雖然兒童心理治療師在「全國健保」（National Health Service, NHS）的各單位與兒童、青少年及其家庭工作時，其工作內容較為廣泛，但兒童心理治療領域的訓練工作其實是根基於系統的、密集的且專一的兒童精神分析。不過，此觀察法漸漸從特定領域走向更廣泛的應用──對嬰幼兒發展所形成的結論源自於對個體親密、細膩的注意。

　　本書重點因此擺在對特定嬰兒的描述。這些描述精選自每週一次的觀察紀錄報告，撰寫者皆為塔維斯托克的受訓者。我們在挑選案例時，希望呈現不同環境下的各種嬰兒發展。雖然所有的家庭都雙親健在，但他們在其家庭中的角色、社會階層、種族背景及其教養子女的態度、觀念、先見各異。每個例子呈現的方式略有不同。有些案例中有清楚的主題及說明。例如艾

瑞克（Eric），我們有鮮活的文字描述照顧頭胎嬰兒早年生命給
家庭帶來的騷動不安。艾瑞克的父親（母親亦是）會與兒子競
爭，這跟奧利佛（Oliver）的案例形成有趣的對比，奧利佛非常
不一樣的父親將自己置於主導的位置，這不只是發生在他與兒子
2 的關係，也發生在他與觀察員的關係。蘇珊（Suzanne）與凱茜
（Kathy）這對雙胞胎則有她們獨特的議題要面對：有個雙胞胎
姊妹及身為別人的雙胞胎姊妹是什麼感受。在哈利（Harry）的
例子中，我們看見哈利適應著這樣的母親：母親自身的問題一開
始並不明顯，後來在與哈利的關係中漸漸發展成形，而哈利從一
開始就參與這樣的發展。在其他例子中，以史提文（Steven）與
傑佛瑞（Jeffrey）為例，平鋪直述的敘述讓我們可以靜靜觀看這
兩個嬰兒如何適應他們的家庭，成為其中的一員。每一家皆有其
自身的調性，自身的文化。

　　對於所有例子我們盡量不做評論，希望減低過度引導讀者的
可能。然而某些標示是必要的，也免不了選擇性地呈現某些素
材，形塑某種氛圍。我們希望讀者以開放的態度閱讀這些素材，
無須帶有太多先見，也不必給予太多註解。有些讀者可能希望
先讀觀察案例史，然後再調整心情去閱讀前三章有關理論的部
分。這三章探討嬰兒觀察法在訓練及教學方面的應用，其背後的
理論，以及方法學。雖然排除前三章不讀至為可惜，不過這三章
在本書中還是次要的，觀察案例才是本書首要的部分，這些例子
才是讀者應花心思細細咀嚼的文本。文本本身會說它們自己的故
事，而不只是用來印證理論的例子。讀者若熟識理論，有助文本
將它自身闡釋得更深刻、更細膩，然而理論不該限制文本的自我
闡述。

　　創造性閱讀案例素材與創造性閱讀文學作品有其相似之處。本書中進行嬰兒觀察的學生們所使用的方法，與有些讀者在閱讀文學作品時，因對作者的背景及年代有所了解，並對文學批評有相當認識，而採取的方式是類似的。然而，他在回應他所閱讀的作品時，是以直接心靈接觸帶來的嶄新親密感應對，這些知識都被拋諸腦後。這些學生對於嬰兒都有各種背景知識，也對嬰兒理論有程度不一的了解。在進行嬰兒觀察和記錄時，這些知識都被擱置一旁，以便讓經驗本身闡述它自己。在小組督導時，團體成員一起討論每一份觀察內容，也是同樣的歷程。成員們盡可能地貼近觀察內容本身，以便形成想法及概念，而不是用來驗證理論。我們亦希望本書的讀者在閱讀時採取這樣的態度，並專注於嬰兒本身，想一想佛洛伊德（Sigmund Freud）所做的觀察，他的案例史「讀起來就像小說一樣」。

　　既然是閱讀小說，被攪起諸般情緒自然是免不了的。此嬰兒觀察法便將情緒納入考量，採用這個與觀察員有關的新概念。傳統上，觀察者在做紀錄時，得將自身的情緒及反應放在一邊，以免干擾客觀事實的書寫過程。但我們有興趣的事實本身即是「情緒事實」（emotional truths）。觀察者不可能心如止水地撰寫紀錄，讀者在閱讀時的心情也不可能平靜無波。也許在此我們該感謝佛洛伊德。佛洛伊德起初認為「移情」（transference，患者對分析師的種種複雜強烈的情感）一無是處。然而，他並未因此不談移情，他反而仔細檢視、細細思量，而看見移情（患者的情感）和反移情（countertransference，分析師心裡被攪起的情感）可以用來探究患者心裡發生的事。觀察中的情境也一樣，觀察者在其中探究心智活動、心智狀態。嬰兒的智力及社交能力的發

3

21

展、心智的成長、性格及人際關係皆受其情緒發展的影響，而其
情緒發展則發生於他與照顧者的關係中。情緒是最重要的，需要
有人加以觀察並記錄，情緒也會出現在觀察者和讀者心中。這不
會使人分神，也不會有害於參與的過程。準確地說，情緒是提供
深度了解不可缺少的工具。

　　直接面對強烈的嬰兒情感會喚起參與其中的人類似的情緒。
在一場講述嬰兒情緒發展的演講中，有位女士提出一些問題，這
些問題與她最近遇到的事有關，在聆聽演講的過程中突然開始困
擾她，使她深深擔心起來。她想到，她經常在她的公寓裡聽到嬰
兒的哭聲，這嬰兒好像沒人關心似地。演講的內容引發她思考一
些極重要的議題。當我們感受到早年焦慮的力道，意識到嬰兒期
經驗的重要性，我們內在成人的責任感這項關鍵本質便會出現。
本書呈現的想法涉及廣泛的政治及社會議題，它提供新的向度
來思考兒童養育的各方面議題。它不只增加臨床工作者的理解
能力，同時也與醫療、社會服務及教育的決策制定、實施情形有
關。舉例來說，在兒童性虐待或肢體虐待、收養及寄養問題、情
緒傷害或剝奪等案例中，要如何讓成人學習承受敏銳感知原始焦
慮及痛苦，思考這些方式很重要。

　　本書中呈現觀察者對細節的專注，一般人通常不會注意這些
細節，也不易記得。在第十一章中，有一段文字描寫了傑佛瑞對
母親離開他眼前的體驗，第十章則描述史提文極細微的放棄感，
好像有什麼東西從他的經驗裡消失了。安德魯的善感與易驚動
交織，蘿莎和父母親之間因斷奶引起的動盪不安，還有金剛面
具嚇著了奧利佛的那個片段。佛洛伊德很遺憾地說，發現「每一
個奶媽早就知道的事」是他的宿命；梅蘭妮‧克萊恩（Melanie

Klein）因觀察並傾聽小孩玩遊戲的細節而得到許多啟發。我們也以觀察的眼，細看每天發生的平凡事，聚焦於兒童發展過程中的細膩與複雜，他們或多或少都長成其父母的樣式。

本書的編輯認為有必要做些小小的調整，以整合觀察紀錄，讓讀者在閱讀時不被不一致的用法干擾。例如，所有嬰兒的父母都稱為「母親和父親」（或媽媽和爸爸）。事實上，這些撰寫觀察紀錄的學生們稱呼父母的方式各不相同。有人稱呼他們某某先生、某某太太，有人稱呼他們爸、媽，或是直接用父母的名字。選擇用什麼稱謂來稱呼有其意義，小組督導中的討論甚至能讓如此細微的內涵浮現出來。然而，我們希望注意細節不至於使我們失去興趣了解不同例子之間的共通點，因為變異其實是很微小的。

第一部
理論與方法

【第一章】面對原始焦慮 7

瑪格麗特‧羅斯汀（Margaret Rustin）

　　有系統地觀察嬰兒的發展，提供觀察者經驗嬰兒及其家庭原始情緒狀態的機會；當然也提供觀察者經驗面對此種混亂不安環境的反應。本章的重點是，嬰兒觀察的經驗如何儲訓準治療師進入臨床工作。

　　為了讓讀者有個梗概，我要先說明嬰兒觀察在兒童心理治療師訓練課程中的地位。這種研究嬰兒的特殊技術是由兒童分析師埃絲特‧比克（Esther Bick）率先倡導。二次大戰後，精神分析學界漸漸發展出一種訓練兒童心理治療師的具體方式。受訓的學生被要求固定在每週同一個時間拜訪某個家庭一個小時，事後盡可能詳細記錄他們觀察到的每一個細節。任何推論、猜測，及記錄者個人的反應，通常不是紀錄內容的一部分。學生們會參加一個約有五名觀察員的小組，每週見面一次，每次約一個半小時，小組裡有位督導和成員們一起研究觀察的內容。小組督導的帶領方式各異，不過通常學生們得輪流報告「他們的」嬰兒，每位成員一學期（十週）有兩次機會，在小組裡完整地討論他們的經驗。觀察和小組討論會持續兩年。

　　小組的任務是根據手邊可得的證據，探索嬰兒和母親及其他家庭成員在被觀察的一個小時裡的情緒事件。有時，家裡會有保母協助照顧嬰兒，這種情況也會被直接觀察到。觀察的目標在於描述嬰兒和其他人之間關係的發展，包括與觀察員的關係，並試著理解其行為和溝通模式的潛意識意義。經過一段時間後，

學生會對家庭互動的獨特動力有幅全面的藍圖，能對整個情況有相當的理解。家庭成員們的內在世界會漸漸顯明出來，這內在世界是構成其人格及人際關係的基礎。嬰兒人格的形成特別要注意體質和氣質因素之間的交互影響，還要考慮支持環境（holding environment）中特殊的優點和弱點。大多數的觀察員都覺得，他們打從心底對所觀察的嬰兒有了一些真實的理解，不只能夠對嬰兒的內在世界感同身受，也能領會其形式和結構，並能辨識其內化客體關係的模式。嬰兒觀察因而成為探究兒童早年發展，及理解家庭生活的極佳入門。嬰兒觀察是兒童心理治療師所有核可訓練的核心部分，它也能提供其他從事兒童工作者很有價值的專業訓練。

投入這麼多時間接受嬰兒觀察訓練，最有力的理由可總結為：學習早年的情緒發展（指的是真正嬰兒的情緒發展），同時也可從自己對觀察的反應中學習，後者指的是觀察者在進行觀察時，如何在這個家庭裡找到安置自己的位置。觀察員對不同家庭成員的認同，對焦慮、不確定感和大量的無助感有什麼樣的反應，以及觀察帶來的情緒震撼又如何暴露了觀察員的個人問題。

觀察的地點屬於非臨床情境，所以觀察員的責任僅是維持穩定、不介入、友善並全神貫注的態度，這個經驗讓學生有機會發現自己是否有從事臨床工作的潛力，及自己是否喜愛臨床工作。基於此，我認為嬰兒觀察是極佳的臨床工作前置訓練，它讓受訓練者和訓練者能好好衡量受訓練者擔任心理治療師的適切程度。一旦做了決定，讓自己暴露在強烈的情感中，感覺自己被拉進情緒力道強烈的場域，掙扎著維持自己的平衡和完整的自我，經歷一些不熟悉的困惑和嬰兒情緒生活的力量，這些對於初學者來

說，都是嬰兒觀察格外寶貴的面向。這樣的學習和比昂（W. R. Bion）對學習的看法有關，比昂認為「學習某樣東西」（learning about）和「從經驗中學習」（learning from experience）是不同的；前者是一種智性活動，後者則能導致一種對知識的「瞭然」（Biblical sense of "knowing"），能觸及人事物的核心本質。這是一種有深刻情緒的知識形式。

　　小組研討的內容很關鍵，特別是學生們會漸漸看見觀察情境中的移情和反移情元素。舉例來說，學生們會發現，從打第一通電話和被觀察家庭聯絡起，他們就開始遇見許多意想不到的情況。督導會鼓勵他們向被觀察的家庭表示，他們有興趣研究家庭 9 情境中嬰兒的發展，希望把觀察當作兒童發展專業研究的一部分：任何與治療或心智健康有關的事都不在此項學習之列，強調自己只在一旁觀看嬰兒發展出來的關係、能力和活動，以及希望看見嬰兒日常作息，希望被觀察的家庭不要因為觀察員的出現而改變其日常生活作息。然而，被觀察家庭對觀察員有各種期待（通常是由母親傳達），包括把觀察員當作兒童養育專家，能提供所有專業知識，或認為觀察員對生活一無所知，尤其需要別人教她育兒基本常識。在小組裡交換經驗，有助於觀察員警覺到自己被這個家庭放在什麼樣的位置，並了解到這並不只是因為他們真的感知到觀察員的能力，還包括源自母親內在世界觀點對他們的期待。督導會告誡學生們，為了在這個家庭裡建立舒服的觀察位置，他們可以提供一些絕對必要的個人訊息，但除此之外，不給太多個人訊息；督導鼓勵學生們要把觀察員的角色詮釋為收受的傾聽者，而不是全然被動，只會遵循母親、嬰兒和其他家庭成員的引導。當然，觀察員的角色會隨著這個家庭對他的認識愈來

愈深，而漸漸不同；嬰兒慢慢會在遊戲中直接採取主動態度，後來在對話中也是，這時，觀察員也會需要做許多內在整理，釐清自己的角色。

進行觀察時，最好區分以下兩種焦慮：一種源自於觀察員對新角色不熟悉而有的苦惱，另外一種焦慮源自於母親和嬰兒產後幾週會有的感受。然而，這兩種不同來源的焦慮確實會交錯影響，可能使整個情況更難忍受或較易承受，端看所有參與其中者的涵容能力（containing capacities）。

首先，讓我們談一談新手觀察員關心的任務特徵，並探討其較原始的面向。通常，研討小組的所有成員都會非常憂心此種觀察情境帶有「侵犯的可能」（intrusive potential）。觀察員是被邀請進入一個家庭的親密關係中，它不只是社交拜訪，而是貼近小嬰兒的照養過程。觀看餵食、洗澡、抱，以及母親對這新生嬰兒的所有反應，觀察員因而參與了母親和嬰兒生命中最脆弱的時刻。這個過程經驗到的常不只是表面的感覺，而是從深處湧出。觀察員完全經驗母親和嬰兒之間的親密，包括對嬰兒生理照護的所有細節。新生嬰兒的嬌小、搖搖晃晃的腦袋、明亮的大眼、嬌嫩的肌膚，凡此種種都讓觀察員驚嘆；即使有些觀察員有照顧自

10 己嬰兒的經驗，或在工作上經常接觸嬰兒，也還是會感到震驚。觀察員的位置不像一般成年人在見到嬰兒時那樣主動，不主動的姿態為的是留個空間，讓嬰兒的感官感覺產生更強烈的衝擊。同時，也讓人有機會更深刻地認同嬰兒的經驗，新手觀察員在此情境下，也可能認同「試著想要了解嬰兒的母親」。了解自己的嬰兒對新手媽媽來說，特別讓人無力，然而即使是很有經驗的母親，在面對不同嬰兒時，也總是新手媽媽。

　　觀察員會很擔心他們的觀察會破壞母嬰之間隱密的親密關係。在小組討論時,成員可能會以批評此種研究方法來表達此種焦慮,因為他們很害怕這種觀察會是一種攻擊性的偷窺。此時,小組督導必須和成員們談談因觀察而引起的焦慮,協助觀察員區分他們被要求要完成的觀察任務,以及他們多麼害怕這項任務被誤用。例如,對父母的養育能力做自以為是的評斷,用以證明成員們的優越;只報導這個家庭經驗的困境,而忽略其中也有優點和愉悅的時候;或是對經驗當中的生理方面,特別是與性有關的面向,感到幼稚的興奮之情。

　　除非相當謹慎地思考,不然觀察的脈絡也有可能引發行動化(acting-out),因為觀察母嬰互動,可能使觀察員本身的「嬰兒自我」受到痛苦的刺激。觀察員內在衝突被激起的方式有很多種,舉例來說,她有時候可能會覺得自己被成為某種角色的情感侵入,像是滿有競爭敵意的母親、被忽略的手足、慈愛的祖父,或被排除在外的第三者。她自己嬰兒期的潛意識記憶,或她自己身為母親的恐懼和渴望(真實的或潛藏的),都可能被激發出來。初期如果母親餵母乳,男性觀察員的位置會特別敏感,母親和觀察員必須找到方法安置此種身體上的親密,這種女性和非伴侶的男性間的親密在西方文化裡仍不尋常。實際上,丈夫若能在場,這種觀察上的親密便比較能夠忍受,不然,母親可能會安排非餵奶時間,讓觀察員到訪。

　　我們的眼神含有豐富的潛意識意涵,會引起一些關切,它可以讓人覺得是慈愛的、感興趣且誠懇的,也可以讓人感覺到像攻擊的武器一樣(為了吹毛求疵而監看),也可能投射不悅的情感(就像大家熟知的「看了眼紅」),越過別人允許的界限(就像

11　從鑰匙孔裡偷窺），或是因某種扭曲而誤解真實的觀察（像是遊樂場和蠟像館中的哈哈鏡）。

　　在早先的到訪裡，透過實際的觀察安排，以及適當地在觀察情境裡安置自己，能揭露關係中初始的不確定，這些實際的小問題值得好好深思。這樣的經驗是學員們在開始接臨床案例時，很有幫助的背景經驗。怎麼介紹自己；要把自己安置在房間裡的哪個位置；什麼時候坐下來；要不要脫掉外套；要不要接受主人招待的茶水；面對受訪家裡迷人的、惡霸般的、干擾人的或黏人的其他小孩，該怎麼回應；在觀察期間，面對其他人的到訪該如何處理；該怎麼結束，怎麼離開等等，都是重要的議題。要說多少話、怎麼處理個人問題、怎麼找到個人與專業關係之間的平衡點並維持等等，都是在小組研討中一再出現的關鍵問題。對觀察員而言，要找出個人獨特的解決之道，並與此不完美的解決之道共處，或試著改變這不完美，都可能是相當痛苦的挑戰。

　　例如，有位觀察員進行第一次觀察，就遇見媽媽把嬰兒託給她照管，自己跑出去處理急事。她覺得自己身陷兩難。一方面，她希望回應這個渴望協助的新手媽媽，這媽媽不知道自己要如何兼顧照顧嬰兒（「如果我現在動他，他一定會醒過來」）及處理家務；但是另一方面，觀察員又想要建立一個母親和嬰兒都能在場的觀察情境。她得怎麼做才能達到自己的目的，又不會讓人覺得矯情或怪異，也不至於讓母親感覺無助、怨恨？（另一種困惑是，大部分的母親很難理解，為什麼觀察員會對一個熟睡的嬰兒有興趣。嬰兒睡著時，她們不是覺得得和觀察員聊聊天，以娛嘉賓，就是狐疑地把熟睡的嬰兒留給觀察員，期待觀察員在嬰兒醒來時招喚她。）情況一旦發生，觀察員很難不變成保母，等觀

察員同時看到母親和嬰兒時，已經掙扎了好幾個月。這個缺乏支持的母親覺得她找到一個值得信賴的人，可以這樣幫忙她；然而另一方面這母親也覺得她確認了自己的信念：觀察員只是來看嬰兒，不是來看她，她本身並不值得別人對她有興趣。

　　這個例子讓我們看見觀察員的任務有其困難的一面：如何把母親當作成年人，做出適當回應，同時又要注意到在原始心智（infantile level）的層面，觀察員是基於完全不同的內涵做反應。觀察員普遍存有的共同經驗是，他們會希望發揮保母的功 12 能，這在某種程度上反映出許多母親面對壓力但無足夠社交支持的處境；它也反映出母親面臨的重要議題，像是她心底的自我貶抑，她無能與嬰兒相處，或她對嬰兒的敵意。

　　另一位觀察員遇到類似的情況，有好幾次，她準時抵達，卻發現母親不在家；有時這個母親會在門上貼張字條，指明嬰兒一個人在屋子裡，母親很快就會回來。有一次，觀察員甚至在等待時，聽見屋裡傳來嬰兒悲傷的哭聲，卻完全無能為力，直到母親回來。這種事讓觀察員陷入嚴重焦慮，擔心嬰兒可能會有的痛苦和危險，並仔細思索責任歸屬的問題。上述的特殊觀察情境顯示，母親很早就呈現出無法承擔起養育責任的警訊，後來當孩子開始會爬、會走，這種情況就更明顯，這母親會讓孩子置身於危險環境，不加照看。觀察員必須想出有效的介入方式，替補母親的忽略，找到提醒母親注意問題的方法，而不致使情況惡化；同時又要考慮母親是否真的需要更多協助，扮演協助母親改善其養育能力的支持條件。

　　有些極端的例子裡，母親有明顯嚴重的疏失，像是虐待行為或性虐待，小組成員會開始討論觀察員要如何處理這個局面，因

為這種情況顯然需要與兒童福利有關的執法單位介入。比較常見的情況是難以界定，觀察員無法確定母親任由危害嬰兒的行為發生，是因為知道觀察員在場能確保安全，所以可解讀為母親在溝通其脆弱、無助的一面；或者是否其他時候這種情況持續發生，以致嬰兒陷在真實的危險中。細微地觀察事件發生的順序有助於澄清這些疑問，然而可以確定的是，觀察員每週只拜訪一次，必然會使觀察員的焦慮持續一段很長的時間。這類極端的案例突顯了觀察員角色的不確定性。她原是這家人的訪客，後來卻表現得像社工或警察，而非受邀來訪的客人；抑或是因著怯懦、困惑、不思考，而與這個家庭共謀，犧牲了孩子或父母的福祉。不論哪一種位置，都要痛苦地承受當中引發的緊張情緒。若將孩子所受的虐待界定為包括情緒虐待，那麼家庭施虐的各個面向便會浮現出來，其數量往往驚人地多。此時，研討小組的關鍵角色便是包
13 容觀察員的焦慮，提供空間來思考漸漸浮現的整體事件模式，並呈現長時間反省的重要性，以減低焦慮不安的觀察員想採取過早介入的衝動。然而，有時候，介入確實是需要的，觀察員也發現自己成了被尋求如何取得各種幫助的對象。

　　觀察員與家庭之間存在著協商的空間，讓彼此思考對改變的反應及觀察無法繼續時的狀況；這個空間也提供準治療師一些通常很難忘的證據，發現看似平常且合理的事也會有強烈、豐富的潛意識內涵。與受訪家庭約定固定的時間，不是因為想要營造臨床氣氛，而是因為我們行事須體貼且思慮周全。一個外來者的長期拜訪會對家庭生活產生極大的影響，受訪家庭需要事先對這樣的拜訪有些認識，觀察員也需要事先為近距離觀察的規範做好適切的架構。無論如何，定期的到訪確實會讓觀察成了移情和反移

情現象的焦點，這與臨床情境引發的反應很相似。這些情感極具張力，所以當有需要重新安排拜訪時間時，有時會讓人大大鬆一口氣，然而要處理好這類改變，往往很棘手。

舉例來說，有位觀察員因自己的分析師要求調動她的分析時間，她只好要求接受觀察的媽媽將觀察時間從傍晚調到早上，她並沒有留時間讓媽媽想一想改時間的事。新的時段對這個媽媽來說並無不便，甚至還有好處，她表面上答應了，但後來卻發生令人不解之事，以及接連數次取消觀察。這一連串令人困惑的情況包括：觀察員有時在被觀察者家門前，不得其門而入；或是遇見媽媽來開門時還穿著睡衣，看起來還沒準備好、一臉茫然。看來觀察員已藉由投射，將自己因分析時間被調動的挫敗感傳遞給母親和嬰兒，母親回應觀察員的要求的樣子，即反映了觀察員自身未覺察的感覺。

經過這段不穩定的時期，觀察員慢慢重建造訪的固定節奏，然而後來的情況仍可見更動時間所帶來的痛苦並未獲得適當解決。這家人要搬到新的公寓去，地點其實不遠，母親卻很清楚地表示，她不希望觀察員到新家繼續觀察。儘管她的小女兒（此時已十六個月大）顯然喜歡觀察員的到訪，而母親自己也對觀察員有某種程度的依附，而且喜歡和觀察員談她女兒的發展，但這母親還是做了中止觀察的決定。她們在接近暑假時搬家，這位母親似乎下定決心這次由她來控制整個狀況，並讓觀察員措手不及。 14
觀察員必須面對失去一份穩定關係的痛苦，她原本期待這份關係還會持續一陣子；她當然也得仔細思考，她早先的做法如何破壞了觀察的穩定。與臨床處境不同的是，觀察員對於被觀察者沒有責任，無須詮釋被觀察者面對改變、分離及失落時的嬰兒式反應

（雖然詮釋或能處理掉這些嬰兒式的反應），她能做的只是承受這拒絕、責難及罪疚感。

雖然觀察員不必詮釋假期前的焦慮，但某個小範圍裡，觀察員仍要小心預備假期會中斷觀察一事，要把握機會多加提醒，並注意恢復觀察後，受訪者面對觀察員時的心煩苦惱。假期後的拜訪，觀察員常會面臨的情況是，看見門上貼了張「取消」的紙條，或是嬰兒不認得她了，或是不理她，或生氣，也有可能是母親情緒不好，變得陌生起來。假以時日，因為有個嬰兒活生生在其中，嬰兒的表情表達了分離後再見的惶惑、受傷、憤怒、重新憶起和原諒，觀察者與受觀察家庭之間因分離而有的緊張會得到極大的緩解，關係會漸漸復原。

以下要呈現一些嬰兒觀察研討小組討論過的原始資料，這些紀錄清楚說明了母嬰二人關係在最早幾週、幾個月裡的原始焦慮和防衛特質。然後，我會對其中互動的某些層面、觀察員在家庭中的功能做一些評論。最後，我會再回到前面的問題，探討觀察員可以從這個經驗學到什麼。

觀察五週大的麥克

觀察情境

麥克（Michael）是一對年輕藍領階級夫婦（二十歲和二十三歲）的第一個小孩，他們結婚兩年，住在倫敦市郊的藍領區。他們決定買個新房子，在買到房子前，他們先搬進太太的娘家住。也就是說，麥克出生前一段時間及出生後的幾週，是住在外婆、外公家裡。觀察員在母親生產前拜訪這對夫婦，討論定期觀察的

可能性，他們同意接受觀察。麥克出生時，她在醫院短暫探望了母親和嬰兒；然後，麥克十天大時，她到家裡做了比較長的拜訪。接下來的紀錄是第四次定期觀察。父親是電工；母親是當地一家大型醫院的櫃檯工作人員。麥克的外公、外婆都在工作。

觀察紀錄 *

15

母親開門讓我進來，笑著說：「戲碼昨天晚上都演完了，他現在睡著了。」麥克在大門邊的嬰兒車裡，這是他第一次睡嬰兒車。他趴著，頭側向一邊，他的腿在毯子裡動著。媽媽請我坐，並立即告訴我麥克昨天晚上一直到清晨兩點才睡，然後五點又醒來。「我真的會殺了他，」媽媽說，「他似乎整個晚上都不睡覺，白天又一直睡。」這時，電視聲音很大，幾乎很難談話，媽媽站起來把電視關小聲一些。她說：「都是我爸的錯，他一哭，我爸就把他抱起來搖，他就習慣了。」

她繼續談到麥克晚上不睡覺，很難帶，她會一邊餵奶，一邊打起瞌睡。他得兩個小時左右喝一次奶，她又修正說：「嗯，至少兩個小時餵一次。好像是這樣。晚上可以撐六個小時左右。時間過得好快——餵他差不多要餵半個小時，等過一個半小時，又要餵了。」她有個同事是家訪護理師，建議可以給嬰兒吃一些幫助睡眠的藥；她覺得這樣可能不太好。我說她一定很累了，她同意，並說，她覺得自己被麥克綁住了。星期五晚上，她去參加一個朋友辦的化妝舞會，不過她只能出門兩個小時。

這個時候，門鈴響了……我注意到爸爸從窗戶往裡看。媽媽

---

* 作者要感謝麗芙・達林（Liv Darling）慷慨地授權我使用了她以觀察者身分從事的工作中所提取的素材，以達撰寫本章的目的。

「哦」了一聲，好像很驚訝，立刻開門讓爸爸進來。他進屋裡來，說：「嗨！」然後看著麥克，又說：「他睡著了。」媽媽要他小聲一點，他說：「哦，我放棄。」好像是媽媽覺得他會打擾到麥克，彷彿在處理嬰兒的事上他會做錯事一樣。爸爸給媽媽簽一些文件，是申請新貸款用的。他開玩笑地說：「來吧，把妳的人生給簽掉吧。」媽媽簽了，又問他每個月要還多少。他回答媽媽，然後媽媽問他能不能留下來。他說不行，他得回去工作，然後很和善地和我們說再見。

麥克動了動，低聲嗚咽了幾聲，媽媽察看他醒了沒；他再次睡著，有短暫的沉默。媽媽看起來很累，她打起精神說，她先生和他父親要開始一項新生意（談了一些跟這事有關的細節）⋯⋯
16　接著她語帶悲慘地說，她和丈夫達成協議，平時夜裡由她起來照顧嬰兒，週末夜裡則由他照顧。現在，為了努力讓事業上軌道，他連週末和週日也要工作，結果週末時他根本沒有辦法在夜裡起來照顧嬰兒。另外一件讓她很煩的事是，新房子星期五就交屋了，他們要等兩個禮拜才能搬進去，因為爸爸要先做裝潢。「他現在就是去裝潢房子，」她說，「還有我們得想辦法給新屋弄塊地毯。」她補充說，如果她丈夫不裝潢的話，他們其實可以直接搬進去。

好像為了讓自己不再想這些事，她去把麥克抱起來，其實麥克只是發出咿嗚聲，看起來還一臉睡相。她抱起麥克說：「每次餵之前，他就會哭。」她讓麥克坐在膝上，等著看會發生什麼事。他閉著眼睡著，嘴唇和舌頭發出吸吮的聲音，他的拳頭隨意揮動，把身上的毛衣扯到嘴邊。然後他把拳頭送進嘴裡，可能是有意或無意的。他的臉皺起來，開始低聲哭了。媽媽責備地說：

「又怎麼了？你還可以等的，你以前等過更長的時間。」她站起來，把麥克抱直，靠在她肩上，然後去轉電視頻道。「你可以等我轉台吧。」

接著她抓了一條毛巾，把自己和麥克安頓好。她站起來的時候，他就不再哭了；當媽媽把乳房送到他嘴邊，他立刻飢餓地吸起來。他吸得很急，很專心地吸了好幾分鐘。媽媽靜靜地端詳著他一會兒，然後說還好他們有錄影帶，電視十二點停播，之後就什麼節目都沒有了。有了錄影帶，她晚上可以看，白天她可以看兒童節目。我說，現在家裡每個人都在工作，情況一定很不一樣（相較於聖誕假期）。她同意，並說全家人都回到家的時候真的很好，因為他們都想抱麥克，她就可以去洗個澡，然後回到房間把門關上。這個地方一片混亂，實在需要好好整理一下——今天早上因為麥克哭個不停，她就推著嬰兒車帶他出去散步，所以房間都沒有收拾，所有的東西和髒尿布散了一地。有時候，早餐後的餐具也需要清洗。短暫沉默後，她看起電視。電視裡原來播的兒童節目播完了，現在播的是一部老電影，場景是維也納；一個美國音樂家追求一位迷人的少女。他們結了婚，女主角說：「我現在只想要生個寶寶。」媽媽沒有反應，神情呆滯看著螢幕。然後她打起精神來，讓麥克坐在她膝上，開始拍他的背。他的頭倒向一邊，打起瞌睡。她讓他倚在她肩上，他打了嗝。她把他放回腿上，說：「等一下幫你換尿布。還要嗎？」她決定讓他繼續吸奶，他一碰到乳房便吸得很用力。她說麥克在車上都睡得非常好。兩天前，父親建議若他無法入睡，就把他帶到外面車子裡——可是她不想出去，外面很冷，還得換衣服，也得幫麥克穿衣服。假如他真的睡了，一旦要幫他脫掉衣服，他一定會醒過

17

來。有一天，他白天一直哭，她就上樓去，不理他一會兒，等她下樓來，他還在哭。

她決定幫麥克換尿布。她把麥克放在茶几的墊子上，開始解開他的衣服。她對麥克說：「如果你很乖的話，我們就讓你踢踢腳。」她解開他的褲子和尿布，開始清洗他。他一直咯咯出聲，深呼吸著，這會兒則完全安靜下來。媽媽說：「他很喜歡這樣。」麥克吐了些奶，媽媽在幫他擦臉時，他拉了一坨黃色的黏物。「就這樣，」她說，「兩頭兒一起來了。」她有點不太高興，但仍小心地不讓麥克的下半身沾到墊子上的大便。然後她注意到麥克的上衣也弄髒了，所以她把麥克擦乾淨後，把他的衣服脫掉。她一邊把上衣拉過他的頭，一邊說：「都是你害的。」麥克有點抗議地動作著。

把麥克弄乾淨之後，他滿足地躺著。媽媽逗著他，想讓他笑一個。麥克專心看著媽媽，揮著手和腳。媽媽說：「他只有在早上四點才笑。」

觀察時間結束了，我問媽媽，這個時間對她合不合適。她說可以，不過下個禮拜不行，另外一個時間比較好。她要去裝避孕器，上次做的時候，她昏了過去。她說：「我應該接受麻醉止痛的。」我們約了另外一個時間。她抱著麥克陪我走到門口，對麥克說：「說再見。」麥克沒有反應，她笑著說：「他沒興趣。」

觀察評論

在這次觀察裡，我們看見的是個憂鬱、無力的少婦。她埋怨她父親（寵壞了嬰兒）、埋怨她丈夫（晚上都不幫忙，只忙著生意，只顧著裝潢新居）、埋怨嬰兒（他的需求搞得她精疲力盡，

還一點也不能等待）。她似乎覺得自己和嬰兒在滿足各自的需求之間競爭（她想看電視，他要吃奶；她的睡眠和他的夜生活）。她的談話中完全未提及自己的母親，而且她好像覺得自己像是個沒有人關心的小女孩，失去了一個支持她來照顧嬰兒的內在慈愛客體。

一直看電視可解釋為媽媽想藉此填補一些活力，希望藉此穩 18 住自己破碎、空洞的感覺，同時也緩和自己內在想殺掉嬰兒的恨意所引發的焦慮。她能意識到自己對嬰兒的敵意，並能毫不保留地與觀察員分享她背負沉重壓力的感覺。其中還有一個特別顯著的問題是，新生嬰兒奪走了大家的注意力。她原本是家中最得疼愛的女兒，甚至可能還被視為孩子，而不是個獨立的成年人，如今嬰兒卻取代了她，她父母的情愛都轉移到嬰兒這個令人心醉的孫子身上。她先生對嬰兒的興趣也讓她很難過，原因大概也相同。我推測這對夫婦在生第一個孩子時搬回娘家住，與媽媽本身先前在這個家中失去其地位的痛苦經驗有關，例如弟、妹的出生。（這階段觀察時，我們還不知道她是否真有弟、妹，不過後來證實確實有。）

這些令人苦惱的感覺襲來時，她轉身抱起麥克，好像要安慰自己似地，抱起嬰兒來，重新感覺自己做為母親的一些美好感受。這個時刻，她比較是被自己的需求推動，而不是回應麥克的需要。稍後，她在幫他換尿布時，嬰兒的排泄物讓她有被迫害的感覺，於是她責怪他是引發這些不舒服的始作俑者，包括他得換掉衣服，她則多了這些麻煩事。

這段時間，麥克好像一直在自己的感覺裡。他吸乳房吸得很用力，和媽媽的溝通也很有效，成功讓媽媽知道他要喝奶。在他

剛醒來的那幾分鐘，每樣東西他都拉到嘴裡去，其注意力很清楚
地放在口腔感官。當他把拳頭放進嘴裡時，他似乎才清醒意識到
想像與真實的不同，動嘴巴、夢想自己得到滿足，和渴望真的食
物及有個真奶頭可吸是不一樣的。此種被擁抱及哺乳的經驗幫助
嬰兒統整，並在嬰兒蒐尋食物及連結時，提供連續感、專注的注
意力，及完整的回應。觀察員注意到這兩者的對比：嬰兒睡意
濃濃時隨意的動作，以及在吸奶時的專注滿足。在看著他吸奶
時，媽媽談到她需要看電視，彷彿她潛意識裡知覺到麥克因她的
擁抱、餵食，得到注意後，她自己的焦慮、壓力、不確定才得以
因著在其他關係裡的被支持而平緩下來，這也讓她免於被無力招
架的混亂、解體感淹沒。她在談房間裡一團亂，都沒有整理的時
候，傳遞的即是此種無力招架的混亂感。

19 觀察員同情麥克，麥克的媽媽好像很不容易接納他的需要和
感覺；她也很同情媽媽，這媽媽深受這些困惑不解且原始的感覺
所苦，不管是內在或外在都感受不到有人支持。讀者可以說觀察
員的探視可能給這個媽媽一些安慰，緩解她的寂寞和孤單。觀察
員本身感受到媽媽需要人家注意她的壓力，這使她無法如其所願
地觀察到麥克細微的行為反應。

討論

這篇觀察紀錄描繪了常見的產後憂鬱現象——這個時期，媽
媽心智狀態內的嬰兒部分重新活躍起來——同時，也聚焦於母親
和嬰兒之間共同承受的某些原始焦慮。母親得日夜照顧嬰兒，她
覺得自己快要被吞噬了，混亂、氾濫的髒亂也超過她能包容的能
力，加上嬰兒無止盡的要求，凡此種種奪走了她原先的生活模

式，讓她變成一部餵奶機器，此種困境讓母親備受威脅。她對麥克有憤怒和敵意，而她丈夫及父親是支持她、使她不至於崩潰的力量。麥克在換尿布、換衣服時的不安、躁動反應，顯示他對身體完整性的焦慮；然而藉由吸奶而感覺自己各部分統合起來的體驗，也清楚呈現其中。在這篇紀錄中，也有一些小地方可以看出麥克的愉悅，以及母親對他的強壯感到快樂的反應，這些都成為後來發展的重點。

　　觀察員在小組研討中，先談到她的觀察經驗讓她很不安，因為這個媽媽的憤怒和被迫害的感覺，特別是指向麥克的那部分，讓觀察員很難忍受。同時，她又對媽媽可以直言不諱感到奇特，例如媽媽講了一個同類相殘的笑話，表達她對嬰兒貪婪吸吮奶水的感覺；又在談及地窖裡的棺木時，透露她對處理家務的公開敵意。然而觀察員最難忍受的是，有時得眼見麥克脆弱地被剝奪、被忽視，並眼睜睜看著母親那麼受苦。觀察員感覺自己被兩個相反的方向猛烈拉扯著，想要協助、安慰嬰兒和母親，但她也能看到母親這邊有一股和嬰兒爭奪照顧和注意的潛意識競爭，這是母親這方最關鍵的因素，它使得家裡其他成員很難提供幫助。一個小時的觀察讓她精疲力盡──有點進到母親精疲力盡的狀態──矛盾的感覺衝擊著她，同時又被麥克呈現的強烈生命力激動。

　　這些原始心智狀態的衝擊當然會讓觀察員感到非常苦惱。這時，研討小組提供了相當大的包容，同時，做記錄的原則也喚醒 20 觀察員內在成人部分的工作能力；某些觀察員在觀察過程裡感到震撼，並決定接受個人分析的幫助，而接受分析確實是進入臨床工作前必備的經驗。

結論

　　大家都已注意到，觀察嬰兒的經驗能幫助受訓者準備進入臨床實務工作，但在此我要簡要地彙整這些論點。首先要注意的是場所、固定的時間、定期的探視，以及任何更動帶來的干擾後果，包括因假期而暫停觀察。觀察過程中，在不批判的專注態度所營造的氛圍下，所引發的各種感覺，我們可以區分出移情和反移情的部分。反移情部分包括觀察員個人潛意識反應的侵入（即古典情感反移情概念），以及探索觀察員的情感狀態後，可能發現觀察員的情感是因為家庭成員投射、植入而造成（當代的反移情概念）。

　　因為涉入的情感是那麼強烈，其溝通有些甚至是語言發展之前的，那麼，處理移情和反移情便是最基本的工夫，這和觀察嬰兒另一項益處有關，即發展出嬰兒式的溝通能力。學生們能學會接收正常的投射認同，理解嬰兒的部分肢體語言，並學習理解語意發展之前，人們所使用的語言，這種能力能讓他們日後面對患者的嬰兒式移情時，能進行有效的處理。這些訓練在處理沉默的患者時，特別有幫助，因為任何細微的肢體變化都可能是發生什麼事的主要證據來源，在處理身心症患者時也是如此。在處理非常年幼的兒童時，這些能力更是明顯有用。

　　然而，最有價值的部分是，它能培養精神分析的態度，包括形成能以長時間觀察加以驗證的科學性假設，兩年的嬰兒觀察是培養精神分析態度很好的入門訓練。另一項重要的學習是發展出對情緒的敏銳度，能藉由心智中有反省力的部分辨識各種不同的感覺。比昂談到母親營造內在涵容空間的狀態與嬰兒原始情緒之

間的溝通關係，要做個優秀的觀察員及臨床工作者也需要有相同的能力。這需要擁有一個心智空間，在其中想法得以漸漸成形，困惑不解的經驗能夠以初始的形式被包容，並漸漸浮現出清晰的意涵。這種心智功能需要具備忍受焦慮、不確定感、不適、無 ㉑助、被感受轟炸的能力。這是精神分析取向心理治療師所需具備的個人能力。

【第二章】精神分析理論與嬰兒發展 22

茱蒂・沙托沃斯（Judy Shuttleworth）

緒論

　　長久以來，精神分析在臨床方面所累積的成人經驗，已證實成年患者目前的功能運作方式有其複雜的歷史，可溯及早期童年，甚至嬰兒期。於是，許多精神分析師想進一步了解人類早年的發展。一開始分析師們主要是透過與成人及兒童的臨床工作，來滿足他們對早年發展的興趣；不過，也有人想直接從自然情境觀察兒童及嬰兒發展，來探究早年的心智功能如何運作，以及嬰兒的經驗究竟為何（Freud 1909, 1920; Klein 1921, 1952a; Winnicott 1941）。[1] 1948 年，埃絲特・比克（Esther Bick）[2] 在約翰・鮑比（John Bowlby）[3] 的支持下，成立嬰兒觀察訓練課程，本課程成為塔維斯托克診所訓練兒童心理治療師的核心（Bick 1964）。

　　本章將概覽這種特殊精神分析取向的心智與情緒發展模式，

1　本書所描述的觀察情境不是溫尼考特所謂的「設定好的情境」（set situation），雖然後者也讓觀察者有機會看見嬰兒如何從嬰兒期的一般經驗——餵奶、洗澡、獨處、斷奶等等中，創造自身的主觀世界。

2　在「精神分析導向嬰兒觀察法」的發展中，埃絲特・比克（Esther Bick）的重要貢獻除了教學及督導外，還有她發表的幾篇簡短的文章。瑪迦納（Magagna 1987）描述過一個經她督導的嬰兒觀察。

3　這個時期，約翰・鮑比（John Bowlby）是塔維斯托克診所親子部門的負責人。雖然後來他的觀點漸漸與這裡所闡述的內容有了巨大的分歧，但他對兒童早期心理治療發展的支持，及透過他個人的工作，影響社會大眾及專業領域愈來愈多人關注母嬰關係，有著不可抹滅的重要性。

而不談每一個精神分析取向的發展理論。本模式主要源自於克萊恩（Klein）、溫尼考特（Winnicott）、比克（Bick）與比昂（Bion）的臨床工作。本章主旨不在分別說明他們的臨床工作，或探討他們彼此之間的差異，而在以統整的角度，說明他們從臨床工作中形成的嬰兒發展理論。大體來說，這個觀點與塔維斯托克診所的精神分析取向觀察訓練的思路是相同的。[4] 我們試著用不熟悉塔維斯托克模式的讀者可以理解的方式，來說明與此模式有關的精神分析概念。在不同地方（主要是在註釋中），我們將此模式和近來發展心理學[5]領域中爭論的議題做聯結。（學生們會另外上一門回顧兒童發展學術文獻的課程。）

精神分析理論隨時間慢慢發展而成。它並不是一套一成不變的教義，也不是完全同質的實體（homogeneous entity）；它是由許多不同且繼續演變中的、探究人格本質的想法、思路所組成的，這些理論主要是在回應臨床工作上的需要時，漸漸成形。不同理論概念的重要性會增長或縮減，並不是透過駁倒或確認，而是持續發展的一股思路中的元素。本章所談的模式是過去五十年來[6]發源於英國客體關係思想的一支，它最早起源於克萊恩的臨床工作，以及一群跟隨她的分析師。[7]過去十五年來的嬰兒發展

23

4　雖然教授本課程的老師皆認同精神分析導向的觀點，但我們並無意在此影射所有參與者皆同意本書中的所有看法。（克萊恩 [Klein]、溫尼考特 [Winnicott]、比克 [Bick] 與比昂 [Bion] 的立場有著顯著的差異，各持稍微不同的態度。）

5　精神分析導向的想法特別著重於思考發展底層的**歷程**（process）。莎佛（Schaffer 1986）認為這是發展心理學極缺乏的一部分。我們希望對此底層歷程的探究可以提供豐富的觀點，使這兩股極不同的傳統學科可以有交會之處。

6　我們特別著重於史騰（Stern 1985）所提出的理論，他比較各研究發現及精神分析對嬰兒期發展的看法，發展出他的論點。然而，本書所持之精神分析導向觀點，與在美國發展並提供史騰（Stern）理論背景的佛洛伊德學派（Freudian tradition）有很重要的差異。

7　如同克萊恩擷取佛洛伊德理論及實務工作的某些部分，加以發展，克萊恩之後的分析

研究所得到的結果，大部分與這個模式是一致的。

　　既然本章並非以歷史脈絡來安排，那麼，先將本書的理論基礎置於歷史脈絡中做一簡介，也許能幫助讀者進入狀況。佛洛伊德的理論中有兩股相矛盾的思路。隨著時間演進，佛洛伊德發展出來的情緒生活「機制模式」（mechanistic model）（源自十九世紀盛行的思考模式）漸漸交織了許多心理的內涵（psychological formulations）（雖然並未完全被心理因素取代）。這個時期的理論主要關切本能生活、接觸現實的能力與理性思考之間的關係（Freud 1911），以及童年性慾的角色、與雙親的關係如何塑造成年人的情緒能力。他聚焦於兒童的心智如何表徵此親密關係，與關係中引發的情感（Freud 1909）。接著，亞伯拉罕（Karl Abraham1924）、克萊恩（1928）、費爾貝恩（William Ronald Dodds Fairbairn 1952）與溫尼考特（1945）等人跟隨佛洛伊德這條思路，發展成「客體關係」理論。在發展出這個理論的過程裡，他們檢視早年嬰兒期的關係，以及這些關係如何在嬰兒持續發展的心智中漸漸成形。此心智模式不再單純認為「過去**導致**現在」（the past caused the present），而轉變為「經驗不斷在個體內在累積並發展，以複雜而間接的方式影響著此時此刻」。此模式漸漸成為一門學問，心智的**現象學**（the phenomenology of the mind）（即個體的心智對自身及世界的獨特經驗）在這門學問中成為研究的主軸。這條演進路線在溫尼考特（1949）、比克（Esther Bick 1968）與比昂（1962a）的研究中有

師——如溫尼考特、比克（Bick）、比昂、羅森費爾德（Rosenfeld）、唐納・梅爾徹（Donald Meltzer）——也分別擷取克萊恩不同的部分，加以發展。伊麗莎白・史皮利爾斯（Elizabeth Spillius 1988）將與此發展有關的重要文獻集結成冊。梅爾徹（Meltzer 1978）則對此理論的變化做了比較個人的論述。

更進一步的發展，他們試圖找到方法來描述人類心智如何先發展出經驗身體與情緒的能力，以此為基礎，再發展出思考與形成意義的心智器官。[8]

新生兒的不同狀態

根據克萊恩的發展模式，新生兒複雜的天生本能促發嬰兒內在原始心智世界的發展，並能與外在現實做接觸（Isaacs 1952）。[9]接下來要談的是「內在世界」，並將先聚焦於嬰兒與外在現實的接觸。克萊恩在《嬰兒行為觀察》（On Observing the Behaviour of Young Infants）中這樣寫道：

> 我見過三週大的嬰兒吸奶吸一吸，突然中斷一會兒，玩起母親的乳房，或抬眼望向她的臉。我也觀察過小嬰兒（才兩個月大）餵奶後的清醒時刻，躺在母親大腿上仰看她，聽著她的聲音，並用表情回應母親的聲音。這情景就像是母親和嬰兒之間愛的交談。（Klein 1952a, p. 96）

8　這些發展是從佛洛伊德在〈心智功能的兩個原則〉（'Two Principles of Mental Functioning' 1911）中所提出的議題中引發出來的。

9　這點很容易被忽略，因為（透過後人發展其理論意涵）克萊恩的理論及實務工作有大部分皆在探究內在世界。蘇珊・艾薩克斯（Susan Isaacs 1952）談到嬰兒內在及外在現實的心智歷程，她寫道（p. 107）：「外在世界在很早的時候，就以各種方式持續吸引著嬰兒的注意力。第一個生理上的體驗來自生產時各種強烈的刺激，及開始呼吸，還有隨之而來的第一次餵奶。這出生第一天的體驗恐怕已喚起首次的心智活動，並提供幻想及記憶的素材。幻想及現實檢測從出生後的那幾天就已展開。」溫尼考特（1945, 1951）及比昂（1962）在其實務工作中，進一步發展這個論點。

　　1970 年代早期，發展心理學就有大量的研究展現：新生兒的天生能力，及它們如何促發嬰兒迫切的需要、向外探求的方式，以及善用身邊環境的各個面向，此環境通常是新生兒一出生就已存在──即主要照顧者的各種人格特質。嬰兒誕生前就已**具備**某些傾向，例如，在所有的視覺、聽覺刺激中，他們偏好人的臉、人的聲音；有節奏的敲擊聲，還有被母親抱在懷中時母親的心跳聲和熟悉的體味，都能安撫他們。乳頭不只滿足嬰兒對食物的需求，也滿足他規律吸奶時對身體撫慰的需要。「嬰兒向外索求」與「母親所能提供」之間的吻合狀態並非靜態現象；它本質上是動態的，是母嬰之間微妙雙向互動的基礎，以這母嬰互動為基礎，嬰兒將發展出愈來愈複雜的人際交流。舉例來說，貝瑞・布萊瑟頓（T. Berry Brazelton）在探究母嬰互動的研究中，描述嬰兒藉由與人接觸帶來的轉化（transformation）時，提到此種動態互動的一個面向。與人接觸時，嬰兒的動作會變得柔順、有節奏，手臂畫著圈圈向外伸展。相較之下，當嬰兒面對的只是個物品時，嬰兒的動作會顯得急切、不協調，伸手朝向物品做出隨意抓取的動作（Brazelton 1975）。這類研究愈來愈能支持克萊恩的假設，即嬰兒從一出生就與客體（人）有著關聯。[10]

10　從這些研究發現中所形成的理論各不相同。有些理論認為，母親會適應嬰兒生理的節奏及衝動，以便形成「對話」（dialogue）（Kaye 1977）；有些則認為，嬰兒的行為會漸漸符合母親建構的意義結構。史騰（Stern 1985）的理論強調，嬰兒的知覺能力是發展「自我感」（a sense of self）的原始基礎。柯爾溫・崔瓦森（Colwyn Trevarthen 1979）發展出「原初的互為主體性」（primary intersubjectivity）概念，並主張「人類的人格機制是與生俱來的，他天生就對人敏感，且一開始就用人類的獨特樣式在表達」。在此所陳列的理論與這些論點皆有關。

　　最近幾年，吸引眾人興趣的假設是，嬰兒天生就準備好要接收各種經驗，嬰兒出生前，某些基本的能力必然已經開始運作（Liley 1972; Bower 1977）。亞歷珊德拉・彭特莉（Alessandra Piontelli 1987）使用超音波掃瞄，來進行精神分析導向的胎兒觀察，並說明其

先不管我們所描述的精神分析取向與發展心理學之間愈來愈
一致的部分，它們兩者之間還是有差異。大體來說，這個領域有
關發展的研究專注於嬰兒出生後，母嬰外在社會關係的發展。[11]
本書所描繪的精神分析取向則新增另外一個研究焦點，亦即：新
25 生嬰兒所經驗到的這些初始歷程，如何隨著時間，促發嬰兒發展
出他對**自身心智的體認感**（a sense of his own mind），也就是對
自己及他人複雜心理／情緒狀態的覺察。

克萊恩的看法是，本能需求（嬰兒內在）得到外在客體（母
親的各種照顧）的滿足，不僅使人獲得生理滿足的經驗、對外
在世界有興趣以及與母親建立基本社交關係，還能開啟嬰兒心
智發展之門。這是因為嬰兒的需求與客體的能力之間配合得剛
剛好，外在世界便藉此進到嬰兒的心智世界，嬰兒因此得以思
考外在世界，同時能開始與外在世界進行感官接觸。克萊恩認
為「渴求知識」本身是情緒發展的驅動力量（Klein 1921）。比
昂也認為「先備概念」（preconception，嬰兒天生對某類經驗的
預備狀態）與「實現」（realisation，與嬰兒的**探求**相符應的外
在體驗）」交會的剎那，即是心智生活開展的關鍵時刻（Bion
1962a）。[12]

這幅新生嬰兒圖像有許多觀點，與丹尼爾・史騰（Daniel N.
Stern 1985）從大量各種研究發現裡，建構出嬰兒頭兩個月生命

發現。

11　雖然這類研究興趣漸漸採用溝通發展的語彙，而非行為互動的語彙，此模式仍有漸漸聚焦
　　於內在的傾向（Hopkins 1983）。

12　比昂的「先備概念」（preconception）與崔瓦森（Trevarthen）的「天生動機」（innate
　　motives）（神經心理結構）似乎有相同之處，後者認為，「天生動機」是認識外在世界
　　（主體性）及與人溝通（原初的互為主體性）之能力的基礎（Trevarthen 1980）。

經驗的鮮活描繪有關。根據史騰（Daniel Stern）的理論，嬰兒有能力感受這世界及自己身體內的運作模式與秩序。史騰（Daniel Stern）的發現令人振奮，也引人注目：嬰兒體驗到他理解世界的天賦能力，讓他認識了這個世界在他面前開展的種種面向，無比愉悅油然而生。嬰兒棲息的這個世界向他迎來，接納他的到來，他安居於此，這大概是因為經過數百萬年，他的心智已成形，能夠接收到世界給他的這些印象。

克萊恩精神分析學派與最近的發展心理學有許多共同之處，他們認為，嬰兒誕生之時即具備能力體驗並感受到自身的完整，能注意周遭世界，特別是周遭的人；這個理論也主張，新生兒在不同心理狀態之間快速且不可預知地移動。在不同時刻，他的父母會感覺到他好像是個很不同的嬰兒，居住在極不同的世界。精神分析取向的觀察方式與實驗研究極不同，整體來說，實驗研究是將研究局限在探索嬰兒的「清醒安靜狀態」（alert inactivity）。「清醒安靜狀態」指的是嬰兒情緒平靜、完全清醒，但非餵奶或吸奶狀態。他能注意周遭的世界，因此可以「回答」研究者的「問題」。[13]自然情境的精神分析觀察則注意各種真實的嬰兒行為，以及不同狀態之間的轉換——清醒、焦躁、尖聲大叫，和飽餐後的滿足，及之後遁入睡眠。[14]以這方式來觀

13　米爾斯（Mills 1981）提到，嬰兒處在「清醒安靜狀態」的短暫時期，以及倘若在觀察期間，此狀態改變了，觀察者卻沒注意或沒有提出來，將會引起的問題。雖然史騰（Stern 1985）承認，實驗研究還無法探討嬰兒不在「清醒安靜狀態」時的其他狀態，但他這個論點（在其整個嬰兒經驗理論中）所隱含的意義並不清楚。它是否表示，無論是在清醒、壓力或睡眠狀態，嬰兒的能力都不會改變？我們是否能透過「清醒安靜狀態」的這扇窗，就看見嬰兒的**整體**？抑或是不同的狀態會帶給嬰兒非常不同的經驗，體驗到不同的自己及世界，而在稍後這些經驗慢慢整合，或找到因應的方式？

14　史騰（Stern, p. 46）認為，嬰兒無能體驗「未整合」（non-organisation）狀態，只能體驗「許多獨立存在的經驗，這些經驗對嬰兒而言，可能非常清晰而鮮活」。嬰兒無能知道

察嬰兒，看見他的狀態隨著不同時刻轉換著：獲得統整感、有
26　能力注意周遭環境，失去這些能力，再重新獲得，如此周而復
始。藉此，精神分析理論提出其嬰兒經驗的認知與情緒動力。
本書所描述的觀察法即企圖追蹤嬰兒此種自我統整感（sense of
integration）的獲得與失去。[15]

　　比起「清醒安靜狀態」，在此自然情境所做的觀察，不只能
看見嬰兒呈現較複雜的狀況，父母亦然。他們在支持及詮釋嬰
兒行為的角色上，從留意傾聽接收的狀態延展成為關注嬰兒的不
適，並協助嬰兒在經驗不適後，再次統整起來。這挑起了我們對
父母內在心智狀態的好奇——這是嬰幼發展研究所欠缺，而本書
的理查斯（M. P. M. Richards 1979, p. 41）提醒大家注意的部分。
接下來要談的即是父母的角色。[16]

母親的角色[17]

　　溫尼考特與比昂對早期的母嬰關係極有興趣。他們倆皆認
為，母親的心智狀態與新生嬰兒的狀態有密切關聯，且能提供嬰
兒所需，溫尼考特（1956）稱母親此種心智狀態為「原發性的母

　　「未整合」，或他們不知道那是什麼。這個概念似乎與另一個想法相衝突：人有認知能
力，能在面對一個經驗時，多多少少感受到它的影響。當處在清醒安靜狀態的嬰兒因為疲
倦或刺激太多，而漸漸進入煩躁不安的狀態，他多少會感受到統整感的喪失，或知覺不再
那麼清晰。要知道某些情況是否對嬰兒造成壓力，可以從父母那兒得知，因為在這些情況
下，父母親會感覺到嬰兒很難安撫。

15　溫尼考特（1945）假設有一個原始未統整的狀態，但他認為統整的歷程從出生即展開。

16　在史騰（Stern）的理論模式裡，嬰兒頭幾個月的發展主要是靠他天生且正在成熟中的知覺
　　能力。我們認為這個觀點忽略了嬰兒主觀經驗的重要面向，並低估了父母的角色。

17　行文中，為了方便，我們會概稱母親和嬰兒（男性）。然而母親所發揮的功能也可能由父
　　親擔任，或其他與嬰兒有親密、持久關係的照顧者。

性貫注」（primary maternal preoccupation）。

　　無疑地，懷孕時荷爾蒙的騷動與產後整個過程的勞心勞力，再加上（在我們這個社會）生完孩子後的照顧工作，在在都使新手母親在情緒上變得極為脆弱。然而，整體來評估，母親生產後的此種心智狀態似乎是直接源自於照顧新生嬰兒的真實經驗；在此，母親的脆弱是一個新的向度，指的是因她對嬰兒**開放自己**，嬰兒很容易**激起她的各種情緒**。這種情況的個別差異極大，不同的母親之間，及同一個母親在不同的時間裡，反應非常多樣。情況順利的時候，母親的心智狀態受嬰兒所引發，會強烈認同嬰兒，並對嬰兒的經驗感同身受。但另一方面，此種心智狀態有時會讓母親覺得難以承受、無法招架，而嬰兒的存在本身就可能變成對母親自身心智狀態及認同的威脅。這種情況下，母親有可能尋求從如此親密的關係裡抽身。[18]

　　為何母親必須維持如此脆弱的情況？其目的為何？特別是在某些觀察裡，這種狀況似乎反而會威脅到母嬰關係？有關哺乳類動物產後行為的研究顯示，這段期間，母親內心對其新生兒所發動的各種本能行為，與物種的存活休戚相關（Klaus & Kennell 1982）。不談純粹的本能行為與「關鍵期」，讀者可能還是會假設，為了人類心智的演化，新生兒會發展出一套需求，這套需求與發展心智能力的必要條件有關。有人可能因此主張母親的「原發性的母性貫注」被啟動，才能使嬰兒的這些需要得以滿足。

　　新生兒母親的處境確實特別，但同時，其他照顧小嬰兒的成人也同樣會經驗到類似這樣與嬰兒之間的緊密牽扯；涉入其中

18　這個時期，母親的認同感會比較脆弱，因為她必須適應整體情緒、社會及經濟層面在嬰兒出生時的改變。

的，還包括個人內在嬰兒般的感覺。根據比昂的看法，母親要能夠接觸嬰兒的心智狀態，並透過注意和支持，使嬰兒在心理層面得以成長茁壯，以此建構一種關係，在其中，母親的心智如同嬰兒的涵容器（container）。他稱此種關係為「涵容者—被涵容」（container-contained），並使用這個概念來思考心智的發展，認為它和其他情緒關係是相似的概念。用比昂的話來說，此種在情緒上隨時準備好被攪動的能力，是我們人生所有情況下在與別人的心智狀態做親密接觸時，能有所回應的基礎。

此種持續對另外一個人的心智狀態產生影響的良性歷程，會帶來與對方深層（通常是潛意識的）的接觸，然而它並非此類情緒經驗的唯一或最常見的反應。這類接觸還有固有的擾人部分。這些攪擾促使我們尋找方法來避開這情緒上的撼動，也擾亂了涵容的能力。於是「涵容者」可能會變成自己也需要他人的涵容。在進行嬰兒觀察時，觀察員經常會成為母親某些經驗的「涵容者」，這過程可能會讓觀察員感到苦惱。此時，研討小組若運作得當，便能成為觀察員的「涵容者」，協助觀察員發展並維持他在拜訪家庭時，全心注意嬰兒及父母的觀察能力。

溫尼考特強調小嬰兒的特殊需要，不同於稍大嬰兒所需要的關係類型，他特別強調母親要具備一種特殊的能力，能感受到嬰兒所求於她的情緒容受程度。比昂的看法是，嬰兒對成人此種特殊的情緒容受力的需要，會持續相當長的時間。即使在六個月至一歲之間（稍後會討論），嬰兒完成了各種心理上重要的發展，他仍然會有極脆弱、未統整的時刻。他仍週而復始地需要與父母及其他成人有比較嬰兒式的關係，只不過這個需求的程度會隨著

他的成長而變化。[19]事實上，成年後的我們仍持續需要生活中的　28
其他人發揮心理涵容者的功能（雖然是暫時的），以處理那些紛
亂的情感。

發揮涵容功能的母親[20]

　　根據比昂的理論，母親在照顧嬰兒時，被激起的心智狀態
（例如支離破碎的感覺）與嬰兒自身的經驗有關，然而嬰兒還不
能體驗這樣的經驗，因為他尚未有足以允許此種經驗發生的心
智結構。[21]舉個例子來說，嬰兒在換衣服或被不熟悉的方式抱著
時，可能會有立即的痛苦，然後嬰兒會引發母親產生這種不確定
感或脆弱感。母親這時的反應，可能是更加體貼關懷嬰兒脆弱的
狀態，或是急著趕快把嬰兒的衣服換好、澡洗好，讓嬰兒不再痛
苦，以免此種太過親密的接觸或太清晰的瞥見痛苦，會讓他們倆
都受不了。

　　在母親「實際有的養育能力」與「她必須處理的狀況」之
間，是種不平衡的狀態（無論是暫時的或比較長期的），其中會
產生的情況是，母親為了防衛自身的心智狀態，無法避免地會尋
求方法除去心理上的不適，而此時，嬰兒被視為造成這不適的
源頭，也是蘊藏這種種不適之所在。用一般的話說，就是母親

19　「……在兒童發展的**每一個階段**，環境的衝擊都很重要。晚期的傷害可能毀掉早期教養帶
　　來的良好影響，就像生命早期引起的困難，可能經由後來有益的影響而減輕。」（Klein
　　1952b, p. 96）這看法與嬰兒及兒童具有「復原能力」（resilience）的概念一致，後者是邁
　　克·洛特（Michael Rutter 1981）及其他學者要大家注意的現象，想嘗試了解早年經驗的影
　　響，就一定得考慮這個核心因素。

20　我們認為，這個母嬰關係理論能夠回應下述挑戰：「將父母及孩子之間發生的事，確切地
　　描繪出來，並說明何以這些經驗會對兒童的發展造成如此大的影響。」（Schaffer 1986）。

21　史騰（Stern 1985）已說明嬰兒處理**某類**經驗的心智結構。我們關切的是**所有的**狀態，以及
　　它們要求嬰兒的心智如何回應。

「把氣出在嬰兒身上」。[22] 最常見的例子是，母親覺得自己怎麼樣也滿足不了嬰兒想被人抱著的需求，她覺得應付不了，無法在心裡將真實的嬰兒及其傳遞的觀點（可能是他覺得支離破碎的感覺），與嬰兒對她造成的影響分開來，她會怪罪嬰兒想要虐待、剝削她。母親在談起這種經驗時，會說得好像嬰兒在從事一項設計好的活動，而她覺得自己絕對不能「讓步」。當母親對她的嬰兒有了這樣一幅圖像，並決定要限制嬰兒的要求時，原本困難的狀況因此變得更糟。貼近現象表面可能令人恐慌（這恐慌並未被清楚地辨識），它源自於母親相信，只要她關照嬰兒的需求，這些需求就會完全充塞她。有人會說，這個時候，母親唯有認清並自行消化其經驗，她才能包容她的感覺，知道感覺就是感覺，而不會將它們轉為報復的行動。

當母親更能承受原有困局中的痛苦（在上例中，指的便是「彷彿」貪得無厭的嬰兒），便有可能出現新的契機。母親的心智歷程使她能消化理解眼前所發生的事（這樣的理解不一定發生在意識層面），她的自我感因而得以強化，並使她能提供嬰兒相等強度的安撫，這強度從她照顧他的方式裡顯明出來。在嬰兒覺得支離破碎的經驗裡，母親的堅毅穩固成為他初步信任自己及四周環境的源頭，這讓嬰兒能鬆開非要母親現身的要求，而開始能在心裡有了內化的母親影像。

「涵容者—被涵容」的概念，使我們能以複雜且動態的方式來描繪母嬰之間的情緒關係，並具體指明此關係中的某些因素。母親的涵容能力至少仰賴四個條件（其排列順序是依據嬰兒由內

22　母親加諸嬰兒的痛苦通常是情緒上的，不過在某些情況，也可能是肉體的。

向外的心理現象，而非暗指這四個條件有重要性的階層區分）。

（1）嬰兒有能力引發母親產生一些感覺。過去已有許多研究探
討嬰兒具備將注意力定睛在母親身上的本能。有時候，因
為分娩過程使用的藥物，或早產，或是嬰兒出生時的狀
況，使母親親近嬰兒的本能受到影響，無法立即對嬰兒產
生親密感（Trowell 1982）。而嬰兒也有氣質上的差異，
像是有些嬰兒比較被動、暴躁，這使他們較難尋求乳房或
安撫的擁抱。這樣的嬰兒也能夠接受幫助，漸漸參與這個
世界且因此得到滿足，不過他們需要較多的努力與想像力
（Middleton 1941）。母親與嬰兒之間彼此「適配」（fit）
的程度，似乎與母親處理「個別嬰兒所引發的特殊情感」
之能力有關。

（2）母親需要有足夠堅固又不失彈性的成年認同，使她能夠體
驗因照顧新生嬰兒而引起的種種感覺，又不至於感到這些
感覺危及她的存在。[23] 有時在面對外在刺激時，嬰兒處於
極脆弱的狀態；於是，一段時間裡，他只能聯結母親對他
的照護中的某些部分，而無法將母親當作完整的個體；
他與母親這些部分的接觸緊張而脆弱，加上他會注意到不
適中的支離破碎感，於是，在這些不適中，嬰兒似乎深受
其苦。我們在成長過程中的心智發展，及我們對外在生活
的安排，可以視為企圖保護自己不再經驗此種嬰兒狀態的

---

[23]　母親若要與嬰兒建立「涵容」（containing）的關係（至少足夠久），她要先能與自身心智
狀態建立接收及容受的關係（至少足夠久）。用 比昂的話來說，成年人在面對日常生活，
及與嬰兒、兒童接觸時，早期嬰兒期及童年的某些經驗會持續被翻攪起來，要完成「成人
認同」（adult identity），個人需要一個「涵容器」（container）來包容這些經驗。

一連串措施。處理此類情緒生活之原始樣貌的藝術家們，
像是薩繆爾・貝克特（Samuel Beckett），則採取一種理解
的姿態，謹慎領受。正是這類情緒經驗劇烈衝撞那些照顧
新生嬰兒的人，並輕易威脅了他們自身的存在。做父母的
經驗隨著嬰兒與兒童的成長而轉變，每一個階段各有其要
求。第一個階段之所以令人備感苦惱，是因它需要你具備
一些想像及豐富的機智，來與嬰兒建立關係，因為嬰兒無
法與完整的個體做聯結。[24]

30　（3）接著，在我們所描述的與嬰兒進行敏銳的母性接觸中，第
三個條件是配偶、家人及朋友提供足夠的外在支持。透過
這些關係，可以滋養母親自身的成年認同，及她對自己擔
任涵容者的適切感。其他超過母親涵容能力的種種焦慮和
苦惱，可以和這些外在的支持者溝通，讓他們去處理。有
時候，母親需要其他成人成為她的涵容者，就像她涵容嬰
兒一樣。

（4）其他的生活要求較不嚴峻（像是家務及財務），這些情況
只要不過分削弱為嬰兒提供服務的體能狀態與心智空間，
便都可以忍受。

　　只要母親擁有足夠的外在支持與內在豐富感，照顧嬰兒其實
是件喜悅的事，而在照顧嬰兒中所遇見的擾人經驗，會使她更了
解嬰兒和她自己，倒不會只是製造受迫害感的源頭。母親心裡有
了這種柔和的心情，至少會在三個方面影響她對待嬰兒：

24　霍普金斯（Hopkins 1983）強調母親做為嬰兒行為詮釋者的角色。此種直覺能力「某種程度
上仰賴母親童年及日後一般的、文化的及個人的經驗」。

（1）因為母親覺察了嬰兒可能有的苦惱，她會盡量在照顧他
　　　時，將那引發他無力招架的感官知覺減至最小。

（2）當嬰兒苦惱無力，她比較能思考他的需要，並／或與他有
　　　肢體的碰觸，較不會不聞不問。此種心理上的持續注意會
　　　使母親較敏感且容易接納孩子的反應，例如在與孩子短暫
　　　分離之後。[25]

（3）她知道孩子將她當作各種惱人經驗的承受者，並信靠她，
　　　這使她能了解嬰兒，而她的了解是他成長的必要條件，這
　　　又回過頭增強母親保護嬰兒不受其焦慮、疑惑及恐慌危
　　　害，且優先考慮嬰兒的需要，至少暫時如此。

　　這個論點主張，嬰兒的身心狀態處於不斷變動的景況，這持
續影響他「幾乎統整」／「幾乎支離破碎」的存有感。此種狀
態又繼續影響他專注的能力，以及參與世界並對周遭有興趣的能
力。[26] 嬰兒內在狀態變化波動，引起母親內在認知／情緒狀態的
起伏。母親包容且消化內在被激起的種種波動的能力並非穩定不
變，它隨著母親當時的個人狀態、不同時刻所受的擾攪，以及嬰
兒當下引發的特定影響，而有所不同。[27] 凡此種種，加上較早時　31

25　這與洛特（Rutter）所提出，有助兒童因應分離的因素有關——「長期以來的觀察發現，孩
　　子住院一段時間後回到家，可能充滿敵意、變得難搞，或是太黏人，無論是什麼情況，父
　　母對這些行為的反應或許才是最關鍵的。」（Rutter 1981, p. 134）

26　認識這個世界所帶來的樂趣是嬰兒經驗中最根本的部分。因為臨床上的需要，精神分析長
　　期關注的是人與現實（reality）的關係中所出現的困擾。與現實的關係，及思考、遊戲的能
　　力，一直是比昂及溫尼考特工作的核心。阿瓦雷茲（Alvarez 1988）曾提及兒童需要與現實
　　有愉悅的接觸，及此需求的臨床意涵。

27　此功能是非常重要的心智／情緒能力，它不同於史騰（Stern）在其理論中所提出的，父
　　母乃為「具調節功能的他者」（a state of regulating other）。在此，父母調節嬰兒生理狀
　　態的功能似乎局限於外在的、行為的角色，是嬰兒頭幾個月的發展中比較次要的（Stern

候母親、嬰兒及環境三者的潛在因素影響，使其認知／情緒交互的流動，顯現一種持續變動、微妙的模式。這個層面的互動正是我們理解「早年關係影響力」的關鍵途徑之一，它也是「嬰兒觀察」試圖貼近並描述的互動歷程。

嬰兒的涵容經驗

本節要談嬰兒有了被母親注意及敏銳照顧的經驗後，產生什麼樣的結果。我們假設（如同克萊恩所言），嬰兒擁有與外在世界接觸並將這些經驗銘記心中的能力。母親回應嬰兒的經驗的能力，首先讓嬰兒感覺到自己身體感官知覺得以彙整，並進而展開身體的統整感。

溫尼考特（1960a, 1960b）談及母親早年的「抱持」（holding）對嬰兒的影響；若母親的支持維持夠久，嬰兒會形成「存在的持續感」（continuity of being）。他談到因著母親主動適應環境，滿足嬰兒的需求，嬰兒才有可能展開內在被動統整的歷程（用比昂的話說，就是「涵容」[containment]）。他說，另有一種情況是，嬰兒感受到「環境的侵犯」（environmental impingements），卻無人保護他，對於這些侵入，**他**必須主動回擊。比克（Esther Bick 1968）寫道，嬰兒第一個心理需求是有人能抱住他；她說明，這讓嬰兒開始感受肌膚為其所有。當母親無法提供擁抱，嬰兒便被留置在只能專注非人環境的處境（例如注

1985）。相同地，這裡所提出的模式是「互動的」，這個互動指的比較是心智／情緒的，而不是以行為為主。此類複雜的交流似乎就是喬治・史特拉頓（George Stratton）所指的「嬰兒所處的整體環境系統」（Stratton 1982, p11）。

視著電燈或翻動的窗簾）；或者，嬰兒便盡力繃緊肌肉來維持自己的完整感。所有嬰兒都會在不同時間經驗到或引發這三種「維持統整」（hold together）的方式，但比克（Esther Bick）認為，嬰兒太仰賴後兩者來維持完整感，將影響他日後自我感的發展。

　　你若觀看嬰兒生理狀態的所有變動（例如 Dunn 1977; Schaffer & Collis 1986），以及他一開始無法調節自身狀態的情況，而不只是觀看嬰兒已經達到的「清醒安靜狀態」，那麼嬰兒對母親的仰賴便能清楚突顯出來。[28] 有人將母親給嬰兒的生理照顧概括分為兩類：擁抱與注視。嬰兒需要有人細心改換其姿勢、為他穿衣蔽體，他也需要床墊或肩膀提供的確認感、說話聲及移動的韻律感，凡此種種皆是照顧嬰兒必有的戲碼。這些內容能安 32 撫嬰兒，營造布萊瑟頓（Brazelton 1975）所謂的流暢、具節奏韻律的反應，並讓嬰兒有身體的統整感（Bick 1968）。然而，外在世界——特別是人類世界——所擁有的能量，不只能撫慰嬰兒，也將他帶進活躍專注的世界——母親的眼睛和聲音具有一股魔力，能使嬰兒全神貫注成一整體，就像嬰兒在吸吮乳房或奶瓶時的精神狀態。

　　這兩類涵容透過生理的照顧，直接大量作用在嬰兒身上，然而此類生理照顧所隱含的情緒與心智面向非常關鍵。母親在撫慰不安的嬰兒時，內在處於極複雜的情緒心境，此狀態與嬰兒的苦

28　史騰（Stern）所描述嬰兒有能力使用其「知覺器官」（perceptual apparatus）來統整自己，他處在形狀跟模式都充滿情緒意義的環境中。嬰兒能感受到母親身體及情緒的臨在，不過他消化四周所發生事物的**能力**並不依賴母親與他做情緒接觸的能力。母親的影響只在嬰兒七個月大後（他所發展的關係比較有自我意識之後），才漸漸成為重要的因素。然而，史騰（Stern）的說明點出，為何有些嬰兒雖然經歷了艱難的早年經驗，卻仍能取得足夠的資源存活下來。

惱緊密相連，也對嬰兒造成影響。同樣地，當嬰兒清醒參與社交時，他不只是在和母親秀給他看的有趣事物互動，更是和母親與他共處時，全心注意、接納他的心智狀態互動。母親的心智內涵作用在嬰兒身上的兩條路徑：之一，間接透過她對嬰兒心身狀態的生理照顧所產生的效果；之二，直接透過嬰兒理解他人情緒狀態的能力 [29]。採用本文所談的理論術語來說，身體上被母親擁抱、情緒上被母親涵容，不只讓嬰兒對這個世界有生理上的體驗，我們稱此種經驗為「身體的統整感」、「有了身體的邊界：肌膚感」，以及「生理上有了我的感覺」；這些經驗也讓嬰兒親密接觸到母親內在心智與情緒歷程。母親這些內在的狀態及它們對嬰兒產生的影響，成為嬰兒強力關注並感興趣的對象。[30]

此種與母親的親密關係使嬰兒發展出心智及情緒經驗的能力。發展的歷程中，生理上被聚合在懷抱裡、擁有外層肌膚之感，是最初的原型；透過此原型，嬰兒能取得「心智肌膚」（mental skin），而於內在形成一「心智空間」。這又回過頭

---

[29] 史騰（Stern）認為，「活力情感」（vitality affects）——指的是情緒生活的動力變化，而非不同的「類別情感」（categorical affects）——會滲透到嬰兒對這個世界的經驗中。透過身邊人的專心注意、他們的外在形狀，及他們說話、移動時營造的氛圍，嬰兒可以體驗到「活力情感」。在說明「形式」（form）（在其中，可能真有為嬰兒而存在的情緒環境）時，這似乎是非常重要的部分。史騰（Stern）認為嬰兒出生後，其「自我感」及「對他人的知覺」即持續發展中，不過對嬰兒內在如何發展出「全人感」，及「自我意識」如何覺察到溝通的可能，他的理論似乎沒有提出令人滿意的說明。他稱此發展（約莫於七個月大左右）為「關鍵性的改變」（quantum leap）。我們希望本書所描繪的模式可以提供基石來思考此發展的更早階段——嬰兒「已經以這樣的方式在反應」，而非「如此反應以便⋯⋯」（Mackay 1972; Hopkins 1983）。

[30] 歐索夫斯基與但澤（Osofsky and Danzger 1974）說明母親與嬰兒的心智狀態之間的關係。莫瑞 Murray 1988）與旁德 Pound1982）皆主張嬰兒及幼兒對母親的情感狀態非常有反應。憂鬱、焦慮及敵意會削弱母親回應嬰兒需求的能力；而這些心智狀態也會直接傳遞給孩子，孩子則被迫獨自面對並因應這些。

來，使嬰兒開始能理解他所經驗到的母親的心智，並理解他們之間的溝通。早年經驗的內涵因而對心智生活的開展有關鍵的影響。

經驗內化

經驗對嬰兒的影響是每個片刻都有的，同時，經驗的影像也貯存在嬰兒的記憶裡（例如 MacFarlane 1975），這個過程使嬰兒在心裡漸漸創造出一個內在世界。這個過程引發的問題有三：

（1）嬰兒對此種「吸納」（taking in）過程的主觀經驗為何？
（2）這些記憶的形式為何？（3）這些記憶的內涵為何？　　33

（1）精神分析研究長期以來一直在探究內在世界的本質，及其形成的方式。研究結果之一形成以下假說：嬰兒期的內化歷程不同於日後以象徵形式進行的內化。年紀稍長後，我們有了語言，與世界不只有身體接觸所建立的關係。嬰兒與外在世界建立關係的心智活動裡，似乎沒有象徵的概念。此假說顯然極難檢測，但從嬰兒觀察，以及用原始方式聯結現實的患者診療經驗中，我們可以形成此假說，例如，嬰兒貯存了母親注視他時的臉，或貯存被擁抱的印象，這種貯存過程對三、四個月內的嬰兒來說，就是把其感官知覺當作一個客體來吸納的歷程（內攝）（Isaacs 1952）。果真如此，早年心智生活的重要內涵：**具體**（concreteness），便是區分它與日後象徵性心智運作

極大不同之處。這種差異部分是由於早期記憶的生理本質
（Stern 1985），不過此處所闡釋的觀點認為，除了本質之
外，「吸納進來」、「喚起」、「心智中的擁抱」等等生
理經驗影像，同時也是一種身體的具體感受。因此，嬰兒
感受到內在容納了一個具體的世界，這世界至少像他身邊
的物質世界那般真實，而對其存有狀態影響甚巨的人際關
係，對他來說，似乎包括了具體實際的交流。[31]

（2）這些記憶／具象客體在心智中究竟以何種形式存在？有一
強烈的主張是，早年經驗必受以下三者主導：（a）嬰兒
本身強烈的肢體經驗；（b）他對外在物質世界的知覺；
（c）他對自己與母親關係的初級但直接的了解。對經驗的
記憶多少必須包含這三個因素。

（3）這些客體在心智中如何形成？有人強烈主張，它們**就是**外
在現實的影像，不多也不少（Bowlby 1973; Stern 1985）。
我們完全同意，嬰兒與外在世界接觸，以及他與此世界真
實交會的內涵極度重要。[32] 然而，當史騰（Stern）寫道，

31　史騰（Stern）主張嬰兒經驗到父母介入調節他的狀態，並感受到他們對他的影響，自然會
　　影響嬰兒的整體感，及對「自我」和「他人」分開的體驗（p. 105），這些是嬰兒在「清醒
　　安靜狀態」時很清楚意識到的。為了理論上的理由，這個觀點游離開了史騰（Stern）原想
　　以「貼近嬰兒經驗」來描述嬰兒的企圖。從嬰兒的角度來看，情況比較是，母親「移走」
　　了他的苦惱、她的笑容帶來喜悅，或她心事重重的樣子驚醒了他，凡此種種在嬰兒的感受
　　中，都是強烈而具體的交流。

32　我們知道自己不可能在本章中完整說明鮑比（Bowlby）的理論、臨床工作，與克萊恩、溫
　　尼考特、比克（Bick）及比昂之間的關係。
　　　　鮑比（Bowlby 1969, 1973）強調嬰兒渴望母親臨在的強烈本能需求，以及此本能如何維
　　持物種的存活。他不只強調長期分離的危險，也強調嬰兒受到照顧的品質。他喚起大家對
　　幼兒需求的注意，一般人對兒童照養的看法也因他所建立的理論而改變，在這個領域，他
　　有不可抹滅的重要性。
　　　　他不只對依附行為有興趣，且強調兒童在與母親的關係中，其內在所形成的「工作模

在語言發展出來之前，嬰兒的經驗並無心理動力層面，他的意思似乎是，在有語言之前，嬰兒無法自行將外在事件轉化成主觀經驗。這個看法與我們在此所強調的非常不同。在稍後的章節中，我們會繼續說明克萊恩學派的「幻想」（phantasy）論，該理論認為，幻想是在生命一開始就有了，與嬰兒對外在世界的經驗同時發生，這兩者創造了與外在世界及內在客體世界的人性接觸（而不只是純粹的物質接觸）。

34

式」，此工作模式攸關內在依附感及信任感的發展。然而，他的模式強調兩股力量的交互作用，一是生物需求，一是外在情境的壓力，他認為情緒是在這脈絡下發展的。因此，鮑比（Bowlby）認為，兒童內在的焦慮起因於外在環境威脅到他們的安全（例如與母親的分離），這是非常基本的生物性機制引發的行為，在物種演化的歷史中，它與生命的延續有關。

　　克萊恩及其後繼者所關注的焦點則在於情緒的內在經驗，及生物遺傳如何展現在心智現象場。我們認為，鮑比（Bowlby）不同意克萊恩的是，分離經驗在焦慮形成過程中的角色。會有這樣的歧異，至少有部分原因是錯以為焦慮的形成非黑即白，結果造成兩種極端的看法：其一，外在情境很重要，兒童焦慮全源自於此；其二，兒童的內在情境是最重要的，其焦慮完全從內在形成。對我們來說，孩子的外在經驗內涵很重要，克萊恩（1952b）與比克（Bick 1968）皆如此認為；同時，了解孩子如何在其內在轉化這些外在經驗，也很重要。我們會在稍後說明「內在世界」的概念，這個概念幫助我們思考，為何有些小孩能從困難的早期經驗中找到活路，而某些擁有良好早年成長經驗的孩子，卻在其童年或成年階段發展出惱人的困擾。

　　鮑比（Bowlby）反對克萊恩的另一點是，克萊恩將嬰兒早年經驗局限於吸吮乳房，忽略了嬰兒與母親關係中的其他面向，也輕忽了第二年、第三年經驗的重要性。克萊恩專注於嬰兒與乳房的關係，將乳房視為嬰兒的第一個客體，是獲取各種經驗的方式之一，然後形成整體的圖像（從這個觀點來看，乳房代表著「理想型式」[ideal type]），以便專注於某些特定的嬰兒期經驗。克萊恩感興趣的即是生命早期的這類經驗，及這些經驗如何在日後發展中持續顯現其影響力。鮑比（Bowlby）很少談到生命頭幾個月的經驗，例如七個月大前嬰兒的分離經驗（Bowlby 1973,p54），他主要關注的是嬰兒晚期及童年早期的某些面向。

　　動物學理論詳實的自然觀察是重要關鍵。此法的應用使大家注意到一些現象，例如，幼兒與依附對象重聚時的拒絕行為，這些現象挑戰了既存的理論架構，也促使它有新的發展（Main & Western 1982）。

我們希望藉由仔細觀察個別嬰兒，使內化歷程的多樣性、複雜性及其內容，更清楚呈現出來。[33] 隨著時間的推展，我們可以將嬰兒被母親抱在懷中的經驗，及伴隨此經驗的一種被母親懷抱在其心智中的感受，視為內化歷程的起點。一開始嬰兒依賴母親所提供的涵容，會漸漸轉成依賴其緩緩成形的心智所提供的涵容。然而，此種發展不必然隨著生理成熟而來，也不是藉由「學習自我涵容」而來（雖然我們會覺得，自我涵容的能力是學習來的），它是透過反覆吸納被他人懷抱支持的經驗，並將這些存留在**其**心智中，而漸漸發展出來。這個歷程就像是一種具體經驗的想像，克萊恩稱此為**內攝**（introjection），嬰兒透過這個歷程漸漸能在心裡形成一個確切臨在的「涵容他的母親」。現在，他有時能在她不在時，喚起那些原本源自於與她接觸才有的支持與安慰。溫尼考特的過渡客體（transitional object, Winnicott 1951）概念近來十分流行，這個概念談的是嬰兒會在母親不在時，創造一個熟悉的物質客體來陪伴，此概念呈現出「內化歷程」外在可眼見的現象。溫尼考特清楚說明，此種與過渡客體的外在關係顯現了兒童與其內在母親的關係。日後，兒童**認同**了他那「涵容他的母親」，這些被包容的經驗變成了他的一部分，成為他潛藏的人格內在結構的一部分。[34] 至此，你可以說，兒童已發展出「自我

33　莎佛（Schaffer 1986）強調這類經驗在理解兒童發展上的重要性：「因此，需要把整個焦點從過分關注外在行動轉向同時思考內在表徵。」「內在客體」與「自我及他人之工作模式」兩個概念在互相交流時，有些依附理論學者發展出一些有趣的觀點。然而，內在客體的概念比較不那麼認知，它所關注的主要是心智如何在與「特定的內在客體」（而非外在行為）的關係中，漸漸形成。

34　這個概念是，嬰兒處在持續與不同內在客體認同的狀態，而非外在線索引發他想起某些具體的記憶。史騰（Stern）的理論主張，記憶為外在經驗增加另一個向度；在此理論中，內在客體是心智中想像生活的一部分，具影響力的外在事件亦是。

涵容」、「自信」。不同個體有其獨特的情緒風格，此種風格的差異及其持久性（Dunn & Richards 1977; Dunn 1979）部分源自於早年關係中不同的情緒屬性，這些內涵已被內化，並成為自我的一部分。[35]

處理痛苦及具體溝通的發展

我們可以理解，大部分母嬰關係的研究都專注於探討母親提供給嬰兒的美好經驗有何內涵，以及嬰兒能以何種方式喚起並使用這些經驗。在嬰兒時期，痛苦不安是很重要的經驗，也是無法避免的，它具有極大影響，會妨害母親與嬰兒之間親密、有創意的接觸。 35

嬰兒所形成的內在表徵之情緒特性為何？當嬰兒處於「清醒安靜」狀態時，其情緒特色可能是溫和的，或心裡有一些沒有明顯特性的對象。然而嬰兒並非只有這種狀態。嬰兒痛苦不安的時候會怎麼樣呢？嬰兒內在「壞」經驗的表徵又如何？像是吵雜的聲響、奶一直沒來、胃痛，或是母親臉上不悅的表情等等。誠如興德（Hinde 1982）所言，母嬰關係中本來就有某種程度的衝突。

這些「壞」經驗的特色之一是，它們甚至會出現在「好的」情境中，破壞嬰兒運用環境所提供的支持或餵養的能力。父母在照顧尖聲哭叫的嬰兒時，常有的一個經驗是，他們已經在一旁提

35　它同時也假設，早年經驗的內化隨著時間發展。隨後的外在關係便在這些已經內化的情緒資源基礎下，漸漸展開。此模式強調經驗的累積，而不只是一味強調它會造成的結果（Schaffer 1977）。

供協助，嬰兒卻陷在一種「父母就是帶給他痛苦的罪魁禍首」或「因所處的痛苦，無法看見父母在一旁協助」的心理狀態。這些壞經驗的另一相關特性是，嬰兒一開始無法理解或關注這類經驗，如同他在愉悅或比較中性的事件裡可以做到的那樣。嬰兒唯有與好的、強化的經驗發展出強韌持久的聯結，才能維持他對自身的完整感且開始能包容挫折、痛苦，並對痛苦有比較連貫的認知接觸。

　　比昂認為，被痛苦不安襲倒的嬰兒處於一種無意義的狀態——說得更確切些，嬰兒此刻身心狀態惡化，且喪失維持自我一致感的根本能力。接著，嬰兒向人格較成熟者尋求協助——一個可以包容痛苦不安的嬰兒所引發之情緒的成人。這樣看來，安慰嬰兒、試著找出並挪去使嬰兒痛苦不安之肇因的母親，同時也是（1）允許嬰兒的心智狀態被她自身的心智包容，可以有感受，卻不至於被襲倒；以及（2）透過她心智中主要為潛意識的活動，可以賦予嬰兒的痛苦形狀和意義，使嬰兒比較能夠忍受。此種對安慰歷程的看法，有別於一般人的常識。安慰不單單只是挪去讓嬰兒痛苦的來源，或分散嬰兒的注意力。它的涵義包括嬰兒內在有股衝動，將他的痛苦不安**投射**給別人，而母親有能力接收並包容其痛苦不安；有了這整個經驗，嬰兒再將它以修飾過的形式內攝進來。[36]

36　　在嬰兒的主觀感受裡，內化是一種具體歷程（concrete process）；同樣地，當嬰兒痛苦不安時，他的尖叫和踢踹在幻想

36　整體的品質透過感官知覺（像是形狀和強度）來理解，史騰（Stern）的「活力情感」概念提供一個外在工具，而情緒的溝通可以藉由此工具展開。梅爾徹（Meltzer 1983）提到心智狀態的溝通（藉由投射－認同）如同「溝通的唱與舞」。透過移情／反移情，及它在夢中的表徵，此種溝通形式在臨床上已有許多探討。

中，彷彿是**分裂**、去除其壞經驗（**投射**）的具體嘗試。母親的臨在，她的心智活動及反應能力，藉由提供一個這些壞經驗的貯存所，轉化嬰兒的處境，並促成此溝通原始歷程的形成，此即**投射－認同**（projective identification）。透過投射－認同，嬰兒感受到母親就像是個涵容者——一個具備空間容納嬰兒無法承受之苦惱的客體，同時又提供機會讓他內化具有此涵容能力的母親。母親的能力不僅讓她能註記嬰兒的痛苦，並能（在意識或潛意識中）**想一想它是怎麼回事**，而提供**深思熟慮**的回應；這表示她能修飾嬰兒心理狀態因痛苦經驗而發出的需索，同時透過思考，讓嬰兒首次接觸到人類承擔痛苦的能力。這個理論意味著，嬰兒終將發展出處理其自身痛苦不安的內在結構，他從另一個人內在的涵容結構，獲得了足夠多的經驗。

雖然我們專注於談論令嬰兒不適的痛苦不安，核心的議題則是嬰兒如何將**任何**經驗都知覺成一種心理歷程。比昂認為透過投射－認同，母親能了解她的嬰兒；因為嬰兒的身心狀態會對她造成影響，她會漸漸理解嬰兒身心狀態的本質。嬰兒感受到母親以這樣的方式了解他，他漸漸也能認識自己及他人的心理內涵（psychic qualities）。比昂用 K 來代表此種思考的基本型，這是他的心智運作論中最核心的概念（O'Shaughnessy 1981）。[37]

37　投射－認同——情緒狀態具體交流的幻想——在母嬰之間運作起來，有可能兩人同時都在投射，並接收對方的投射。它提供早年溝通一個有別於語言模式的選擇。瑪格麗特‧布洛瓦（Margaret Bullowa 1979）談到過分依賴語言模式來理解早期互動的限制。嬰兒依賴母親做為其具體溝通的老練接收者，使我們想到，對以此種方式進行溝通的嬰兒而言，分離像是一種暫時的失落（Bower 1977, p. 56）。

　　早已有人指出（例如 Schaffer 1986）實驗情境中，母親總能對嬰兒投以高度專注，但是這樣的對話在日常母嬰互動關係中出現的程度如何，或這情境是否適合用來解釋嬰兒如何「學習」，則引發懷疑。投射－認同的運作可在各類外在活動中發生。母親可能接收或未接收嬰兒的投射，不過這個過程多半是潛意識的活動，並未包含具體的「演出行為」。情

自我感的形成

　　嬰兒經驗到母親對其心智狀態的涵容，並將它們轉化為思考，奠定了嬰兒內在發展出此項能力的基礎，而這個過程是透過內化和認同來達成。當嬰兒有足夠的機會透過投射－認同溝通其經驗，並內化母親包容及思考其狀態的能力，新的情緒資源便得以滋長，在這樣的環境裡，嬰兒的自我感便能發展。自我感絕大部分奠基於認同這些內化的經驗（內攝性認同），它使得嬰兒對內在及外在的經驗有了某種程度的忍受力，並能開放自己體會這些經驗。這又形成另一種能力的發展基礎，一種能從生活的情緒
37　衝擊中學習的能力。比昂的心智論關注的是，「從經驗中學習」（Bion 1962b）的能力有何內涵。人一輩子都需要這種能力。誠如哈里斯（Harris）所言：

> 　　人一生所經歷的創傷，不管源自何處，都在檢測人格中容受新經驗所帶來必然之痛苦及不安的能力，以及人從其中成長的能力。這種能力必然或多或少受到早年涵容客體（containing objects）的內涵影響，特別是母親最原始能接收並回應的本質。接收得快的父母能協助

　　況比較是，如史騰（Stern）在說明「活力情感」時所言，她的反應顯明她在日常生活中照顧孩子的樣子。這不是一種「類擬對話」（pseudo-dialogue），而是真實的互動，它提供基礎，讓孩子在第一年的後半段能有更具自我覺察的溝通。

　　史騰（Stern）在談及嬰兒於第一年後半段發展溝通時，提到其溝通形式奠基於母嬰之間共享著不同模式的「活力情感」（attunement，和鳴）。然而，他明確將此種溝通限制在母嬰共享愉悅或沒有威脅的情感狀態（p. 160）。我們也強調嬰兒理解愉悅經驗的能力，特別是他母親因他而生的愉悅（Likierman 1988），以及母親接收嬰兒表達喜悅的能力，這對孩子發展出被愛、被理解的感受很重要。然而，任何溝通發展模式都必須同時強調，對嬰兒來說，其中也有著令人苦惱或難以掌握的部分。

嬰兒經驗自我。他對父母的認同有助於他處理日後日常
生活中會有的衝突情緒和衝動——如果他是其所是、感
其所感的話。（Harris 1978, pp. 167~168）

　　然而，這並不是個簡單的問題，不是母親／父母完全臨在或
缺席，及有無被了解的問題。這個歷程總是不完全。通常「夠好
的」（good enough）父母比較能注意、忍受並消化嬰兒的部分
經驗。嬰兒的某些經驗可能被父母以上述方式接受了，因而有助
於嬰兒形成有利的內在情境及心智的成長。嬰兒其他未被父母容
受的經驗並不會消失，但嬰兒也無法輕易接受它們為自己的一部
分，使它們對他日漸成長的思考能力有所貢獻。嬰兒那些未被父
母接納的經驗可能會被分裂掉（split off），被驅趕至心智的邊
緣；但不會變小或變少，有時搞不好還會增加，很可能對個體的
生活造成衝擊。[38]
　　不管是什麼原因，沒有足夠的母性涵容，嬰兒會被迫過早
仰賴他自身的資源。這影響其自信及自我涵容能力的本質，即
使此本質有時很難界定。[39] 近來，許多以兒童為對象的精神分析
工作，投注精力試圖了解在收容安置機構進進出出的兒童，在

---

[38] 在比昂提出「涵容者」及使用投射－認同做為溝通方式之前，克萊恩對投射－認同的解釋
是，在這過程中，嬰兒投射他想要排除掉的經驗。目前，我們仍使用克萊恩的這個解釋。
克萊恩認為，此種將部分自我分裂掉的機制是普遍的，並可說明我們與他人的關係總是多
多少少受到自身情緒投射的「干擾」。她主張，當人過分使用它時，它就成了許多心理疾
病的基本機制（Klein 1946）。史皮利爾斯（Spillius 1988）發表一系列文章論述這些概念的
發展。

[39] 洛特（Rutter 1981）論及此類困擾，有些肇始於孩子早年缺乏機會建立關係，他同時也區分
此類現象與分離造成的發展困擾不同。這類小孩無法抑制衝動，不能區分社交關係，還伴
隨著情緒缺乏深度的現象。然而，洛特（Rutter）指出，形成此種聯結的關鍵期從出生第六
個月後開始。我們不同意這點，本章稍後會再加說明。

缺乏足夠母性涵容的情況下，過早仰賴自身資源的發展現象為何（Henry 1974; Boston & Szur 1983）。比克（Bick 1968）將注意力放在更早時，不當的母性涵容對人格的影響，她的論點極有助於找到方法理解這類孩子表達需求時多樣而複雜的方式，並與他們建立聯繫。根據研究，比克（Esther Bick）認為，有些嬰兒以積極專注且強烈附著的態度，過度仰賴周遭的物理環境，將外在的物理環境當作維持自我完整感的工具，而不依賴與人的接觸。[40] 這意味著孩子獲得認同感的方法是「黏貼認同」（adhesive identification）。比克（Esther Bick）認為，這類小孩會發展出人格的社交外貌（social appearances），但卻沒有真實的內在心智空間感和內在資源。其他小孩面對類似的困境時，則利用肌肉緊繃或其他動作來發展出自我完整感；這會使他們以頑固、僵化，有時候甚至過動的方式，來處理生活體驗所帶來的情緒衝擊。比克（Esther Bick）稱此為**次級肌膚防衛**（second skin formation）。這層「肌膚」無法產生如「肌膚／涵容者」的心智經驗發展，後者在維繫自我認同感時，能對情緒經驗保持可進可出的流通。[41]

38

大概所有的嬰兒都會使用此種維繫自我的機制，不過程度各有不同，理由也各式各樣，並不一定和外在環境的匱乏有關。不

40　比克（Bick）的想法與緬恩（Main）及威斯頓（Weston 1982）的論點有些有趣的對應關係。他們觀察到幼兒在面臨分離或重聚的衝擊時，會使用無生命的客體做為維持統整感的工具。

41　比克（Bick）認為，發展上的問題肇因於對環境採取某類適應，這個看法與史特拉頓（Stratton）所提出的母性剝奪有關：「……任何創傷造成的結果可能很難看見它直接的損害，它比較是有機體為適應此環境的要求所做的嘗試……短期來看，個體所採取的適應之道是保存其完整性的最佳反應。唯有以長期的觀點來看，而且往往都是後見之明，才能看出某些適應方法其實是不良的適應。」（Stratton 1982, pp. 10-11）

管是什麼原因，當嬰兒得仰賴自我聚合的機制時，他不會經驗到父母容受其痛苦不安的能力，也就沒有機會內化並認同他們的能力。[42] 嚴重缺乏包容環境的孩子成年後，完全不相信痛苦是可以忍受的，或是不相信人類心智可以消化、忍受這些痛苦。這現象似乎與所謂的「剝奪循環」（cycle of deprivation）機制有關。[43]

至此，我們已說明了這個同時具備社交與心理層面的親子關係理論。社交面指的是，這個理論認為，每樣事都在父母與子女之間複雜而微妙的互動中發展。心理面則指，在這些互動中，每一個參與者的內在歷程都是核心素材；它關注的不只是兒童社交經驗能力的發展，還包括兒童是否有體驗心智／情緒經驗的能力。[44]

此種用來進行心智「消化」（mental "digestion"）的內在結構，是在嬰兒頭幾個月的生命裡，透過內化及認同其當前的照顧者，而開始建構起來。隨著發展，內在歷程慢慢展開運作，並有其自身的邏輯。嬰兒漸漸感受到自己內在形成三度心智／情緒空

---

42 在剝奪及困乏的情況下，這些機制可以是存活的方法，因為心智在「完全沒有被涵容的經驗」下是無法發展的；或者我們可以說，生命在此種情境下是不可能存在的（Spitz 1945）。

43 我們並不想爭論這是唯一的機制。你必須考慮社會及經濟因素，在此脈絡下思考它。雖然本書所描繪的嬰兒及其家庭的社經背景變異很大，但他們願意且能夠維持住觀察，就代表著這些家庭具有相當程度的穩定性。我們需要不同於此種訓練學生的觀察研究，以檢視在極端的社經困境中，與嬰兒及家庭有關的這些想法。至於觀察方法，本書所介紹的觀察法似乎仍能滿足這個研究目的。

44 這指的是個體有無能力將知覺放在心裡足夠長的時間，慢慢消化這種「原始資料」，成為可以加以思考的情緒經驗。此轉化大部分發生在潛意識中，透過與睡眠中的夢及清醒時的幻想歷程來完成。它不同於只存在於此時此刻，想要立刻除去此歷程的衝動，例如，太早做反應，除去經驗帶來的衝擊，或把不想要的感覺一丟給他人。比昂所發展出來的這個觀看心智生活的角度，將夢及身心現象所呈現出來的種種，轉化成理性抽象思考的能力（1962a, 1962b, 1963, 1965, 1970）。

間，反映他感受到母親內在有一個這樣的空間。當這個空間漸漸充滿了各種經驗，嬰兒內在的世界便開始構成。

內在世界

克萊恩在治療年幼兒童時，觀察到一個心智及情緒現象，她認為，這個現象不只是兒童在發展過程中受到干擾的結果，實際
39 上它也受到出生後就開始運作的心理機制及心理狀態形塑，兩者密切相關。[45] 她的兒童患者在遊戲室裡的活動內容有很大差異，從原始且具體地演出他在關係裡的內在狀態，他對他人非常初始的概念，到使用遊戲和語言呈現出其內在與另外一個完整的人有意圖的溝通的象徵性表徵。克萊恩的理論試圖說明早年心智歷程的運作情形，以及此運作造成的心智建構。試圖使用語言來詳述語言成形之前（以及「前語言象徵思考」[pre-linguistic symbolic thought] 之前）的心智活動，當然會有很多問題。[46]

且不管這些困難，克萊恩對內在世界的描述與近來的實驗研究發現確實有不謀而合之處。發展心理學在描述嬰兒期的發展時，強調的是嬰兒生物「本性」與外在世界環境之間外在、社交的互動。然而，很有爭議的是，嬰兒與外在世界的關係究竟是兩

45　長久以來即有的反對聲音是，因為她的理論源自臨床工作，所以不能用來理解正常的發展過程（Bentovim 1979）。我們不同意如此狹隘的觀點，而克萊恩確實有意將她的理論發展成適用於一般心智運作（Klein 1959）。

46　對於克萊恩理論中有關原始心智機制運作，及從出生後內在世界如何成形的說明，主要反對的論點是，她使用肯定及準確的語言在描述這些完全無法眼見的歷程。比昂（1962b）則強調，我們需要比克萊恩的概念更一般性的概念，以便當我們愈來愈理解後，這些空缺得以填補，而使整個畫面更完整。他特別注意到，因精神分析使用日常語言，使得其概念過早充斥著各種意義、先備概念及聯想，這個現象會引發一些問題。

者之間的直接互動，或是經過內在表徵的歷程；若是後者，那麼是從幾歲開始。[47] 克萊恩認為**心智生活**（mental life）**始於出生**，而她工作的主要焦點一直放在內化的**歷程**，以及內化創造出來的**內在心智生活的內涵**。

　　克萊恩使用「幻想」（phantasy）一詞指涉心智活動最早的形式，這些活動從生命一誕生，就開始塑造並充實其內在世界。「幻想」指的是出現在嬰兒心智中的原始表徵，它們是（1）他自身的本能活動，及（2）他與環境接觸帶來的結果（Isaacs 1952）。（「幻想」的拼法不同於原來常用的 fantasy，主要是為了區分兩者的不同；後者指的比較是心智活動中有意識的象徵形式，像是白日夢。）

　　「內在客體」（internal object）一詞指的是內在表徵單位。當然，「客體」指的不是外在世界裡無生物的影像——這個詞指涉的是人，及人的某些部分，而不是平常所說的「物體」。採用**客體**一詞，而不用**表徵**，是為了區別，避免強烈暗示人心中有的與外在世界完全一致：這樣的完全一致可能存在，也可能不存在。此論點認為，這些內在客體的第二個特質是，對嬰兒來說，這些影像有其真實性，當它們單純只是外在世界的心智表徵時，是比較成熟的經驗，兩者並不相同。成年後，我們常以為外在世界多多少少就是我們心智內容映照出來的真實；然而，克萊恩認為，我們的內在世界早在嬰兒期就開始發展，所造成的結果之一是，它一直有自己的「真實」，嬰兒強而有力且具體地體驗著　40

47　包爾（Bower 1977）、梅爾佐夫（Meltzoff 1981）、莫諾德（Mounoud）及芬特（Vinter, 1981），與史騰（Stern 1985）假設，內在經驗表徵從生命一開始就存在了。他們關切的主要是內在表徵在認知及動作發展和社交互動能力發展上的角色。

這樣的真實，雖然大部分發生在潛意識裡。克萊恩的核心概念及她對精神分析的主要貢獻之一是，她認為內在世界有其自身的具**體內在真實**，而不只是外在真實的影像——雖然後者它也包含在內，程度不一。因此她覺得，我們應認真看待內在世界為個體內在運作歷程的所在，不能只透過觀察外在世界而直接推論；內在世界的變化作用在個體身上的力道並不輸給外在環境對個體生活的影響力。[48]

　　這個嬰兒發展模式與為人熟知的互動模式之間，最重要的差異就是這一點。原因是，雖然母親和嬰兒之間的外在互動一直具有絕對的重要性，它並不是母嬰關係裡唯一的向度。這段關係被內化為記憶，同時也被認同成為自我的一部分（與嬰兒的自我沒有區別），藉此，**嬰兒獲取其內在生活**。在個體內在，這段關係的心像從出生以降，終其一生處於不斷修飾、成長、停滯或惡化的狀態。誠如溫尼考特（1950）所言，個體有「管理其內在世界的終生任務」。這個任務包括關注其內在客體的「活力」（vitality）（用史騰 [Stern] 的話來說）。[49] 此種內在表徵的論點不只如史騰（Stern）的理論所言，主張記憶會因外在世界的母親經驗而持續增加並更新，這些表徵也會主動從內在進行**轉化**（Bion 1965）。[50]

48　內在世界的歷程無法單獨從外在情境推論，並不表示我們沒有工具可以探知它。在日常生活中，我們會受到他人情緒起起落落的影響，即使我們無法在意識中知道這類「溝通」的來源及造成的結果。精神分析已找到方法，能夠有計畫、有條理地使用人類心智中形成及接受此類情緒溝通的能力。

49　「內在世界」這個概念提供一個方法，讓我們可以思考發展中「影響」與「結果」之間調節的歷程，在這個領域這部分是很複雜的研究，同時也可用來理解人格底層根本的內涵。同時它也是目前治療性介入的基礎，因為目前的狀態、內在世界的起伏消長、永遠處於發展中的心智結構，都可以被觀察到（見註 48）。

50　這個歷程相似於形成心像／內在客體，使其運作如經驗的心智涵容器，如同夢境中發生的

　　克萊恩的工作焦點主要放在內在世界的歷程，這些歷程會有下列結果：（a）發展出「全人感」（包括自己和他人）；（b）覺察到自己參與在人與人之間的關係當中；（c）產生象徵形成（symbol formation）的能力，它呈現於想要溝通的渴望中，而想要溝通是此類關係的核心。

　　克萊恩的發展歷程論包含情緒經驗中兩種「典型」的形成（而不是現實情況的描述）。她稱它們為「偏執－分裂位置」（paranoid-schizoid position）」與「憂鬱位置」（depressive position）。[51] 前者指涉的是知覺和情緒上的碎裂，後者指的是心智上的統整狀態。它們是一種**位置**（position），而非**階段**（stage），因為就某個角度來說，她認為它們是生存的基本狀態，終其一生隨著個體因應加諸在他身上的內在、外在壓力而交替變動。用嬰兒發展的術語來說，嬰兒對生命的體驗始於偏執－分裂位置（〇～三個月），再漸漸發展出從憂鬱位置體驗生活的能力（三～六個月）；出生之後，嬰兒總有些時刻，似乎能在他與母親的關係中，感知到母親做為一個完整的人所擁有的內涵（Klein 1948）。　41

　　偏執－分裂位置的特色之一是，嬰兒無能知覺其母親（或他自己）的完整；此外，在一個時間點上，他的經驗似乎就局限在某一組感覺、對客體（母親的某個部分）只持某一種觀點，而不

事。梅爾徹（Meltzer 1988）認為，此歷程是心智「形成隱喻」（metaphor-generating）的功能，它與植基於外在經驗加以統整及類化的能力不同，史騰（Stern）似乎認為後者與 RIGs（representations of interactions which have been generalised，類化後的互動表徵）是一樣的概念，都是記憶的基礎。

51　克萊恩根據其不同的焦慮內涵而選用這些名稱，她認為焦慮是這兩個不同狀態最主要的經驗。因為這幾個專有名詞顯然帶有病態的意涵，所以它們無法清楚傳遞她想要表達的意義。

是將關係裡引發的種種感覺含納進來。克萊恩在說明嬰兒頭三個月的經驗時提到，這個時期的嬰兒與自己、與世界的關係常受「極端碎裂的狀態」主導——嬰兒的知覺在某個時間點上顯然完全集中於自己或其世界的某一部分，像是他的嘴和母親的乳頭；他的皮膚與母親的手；或是，他那被母親的目光或說話聲聚攏的注意力。因此，克萊恩假設，在頭幾個月的生命裡，嬰兒所感受到的世界是充滿部分客體的世界，一直要到日後，嬰兒才能在他與母親的關係裡體驗到母親是一個完整的人（完整客體）。過去這些年，克萊恩的部分客體論中近似解剖學的概念，已經被修飾為母親為嬰兒所提供的不同功能。[52]

根據克萊恩的理論，嬰兒發展的第一步是與母親照顧他的各個面向建立滿意的關係，包括母親對他的哺餵、清潔、注視、懷抱、說話；沒有一個這樣支撐維持他的中心，他沒有辦法成長茁壯。伴隨此基本關係的建立而來的心理發展是，嬰兒內在心智形成對此段關係的心像（種種影像）；此心像本身包含生理上及情緒上的滿足與持續——克萊恩稱此為**好的內在（部分）客體**。她指的**不是**道德上的好，也不是指嬰兒有能力將他的經驗加以區

52　史騰（Stern）的早年嬰兒期經驗理論之核心概念源自近期的研究，這研究指出嬰兒具有「跨形式的知覺」能力——像是能夠整合源自不同感官的不同類訊息。然而形狀、強度及暫時的感官知覺模式，更像是克萊恩「部分客體」（part-object）的概念，而非「全人」（whole people）的世界觀。史騰（Stern）理論中的嬰兒似乎活在一個我們熟悉的成人知覺世界裡，他們所見與我們所見很相似，這就像熱感攝影之於傳統攝影。它比我們以為的還要統整，但也不像我們所知道的完整物理客體。因此，我們可以對部分客體有不同的描述與說明；但是這些在克萊恩所用的詞彙裡，仍然是部分客體，而非完整客體。我們仍然需要發展出感知完整客體的能力。對克萊恩而言，最主要的是情緒的發展，情緒的發展會推動認知的發展。這部分與史騰（Stern）的理論存在著有趣的關聯，因為形狀、強度及時間模式等非模態組型（amodal landscape），也就是「活力情感」的情緒組型——早在語言發展之前，就提供嬰兒溝通其情緒狀態的工具，並能抓取別人內在的情緒狀態。

分、建檔並分門別類；她的意思是，嬰兒**緊緊抓住**這些滿足的時刻，及與這滿足經驗有關係的客體，是因為這過程為他帶來生理方面和情緒方面的愉悅、活力和統整感，若以比昂的論點及近來發展心理學上的研究來看，還要加上認知方面的影響。[53]

如今，克萊恩對建立**好客體**具備何種主要內涵的論點，可以在早年母嬰關係之重要性研究發現中找到共同點，然而，克萊恩的說法仍有其超越之處。她認為，當嬰兒向外蒐尋並緊抓住美好經驗，我們不能誤以為其餘的經驗都只是一些中立的事件，像是空白的時間、沒有意義的噪音等等。其餘的經驗中，有些是生理上的不適，甚至是疼痛，及情緒上的苦惱不安；也就是有些嬰兒的經驗是負面的，強烈程度不亞於正向的經驗。克萊恩在描繪早 42 期發展時，賦予正向及負向經驗相等的重要性。她認為，我們必須仔細注意壞經驗的內涵，不管它是外在或內在所引起，注意它們對嬰兒的衝擊、它們如何轉化為內在表徵，以及後續的變化如何影響嬰兒日後面對這些（如今變成內在的）**壞客體**時，對自己及對世界的感知。

與成年人、兒童的精神分析工作讓克萊恩形成她個人對早年發展的看法：在早年發展中，內在客體的形成及嬰兒與它們的關係，構成嬰兒將驅力的焦點放在與母親發展深層情緒的與心智的接觸。然而，她認為，小嬰兒僅能在與美好外在經驗（及其內在表徵）有強烈且意義清晰的接觸下，才能發展出必要的存有感；也就是他在與這些經驗接觸時，其心智狀態要能夠不受經驗中其

53　只有克萊恩用隱微、抽象的字眼來表達這些經驗的內涵，史騰（Stern）用來描繪此類嬰兒期經驗的字眼要鮮活許多。在嬰兒觀察中，觀察者企圖盡可能地描述嬰兒的經驗，而避免將它剪裁成理論的形式。

他負面印象阻礙。嬰兒要能夠以此種方式處理惱人或不適的狀態，也就是這些惱人狀態的記憶不會干涉他在其他時間保持機警、享受滿足。同樣地，他要有能力處理美好情境中令人不滿意的部分，而不會損害他對美好經驗的知覺。她認為，在嬰兒的心智中，他會將壞經驗分裂，並隔絕掉，所以他可以將這些經驗摒除在他與母親的「美好」關係之外。為了生存，嬰兒需要內攝並認同理想的美好經驗，以及帶來這些好經驗的內在客體，同時運用人類心智中**分裂並投射**（splitting and projection）的固有能力，來摒除壞經驗及其內在表徵。[54]

　　這類策略並非屢試不爽──有些不適在嬰兒企圖摒棄它們時，抵死不從；而有些不好的記憶似乎總有辦法以雷霆萬鈞之勢湧現，瞬間攫住嬰兒的心。發生這種情況時，克萊恩認為嬰兒會有無力招架之感，而他與母親的聯結感也會被摧毀。一旦痛苦攫住了他，嬰兒便沒有辦法感知周遭環境中有趣並令人滿意之處，它們在其他時刻原是如此吸引著他。克萊恩因此認為，小嬰兒沒有辦法在心裡同時留住好與壞的經驗。

54　這些好與壞客體可以用生理的、情緒的及認知上的字眼來想像。史騰（Stern）反對克萊恩的分裂（splitting）概念，因為外在經驗不可能剛剛好分成這兩類。光是餵奶，嬰兒就可能有各種各樣的經驗──單就嬰兒這方面來講，這所有的經驗就有不同程度的愉悅或不愉快。克萊恩認為，嬰兒在發展的這個階段（三個月大之前）沒有能力處理這各式各樣複雜的經驗，這剛好是史騰（Stern）的「自我成形」（emergent self）階段。在這個階段，史騰（Stern）的嬰兒開始組織其自我感，他所仰賴的基礎是透過知覺而有的澄清與鮮活感受，在「清醒安靜狀態」中漸漸形成。這個觀點與克萊恩的想法有某種程度的相似，即只有在極端的身體狀態下，嬰兒才能開始組織他的經驗。然而，史騰（Stern）並未提及其他狀態的問題。克萊恩認為，為了維持自我感，嬰兒會驅動自己排除痛苦的經驗，在此歷程中，這些不好的經驗開始有了統整的特性。已有研究證實（Carpenter 1975），嬰兒確實會藉由移開眼神，來避開他們不想遇見的經驗，這些研究探討的議題包括擾攪不安的經驗。崔瓦森（Trevarthen 1977）主張，那些五個月大、會轉離母親的嬰兒，及能夠容忍這行為的母親，和十二個月大時所發展出來的合作關係之間是有關聯的。

這些美好的和不好的經驗都不是固定的實體，不管它們源自外在世界或嬰兒內在。它們轉化為好的或壞的內在客體，不單是因其客觀品質的好壞，若是如此，嬰兒和其他人都能成功地辨識出來。它涉及的不只是區分客觀壞經驗和客觀好經驗。即使是提供嬰兒普通的照顧，也會涉及一個問題是，外在及內在狀態如何 43 結合在一起，並進而影響嬰兒對某個事件的知覺：其內涵因時因地而有極大的變動。設法要讓急躁的嬰兒含住乳房，對母親來說，恐怕就具有此種完全無法預期的本質。

　　鮑比（Bowlby）與史騰（Stern）堅持，嬰兒只能內化外在現實中真實發生的事。以克萊恩的理論來看，嬰兒的知覺受到內攝及投射運作的影響，知覺（或迷思知覺）的良性或惡性循環可能直接出現在行動中。一時情緒化而將壞感覺投射到母親內在，可能會讓嬰兒在稍後無法將她視為好客體而加以內攝。一個可以說明此種現象的例子是，嬰兒在等待母親來餵奶時，哭得很傷心，讓自己陷入心裡極痛苦的狀況，結果乳房在他心裡的影像充滿了痛苦的感覺。接下來，奶來了，這奶有別於其痛苦所營造出來的「壞」影像，但先前的經驗使他很難接受餵奶。同樣地，「好」經驗的內攝也會削弱挫折或駭人事件的衝擊，因而增加嬰兒的容受力。這可能可以說明，為什麼有些嬰兒（有時候）比其他嬰兒更能處理感冒時吃奶的困難；感冒的不舒服壞了他們的胃口，使他們吃奶時混雜了不舒服，沒有辦法得到原本在吸奶時所渴望的一切。

　　先不談各種大量持續影響嬰兒的刺激，母嬰互動的研究顯示，嬰兒固有的能力使他在身體及認知上，找到將母親所提供的照顧運用到極致的方法。精神分析認為，嬰兒心理的首要需求是

身邊有個持續關愛他的好客體（**理想客體**），能夠將他組織起來；這意味著嬰兒具備類似的高層次天生驅力，會善用母親的心理能力及嬰兒內在的能力，對其經驗中的種種知覺進行複雜的篩分，為的是促進此歷程的發展。換句話說，分裂與投射被視為是生命必要的心理機制。[55]

這些我們稱之為內攝、分裂與投射的心理能力，嬰兒用它們來接觸周遭環境，而不同的嬰兒從出生即顯出極大的差異。舉例來說，有些嬰兒在痛苦不適時，其哭叫、踢踹的方式，能讓他們甩掉造成苦惱的種種，讓自己能夠接受安慰或乳房。有些嬰兒哭的方式則較受限，彷彿那些糟透了的經驗鎖在他們裡面，出不來，使他們沒有辦法自由接受母親的關注。這樣看來，個體獨特的內在世界受到個體天生身心內涵與其外在經驗之間複雜互動的
44 影響。發展心理學的研究顯示，嬰兒在有限的範圍裡，非常活躍地創造他身邊的社交環境。就克萊恩的精神分析理論來看，她也認為，嬰兒在他有限的真實外在環境及生物狀態裡，精力充沛地在創造他的內在世界。[56]

---

55 這樣的歷程已成為動物學家研究的焦點。緬恩與威斯頓（Main & Weston 1982）探討面無表情及視線移開與較大嬰兒（一至兩歲）的關係。他們也描述與母親分離的小孩對新環境的表面適應，其基本行為是，於內在將注意力從母親身上移開。

56 克萊恩對經驗及嬰兒內在原始焦慮的看法，是其理論中最受爭議的部分。她主張，焦慮源自於外在與內在經驗，通常是兩股來源混合在一起而引發（Klein 1948）。

在此，我們聚焦於源自真實外在情境的焦慮經驗，及因內攝、投射那些經驗而引起的焦慮。這些歷程必然影響嬰兒對外在真實世界的知覺，他可能在看來友善的情境中營造壓力，並誇大實際的困難，使經驗惡化。

然而，遵循佛洛伊德對「生」與「死」本能的假設，克萊恩也主張，嬰兒天生有能力尋求並善用他的經驗；這能力促進自我的統整，及與他人的接觸，但心智（psyche）中同時也有與生俱來的攻擊及渾沌的部分。心智中此面向的存在及運作本身就是焦慮的來源；就如同未統整之客體聯結（object-relating）的存在與運作源自焦慮的解除，並可引導個體走向完整及生命力。她覺得，不好的外在經驗有很大的力量可以造成焦慮，因為它結合了這股

覺察到人的完整性及依賴感

出生後，被理想化的全好關係是嬰兒這一生第一段美好的情緒關係，這關係有其優勢和限制，然而，這樣的完全美好卻可能瞬間變成全然的壞。克萊恩認為，小嬰兒一開始沒有辦法將他經驗裡不同的部分連起來。因此，她認為嬰兒無法聯結好經驗和壞經驗，像是他的嘴和母親的乳房、他的臉頰和母親的肩膀之間，在某個時刻有美好的經驗，有的時候則會有不好的經驗，像是奶流得太快，或是肩膀沒撐著而是撞到他的頭，嬰兒很難聯結這兩類經驗。她認為，這些經驗多半在嬰兒內心是各自存在、互不相干的。克萊恩主張，發展的下一個議題是，嬰兒如何整合他對母親的好、壞經驗，並進而感知到她是一個統整而連貫的人。她認為這是複雜發展歷程的一部分，使嬰兒能發展出持續的覺察力，意識到自己需要母親，至終並能發展出在她不在時思念她的能力。[57]

雖然，描述此種變化內涵的理論很多，不過目前各種說法之間似乎有了共識，亦即約在七個月大時，嬰兒會有發展上的大躍進，他開始能夠體驗到自己和母親的完整性（Stern 1985; Dunn 1977; Trevarthen 1980）。此發展似乎包含認知與情緒兩個向度，因為「整合起來」的不只是物理客體，也包含情緒客體——嬰

天生特質。在克萊恩的想法尚未被應用於嬰兒觀察前，它是治療精神疾患、邊緣人格及自戀人格患者非常重要的理論（Rosenfeld 1987）。

57　在史騰（Stern）的理論中，意識他人存在（a sense of other）的發展次於自我感的發展。嬰兒漸漸覺察自己的主觀經驗，也意識到可以與其他有同樣經驗的人分享。這樣的發展大部分由嬰兒內在的認知歷程驅動。而克萊恩則認為，這個發展主要是由情緒驅動的，且發生在嬰兒與母親互動得到的經驗裡，雖然同時也伴隨著他統整對自己的經驗。

兒與此客體的分離經驗中，必有情緒需求的涉入。它指涉的也不只是嬰兒處於「清醒安靜」狀態所覺察到的，還包括一些深植的認識，能將嬰兒在不同狀態的經驗整合在一起。克萊恩的貢獻在於，她注意到此發展的情緒面向，並聚焦於此種嬰兒經驗轉化的初期形式。她的發展理論探討的是，既然嬰兒從出生就對母親產生各種不同的感覺，那麼他如何整合他和母親互動時的不同經驗。嬰兒若是能夠將對母親的種種感覺存記在心，並整合這些不同觀點，嬰兒便彷彿有了座標，使他能將母親定位在以時間和空間為座標的座標圖上。他愈能掌握自己對她的各種感覺，便愈能體驗到這些感覺是他自身的感覺，而不是外在世界加諸給他的。

45 這兩種發展的結果是，嬰兒開始能與母親分離，覺察到母親能轉化他的經驗，及自己對母親的依賴。克萊恩認為，嬰兒出生後，會有一些片刻處於較統整的狀態，能欣賞他和母親之間的關係；然而，嬰兒知覺的此種轉化（她稱此為「憂鬱位置」）只發生在出生的頭三個月後，然後在六個月大時，漸漸穩固下來。[58]

在描繪統整歷程，及嬰兒早期如何藉由分裂、理想化客體，進而展開此統整歷程時，克萊恩將焦點放在此歷程的心理痛苦。她主張，從偏執－分裂位置轉化到憂鬱位置，嬰兒得面對（a）失去理想化關係的痛苦，以及（b）怎麼處理這個過程產生的壞經驗及負向感覺。在某些情況下，母親是愛的源頭，帶來愉悅的經驗，現在嬰兒能認出這些因著母親而來的不好經驗，像是被交

58　崔瓦森（Trevarthen 1980）描述嬰兒在九個月左右，對母親的知覺有了變化，他這麼說：「主司動機的大腦結構裡，完成了某些內在統合適應，嬰兒漸漸能以新的方式感受母親。她不再只是快樂的來源或遊戲的伴侶，這兩種關係裡，嬰兒自身的動機還是核心。她變成有趣的主體，有她自己的動機，是一個有別於嬰兒的對象或主題。」他稱此新的母嬰關係為「次級互為主體性」。

給別人帶或斷奶等，使得他和母親的關係變得比較脆弱，而母親也成為一個意義較不明確的人。在不好的經驗裡，對母親有憤怒的感覺是件令嬰兒十分焦慮的事，他要不就把憤怒留在自己裡面，要不就暫時回到偏執－分裂位置，以便把氣發洩在壞客體身上，這個壞客體是痛苦的來源和收受者。雖然有人說，嬰兒對母親的知覺愈接近真實，可以讓他放棄偏執－分裂位置；但是克萊恩則認為，嬰兒還要有能力承受真實關係中的焦慮和失望，這使他能看見更真實的她。[59]

嬰兒內在的這些歷程顯然會轉化他與母親的真實關係，然而克萊恩也主張，這歷程會轉化嬰兒與內化的母親影像的關係。當嬰兒開始意識到自己對母親的依賴，並覺察到真實世界的母親對他的協助，嬰兒內在也會產生類似的歷程（雖然這內在歷程有點神祕難解）；當他對外在世界有所需求時，他會變得比較能喚起並留住好的內在客體。在痛苦不安時，他開始能維持自己的統整感，不再受它們的影響而崩解，開始能體會這些複雜的感覺。一旦嬰兒的內在世界比較能統整起來，就能發展出內在的連續感。大約在六個月左右，嬰兒的心智狀態就會發展並強化到當母親不在時，他能在心裡留住他和母親的內在關係。當嬰兒能夠形成這樣的內在關係時，他便能思念母親。朱蒂・唐（Judy Dunn 1977）寫道：「當嬰兒開始覺察到母親不在眼前，並以新的方式來思念她臨在時的種種，深遠的轉變便已產生。這是發展上的里　46

59　克萊恩的理論說明在嬰兒心智中，這第一類（理想）好客體如何漸漸讓位給第二類比較實際、完整且具彈性的好客體。她強調嬰兒對此發展的貢獻。克萊恩認為，雖然外在環境決定了嬰兒要面對什麼，但嬰兒天生有承受不確定性及焦慮的能力。用比昂的話來說，使嬰兒能夠包容某些痛苦的是，他感受到內在有個能涵容他的客體，且此涵容關係在他伸手可及之處。

程碑。」

　　這種與內化的母親建立關係的能力，和認知發展上與外在世界建立關係的能力，並不相同，後者一旦達成便不易喪失。精神分析的臨床經驗讓我們相信，情緒學習的發展和認知發展是非常不同的。客體不在身邊，嬰兒或許強烈感受到自己的需求得不到滿足，然而他卻有能力與內在愛的客體聯結，這可是非常了不起的情緒發展成就。嬰兒有了這內在美好的關係後，在面對母親無法立刻安撫他時的憤怒、絕望（這些感覺可能摧毀嬰兒內在的好客體），能持續懷抱希望和信任，或耐心等候。因為分離的感覺太痛苦，嬰兒的心情很可能從「想念一個不在的好客體」，轉換成為「被一個可惡的壞客體拋棄」。嬰兒維持與母親的連繫是件大工程，他不見得每次都辦得到。此種能力只有隨著時間，因情緒發展成熟而漸漸成形。這種面對外在失落及失望所引起的種種感受，心中得維持生生不息的希望、愛與創造，是到成年後仍持續存在的問題。

象徵思考之發展

　　克萊恩認為，憂鬱位置形成後，與外在現實的新關係也隨之而來，而此新關係是建立在象徵能力（symbol formation）上。克萊恩辭世後，探索其理論中，孩子與外在現實之間的互動如何發展，及其象徵思考和遊戲的能力，便成為發展的重點（Segal 1957; Bion 1962b; Winnicott 1971）。

　　嬰兒發展理論截至目前為止，一直專注於嬰兒如何與真實的母親建立心理的依賴關係，這指的是外在的關係經內化後成為人

格的一部分。在出生後第一年的發展裡，還有另外一個主要的威脅，它關係到嬰兒的分離經驗和分離本身，亦即廣義的斷奶經驗。本章主述的理論認為，發展歷程中，這兩條發展路線交互影響，促成心智中象徵能力的成長。接下來便是基模結構的發展，我們將經驗的不同面向做了人為的區分，以便說明這個描述象徵能力早期階段的理論。

一、母親與嬰兒面對面接觸

　　精神分析與發展心理學從不同的觀點，描述新生兒與其主要照顧者之間微妙而複雜的互動情形，以及嬰兒的需要如何得到理解、理解到什麼程度，才能使嬰兒成長茁壯。嬰兒需要一個能滿足其需求的環境，這環境還要能滋養他與環境接觸的能力。若是環境能提供這些，（a）嬰兒與外在世界接觸的能力將得到情緒上的支持；而且（b）他那尚未成熟（但發展中）的心智組織將因此得到豐富的經驗，而漸漸精緻複雜起來。比昂與溫尼考特認為，當外在客體滿足了嬰兒內在的需要，他才能賦予這些互動重大的意義，並將此種經驗和嬰兒知覺到卻無法賦予意義的外在干擾（external impingements）區分開來。

　　佛洛伊德（1911）在說明心智發展時寫到，不切實際的心智活動（幻想和幻覺）漸漸發展成能知覺到真實，並有能力進行意識的思考。根據克萊恩的新定義，「幻想能力」不再是（使嬰兒）與現實接觸的阻礙，而是嬰兒用來建立人際關係的**工具**；嬰兒藉由幻想，具體內攝及投射自己的情緒狀況，並與客體建立關係。幻想漸漸也被視為心智生活的延續，自有其真實，心智需要維持與它的接觸，「與外在真實接觸的能力」並不會抵制它，更

不會完全取代它。對於那些繼續發展克萊恩理念的後繼者而言，「幻想」是以原始方式理解意義的心智生活的一部分，也是使外在世界充滿意義的管道。

二、母親臨在時的分離經驗

從一出生，嬰兒便將被母親抱在懷裡、餵奶、照顧和說話的經驗一一內化，使他能保有統整感，並開始能注意周遭環境，且持續此種注意力的時間漸增。內化也讓嬰兒感覺到他已將母嬰關係裡的生命力、親密涵容在自己裡面。他把他和母親在一起時兩人之間的空間，當作重新營造他們的第一段關係種種內涵的地方。於是，當他在吸媽媽的乳房時，他會利用吸吮的空檔，抬眼看看媽媽，或是撫摸她的衣衿、她的手，向著她發出聲音。我們稱此為「重造過程」（re-creation），為的是強調此「第二種關係」並非**只是**以現在式來延續他和母親當前的關係。透過內化歷程，嬰兒的心裡似乎開始有了一些與母親親密接觸有關的概念，而且接下來他還能主動喚起這些概念，並把它們外顯出來。同時，我們還希望區分「重造過程」與「象徵式表徵」（symbolic representation）之間的不同。有人認為，嬰兒會覺得自己撫弄的動作和發出聲響是具體「重造」他和母親的首次經驗，而不是象徵式的表徵。漢娜・西格爾（Hanna Segal 1957）在區分「象徵能力」與「象徵等同真實」（symbolic equation）時，要大家特別注意「象徵能力」的發展。她說，「象徵等同真實」指的是在幻想中，其意義被具體等同於外在客體，而「象徵」指的是外在客體被賦予意義，然而客體仍保有其外在特質，主體能感受到它的重要性是其「心智關係」（mental relationship）的一部分。

　　按照上面的描述，當嬰兒在真實世界裡，被母親抱在懷裡，享受與母親的親密時，他似乎有種將其內在心理狀況外顯出來的創造力。溫尼考特（1971）認為，嬰兒所做的這個活動就是遊戲的肇始。在三到六個月大之間，嬰兒不但跟母親玩遊戲，也開始和外在客體玩遊戲，他對外在客體的興趣無疑是受到「知覺—動作衝動」的驅使，這也是他部分內在生活的外顯，嬰兒藉由遊戲企圖重造並探索他與母親的關係。所以他一有機會吸吮、輕拍乳房或奶瓶時，便用嘴和拍打來探索客體。這樣看來，嬰兒不只從外在事件中學習、從環境文化習得意義，他也給外在世界填上各種內涵，於是外在世界有了意義，他也才能進一步去探索。

三、在實際的分離中，嬰兒內在經驗到什麼[60]

　　在生命的頭幾個月，「分離」在嬰兒的經驗中，並不像是分離；這不表示生命早期的分離對嬰兒不會造成衝擊。既然出生六個月內，嬰兒的發展重心在於發展出能知覺到母親為完整個體的能力，這個階段的嬰兒對母親的照顧最為敏感，這是嬰兒天天接觸到的部分客體的特質。嬰兒體驗到此部分客體的可預期與持續穩定，這經驗促使嬰兒發展出辨識並預期某些狀況的能力，並開始能統整對自我及母親的經驗。變動不停的情況會打亂嬰兒發展 49 上述能力的歷程。倘若不滿六個月大的嬰兒在與母親分離的時間，無法在心裡保留她或部分的她夠久，他就不會「想念」她，但是會以其他方式承受母親不在的痛苦。[61]

60　在此所謂的分離不只是生理的分離，也包括環境「無法」滿足嬰兒需求的時刻，使嬰兒感受到母親不在身邊，而他得獨自面對痛苦。

61　這與洛特（Rutter 1989）的看法相抵。

然而，嬰兒免不了要面對外在世界某種程度的分離與「無法滿足」，這些外在世界的剎那經驗，使嬰兒退縮至自身的幻想與肉身的享樂中，藉此營造一個實際上並不存在的經驗。最明顯的例子就是吸吮拇指，有些嬰兒則用更精緻而特殊的方式來營造所渴想的經驗，例如哼唱或某種特殊的握手方式；有些嬰兒則用睡覺或忽略未得到滿足的需要，來驅走等待的苦惱。那些被父母認為是「需索無度」的嬰兒，則無法在母親不在時，找到讓她存在於心中的方式，也無法「關掉」不適。這種種處理分離的方式顯示，嬰兒在六個月大之前，無能在心中保有「不在的好客體」（absent good object）——這個能力指的是，嬰兒知道客體不在，然而它的好持續存在於嬰兒心中，他並等待此客體再回來。這個時候的嬰兒在面對分離時，可能「幻想」（hallucinates）客體還在，或失去對客體的興趣；另一種情況是壞客體出現，取代離去的客體。[62] 在這樣的情況下，嬰兒無法真的經驗分離。

在此，為了討論之便，我們需要稍微刻意區別下面兩種情況：其一是發展過程中，環境無法避免的、易處理的分離與無法滿足所蘊含的意義；其二是嚴重且令人無法招架的分離所蘊含的意義。[63] 對嬰兒來說，日常生活中易處理的分離是其生活中次要的部分，這些環境「無法滿足」其需要的經驗，讓他有機會在短暫期間自己試著找方法度過。嬰兒有了避開分離帶來之衝擊的方法，也就會愈來愈有能力從中得到益處。

62　因此，幾週大、哭喊著要奶喝的嬰兒，其主觀經驗比較是**此時此刻**有個不好的經驗（飢餓）襲住他，而不是好經驗（進食）被剝奪（O'Shaughnessy 1964）。

63　做為訓練課程的嬰兒觀察，並不適合拿來研究嚴重或令人崩潰的分離經驗。此方法的目的在於研究常態的發展。不過，這個方法已應用在研究各種住院機構裡的嬰兒，及機構提供的照顧（Colloquium; Szur et al. 1981）。

　　比昂認為，外在客體的缺席（一開始是乳房，之後是母親整個人）驅使嬰兒建立心像（mental images），以穩住母親不在時的衝擊（想法），而不會滿腦子只想著客體應該立即給予感官上的滿足（卻不可得）。用溫尼考特的話來說即是，當母親「夠好」時，環境可容許的不滿足會刺激嬰兒利用想像來補足缺憾。這個論點主張，嬰兒的發展**同時**需要具涵容能力的母親的臨在，**以及**易處理程度的分離。易處理的缺席（manageable absences）有益於嬰兒漸漸意識到分離這件事。當嬰兒有能力處理分離引發的種種感覺，他便有了依靠自身內在資源的能力，並能利用它幫助思考。他開始意識到自己的想法和感覺與外在世界是分開的，並能與它形成一種象徵關係，同時感受到自己的溝通能力是一種象徵活動。 50

　　此時，面對分離，他們需要依靠此發展出來的能力消化分離的經驗，而不再被支離破碎的感覺攪擾。就實際的經驗而言，這是一個嘗試錯誤的過程，斷奶經驗和分離經驗很類似，只有在母親和嬰兒都沒有太多外來壓力的情況下，才能成功地斷奶。配合嬰兒的時間和步調來斷奶，嬰兒便能將好經驗留在心中；失落的經驗則不同，不管是什麼原因造成的，失落往往發生得太快而讓嬰兒不可能留住好經驗。嬰兒在斷奶時，能夠在記憶及想像中營造某些東西幫助自己；而失落時，嬰兒可能要面對一些無法消化、未知的東西，那是超過他心智世界所能理解的。

四、遊戲做為內在客體關係的呈現

　　斷奶意味著在身體和心理上與母親的分離，嬰兒六個月大時，斷奶是其生命中很重要的部分。這樣的分離是一段很長的歷

程，需要花上童年大部分的時間來完成。本文說明嬰兒發展外在獨立的歷程，是以內在世界的發展為基礎，對外在照顧者的依賴會有部分漸漸轉變成為依賴內在客體。

　　嬰兒在六個月大後，漸漸能將母親視為完整個體，且能意識到自己和母親是不同的個體（分離感），這使得嬰兒感受到自己的心智有別於外在世界。這個時候，嬰兒才能以象徵的形式重造盤踞其內在的內涵，並將之外在化，然後與外在世界形成新的關係。它成為一個填寫意義的地方，再將意義帶回其內在。

　　外在世界可以被用來重造母親臨在的愉悅感（例如玩毛毯），而且在頭一年的後半，嬰兒比較能消化母親不在的衝擊時，它也能成為探索母親不在的場所。然而，這個時候孩子的脆弱程度較先前（第二階段）遊戲所呈現出來的明顯。嬰兒可能被自己的遊戲內容（自己編排的劇碼、玩具組合或玩具塌散）嚇到。如果不是為了外在世界裡遊戲本身帶來的愉悅，嬰兒會無法遊戲，因為他尚無法長久維持與母親的外在關係，或無法在心智中留住這關係，而這可能會促發此類象徵性遊戲—亦即以分離和依賴為基調的關係。與實際客體的接觸帶給嬰兒許多感官和智性上的快樂。此外，遊戲本身也使嬰兒能為自己的感覺創造新的包容處所，並開展他的關係。這個過程多少減輕了嬰兒最初以母親為唯一涵容者、與外在世界連繫的中介者，而讓母親承受的緊張和壓力。不過，唯有嬰兒內在與母親的關係有足夠的愛及豐富（並漸漸視父母親為一對配偶），嬰兒與外在世界接觸時，才有力量承受重造其內在意義的歷程，如此一來，這種橫向擴展才有可能達成且讓人滿意。

結論

　　對新生嬰兒來說，唯有母親（或盡心盡力的固定照顧者）真實的臨在能提供嬰兒發展基本統整能力所需的連續感、注意力及感官知覺的愉悅，以統整其知覺，並展開心智發展的歷程。當這些需要被滿足了，且嬰兒能夠應用母親所提供的這些經驗，嬰兒在這第一年裡對外在客體的絕對依賴會漸漸減少。嬰兒原本藉由所仰賴的少數幾個照顧者而形成的熟悉感和模式，漸漸發展成嬰兒內在自己的模式和連續感：他開始有了「我是我」的感覺。母親對他的注意力促使他發展出覺察發生何事的能力，並對所發生的事漸漸感到好奇。藉由經驗到母親將他放在腦中前思後想，他也開始能反省自己的經驗。嬰兒賦予新擴展的關係和活動意義，並漸漸期待可以在這些關係和活動中，發現原本被照顧時的愉悅。

【第三章】嬰兒觀察法之省思 52

麥克・羅斯汀（Michael Rustin）

　　本章將概覽精神分析導向嬰兒觀察法，目的在於說明此種方法與比較行為取向、明確「科學的」嬰兒研究法的關係，以及它與精神分析臨床實務之間的關聯。我們希望揭示此種研究法的好處，並以它為基礎，對研究兒童發展的各種不同方法有統整性的理解。

　　第一章已說明了觀察情境如何設定。這個方法鼓勵觀察者以據實描述發生情境的方式來報告其觀察。嬰兒觀察的目的在於，觀察者從個人的經驗裡提供素材，再從中探討所蘊含的重要情緒。因此，很重要的是，觀察者要將經驗和證據直接提供給督導小組的成員，在充分討論之前，不過早將原始資料「編碼」做理論的詮釋及分類。詳細記錄嬰兒活動、家人對話及互動，以及對觀察時間內每一個參與者的情感（包括觀察者）加以詳實描述的紀錄，是對小組討論最有幫助的觀察。整個學習歷程強調於日常生活中進行觀察，並以生活語言記錄，以貼近真實情境。進行觀察及撰寫紀錄，要盡量與稍後使用比較抽象的語言加以詮釋的歷程分開。此種研究法認為，證據的蒐集與理論性的推測是不同的部分，要清楚區分。我們發現，鼓勵受訓練者記錄觀察而不做詮釋，會幫助觀察者開放其知覺；後來的討論中，他們常會發現自己看見的比原先以為的還多，或是他們會發現情況和原先不確定的時候大不相同。觀察者或研討小組過早將原始資料理論化可能是一種防衛，以逃避面對情緒經驗或未知的痛苦，而不是真正的

了解。每個學生在兩年的觀察課程結束時，都需要針對觀察寫一篇報告。這份報告通常會呈現對此觀察者而言最重要的部分，並回顧整個發展的順序，萃取觀察資料的精華。藉此方式，可鼓勵觀察者在心裡統整他所參與的歷程，包括觀察的過程、自身的經驗，以及督導的意見和小組的反省。

　　每週觀察、撰寫紀錄、固定報告和討論的程序，使每一個觀察者能思考兩年期間嬰兒的發展以及母親的變化。這過程使觀察員能對特定的一對母子形成深度的理解。每週固定地點、時間的觀察形成一種穩定的情境，有助於檢測觀察者的理解是否正確，隨時加以修正。維持觀察結構的一致，是因為精神分析取向臨床工作偏好中立與穩定的情境設定；不過，固定觀察時間也是一種取樣，因為諸如洗澡或餵奶等相同的活動會經常看到。觀察對象的選取不是一種設計好的隨機取樣。觀察者通常透過一些網絡找到被觀察家庭，例如透過家訪衛教員、家庭醫師、認識的鄰居，或「全國助產協會」（譯註：National Childbirth Trust，非官方機構；主要在協助懷孕婦女面對懷孕過程及生產，提供情緒支持及實際技巧的協助），因此這些願意接受觀察的家庭確實能代表各個階層的家庭。然而這種沒有計畫的程序，及其「自我選取」的特性決定了被選取者是那些願意被初見面陌生人觀察的母親，因此可以說，這些家庭並不具有統計上的代表性，不能代表更大的母群。

　　接下來幾章的觀察紀錄以描述的方式呈現，所選取的是兩年觀察的第一年所觀察到的母嬰關係，其報告內容極詳細。每一個觀察報告敘說觀察者到訪的這一小時發生的事，每一章所選取的觀察紀錄是按照發生的順序陳述。有時候，報告的焦點放在這個

小時裡發生的特殊事件（例如，描述嬰兒接受餵奶）。採用敘說結構來報告觀察過程，是為了探索嬰兒在第一年內發展的持續性與各部分的關聯。

　　觀察的自然情境（在家裡）已說明過。我們鼓勵母親盡量不要為了觀察，改變其正常作息，這當然不表示觀察者的臨在對受訪家庭不會有重要的影響。受訪家庭因為觀察者臨在而激起的感覺很重要，有幾章會列出例子並加以討論。本書介紹的觀察法希望貼近一般家庭環境裡嬰兒的自然發展，它不像許多兒童研究實驗室設定比較嚴格的條件，使用某些器材，如錄影、單面鏡、精微時間測量器等，選取某些特殊的行為（例如知覺或認知技能、辨識或記憶）做為研究的對象。 54

　　這些觀察以遵循自然為原則，其記錄及呈現的方式皆用日常陳述的語言。這麼做是為了以第一手資料來探究母嬰之間的完整互動，研究的是發生在日常生活裡的事件，而不是將完整的關係濃縮萃取，以一種有預設的科學觀點加以分析。一旦我們選擇研究自然情況下的家庭，便自然決定了研究的焦點將放在整個家庭，而報告其互動的方式也將視家庭為整體。相較之下，研究的焦點若集中在某個特定的行為，整個觀察或實驗情境的設定便會朝向那個方向，而與日常生活區分開來。

　　因此，本觀察課程所運用的個案研究法，與近來日漸成長的兒童發展研究使用的方法學有點不同。[1] 精神分析取向的觀察法與精神分析臨床上使用的方法非常接近，前者其實是從後者發展出來的。因此，它所使用的主要方法是一種親密、一對一的個人

---

[1]　兒童發展相關文獻回顧請參見波士頓（Boston 1975）、包爾（Bower 1977）、莫瑞（Murray 1988）、莎佛（Schaffer 1977）、莎佛與唐（Schaffer & Dunn 1979）、史騰（Stern 1985）。

接觸，彼此的交流是自我反省思考的主要內容，這些思考要盡可能精微貼近自然的狀況。發展心理方法學則受到實徵科學的啟發，他們找出行為的特定屬性加以研究，設定一些可以被公式化的程序，減少主觀詮釋；他們採用實驗性設計，目的是能夠檢測因果關係的假設。他們採用較多人使用的觀察法，而不是源自精神分析、比較私密、較依賴觀察者的觀察設計。

　　誠如我們在其他章節所述，近年來，這兩股思路所得結論有不謀而合的趨勢，這兩股思路和第三股重要研究取向——即約翰・鮑比（John Bowlby）及其同僚發展出來的依附理論[2]——也有相同的發現。不謀而合中最重要的部分是，三個研究取向有了共識，都同意母親和嬰兒之間的辨認、情感和依附（這三個名詞大概是三個學派都感興趣的主要主題）連結，在一出生時就已建立，從某些觀點來看，甚至認為出生之前就有了。[3]至於嬰兒
55　在什麼年紀發展出什麼能力和傾向，則仍有爭議。目前看來，母親對嬰兒的特殊重要性始於嬰兒出生時，這點是肯定的；此外，嬰兒確實有能力分辨母親與他人，且偏好母親的臨在，而且他很快就開始發展與母親的「多向度」（multi-dimensional）（丹尼爾・史騰 [Daniel Stern 1985] 使用 [multi-modal] 一詞）關係。因為約翰・鮑比（John Bowlby）和許多實徵心理學家之間一直以來的爭論主題：母親或主要照顧者對大至一、兩歲的幼兒之獨特重要性；及長期以來精神分析師（如梅蘭妮・克萊恩）對嬰兒的情緒經驗所持之假設被視為無稽之談，是沒有根據的推論，因此前述

2　參見鮑比（Bowlby 1969, 1973, 1980）、布瑞勒頓與華特斯（Bretherton & Waters 1985）、夸那克（Cranach 1979）、莫瑞・帕克斯和史蒂文森－興德（Murray Parkes & Stevenson-Hinde 1982）、興德和史蒂文森－興德（Hinde & Stevenson-Hinde 1988）。

3　出生前胎兒與母親的依附關係證據討論可參見彭特莉（Piontelli 1987）。

對母嬰關係的早年根本內涵所達成的共識便很難得。能夠更準確了解嬰兒的需求，及他們向母親或照顧者發出的要求，對兒童照護政策及實務也會有所貢獻。[4]

實驗法及其他行為取向的觀察研究能夠從發生在某段時間內的現象中，找出穩固的證據。例如，知道嬰兒在幾天大、幾週大、幾個月大時有哪些能力，以及嬰兒在一小段的互動和分離時間內，對母親發出的知覺、情緒反應。這些實徵研究（empirical studies）建立起一套理論，說明嬰兒發展各種能力（包括說話能力，及嬰兒理解母親是完整個體，對他很特別，並如此回應她的能力）的早期，他與母親（或照顧者）之間緊密、頻繁互動的重要性。（有人認為，心理學的這個發現早就是一般人的常識，但是這理論的發展還是非常重要，例如在照顧新生兒時，很清楚地，嬰兒因為疾病或其他原因而與母親分離，會阻礙母嬰之間的情緒連結，或影響住院嬰兒的照護。）這些研究幫助我們根據嬰兒早年生命缺乏親密關係，推測嬰兒的發展在哪裡出了問題，雖然實際運作的機制還不清楚。精神分析理論在探究嬰兒頭兩年的心理狀態及情感生活方面，則有比較複雜的說法——我們在別處已做了說明。然而，各種兒童發展研究皆同意：「嬰兒頭幾個月能得到高密度的照顧是非常重要的」，這個共識至少提供了進一步理解的基礎，它使得這三個不同取向的研究有了豐富對話的可能。

兒童發展心理學所使用的實徵研究法很有「分析」的味道，雖然這個詞並不意味著精神分析取向。「分析」指的是，他們想 56

4　參見曼濟斯・里斯（Menzies Lyth 1988）、貝恩和巴內特（Bain & Barnett 1980）所提出的例了。

辦法藉由辨認、區分行為及互動的不同成分及元素，來分析其組成的形式。[5] 本書所介紹的觀察法則正好相反，它的目的在於將各個不同的部分統整起來；這意味著，他們想要找出母嬰關係演變的完整面貌及重複出現的模式，並從中發現嬰兒的個人性格。此種個人性格與關係的連貫一致是極重要的主題，同時，它們隱含的衝突與緊張也是重要的研究對象。然而，在發展心理學家有興趣研究的眾多主題中，個體認同與性格差異是比較次要的，因為其所採用的方法強調探究最小的元素再加以聚合，他們試圖定義所找到的具體面向或行為單位，而不在統整較鬆散的個案描述。

類似的狀況也發生在社會科學領域中所使用的不同研究法之間，特別是社會學與人類學。一方面，單一觀察者使用民族誌學、生命史、個案研究法，來研究特定的社群、個人或團體的日常現象。[6] 另一方面，社會科學家則使用量化的方式來蒐集資料，例如社會調查法或實驗設計法，研究行為及其因果關係的具體屬性或變項。前者所用的方法是為了貼近研究對象的主觀經驗（建構社會關係的「主觀意義」）[7]，呈現行為的完整社會脈絡，並對團體或情境的特殊性保持敏銳覺察。後者所用的方法則

5　參見註 1，實徵取向對兒童發展的看法。唐（Dunn 1977）是個很好的例子。她對情緒發展的興趣與本書所介紹的理論很接近，她的研究也易讀。

6　民族誌研究法在人類學領域可參見吉爾茨（Geertz 1973, 1983），在社會學領域可參見伯基斯（Burgess 1982, 1984）、丹辛（Denzin 1970, 1978）、史瓦茲和賈可布斯（Schwarz & Jacobs 1979）。

7　有好幾個社會學相關傳統發源於麥克斯·韋伯（Max Weber）、美國象徵互動主義（American symbolic interactionism），以及現象學，強調理解「主觀意義」的重要性。想對此有一概覽，可參見但德克、強生和艾許沃斯（Dandeker、Johnson & Ashworth 1984, ch. 3）；史瓦茲和賈可布斯（Schwarz & Jacobs 1979, part 1）。社會心理學領域中相關取向，參見哈雷和賽克（Harré & Secord 1972）。

希望藉由將相關的各個屬性或因素獨立出來，以建立有效的類推或因果法則。民族誌或個案研究法所蒐集的原始材料是研究者產生洞察的來源，而這洞察後來可能進一步形成概念及假設，再用較嚴謹的實徵法加以檢測。另一方面，大規模的統計研究可以推論某些社會歷程和機制的存在，它可以顯示因果連結，但無法提供較詳細的解釋，而個案研究法正好可以用來進一步探究這些歷程和機制。[8]例如，為探究嬰兒與主要照顧者關係持續或中斷所造成的影響，而進行的大規模縱貫研究中所蒐集的大量證據，可以成為進一步使用精微方法來探究的資料庫，像是個案研究法或其他描述性觀察法。[9]我們的主張是這些不同的方法學是可以緊密結合的。

　　本書所介紹的觀察研究在上述的方法中屬於「自然主義取向」，觀察者在進行觀察研究時，心中並非沒有理論或先入為主的觀點，不管做什麼調查研究，要不帶有理論和先入為主的觀點，似乎並不可能。觀察者將聚焦行為特定面向的關注角度，以及潛隱的理論假設（假設哪些比較重要），帶進被觀察家庭裡。人類學家進到「田野」時，也會帶著一大堆想法，期待可能發現的意義、實際狀況和價值觀，這些皆源自先閱讀了有關此村莊或部落社群的田野報告；同樣地，接受精神分析取向訓練的觀察者心裡也會有某些先備概念或傾向。

57

8　教育社會學是個例子，在這領域裡，個案研究及民族誌研究法被用來探究學校教育成果中社會差異的意義，這個主題的量化意義早已建立。有關這個領域的回顧請參見伯恩斯坦（Bernstein 1977）；若想參閱量化研究中有影響力的例子，可參見哈格瑞夫（Hargreaves 1967）及威利斯（Willis 1977）。

9　洛特（Rutter 1981）使用縱貫研究及其他量化研究法來測試依附理論的發展假設，兼論及精神分析的概念。他的這篇研究在這個領域很有名。

精神分析觀察法就像從事田野研究的人類學家和民族誌社會學家，觀察者需要有一套概念和潛在期待，以串連、整理他們的經驗；同時，又要保持開放的態度面對身處的特殊情境和事件。他們無法事先知道哪些已經明白的概念最後會發揮用處，也無法確定哪些先備概念會最適合。他們很可能會遇見（至少一開始的時候）所有的經驗皆超出他們能理解的範圍。這個方法要求使用者能夠在心中存有初步的期待及概念，同時對發展中的觀察經驗持開放態度。他們也必須準備好回應並思考新經驗，包括所觀察的家庭及其本身，這些新經驗或許不易或無法立即與其先備概念聯結。這些情況與人類學或社會學所使用的田野觀察有其相同之處。[10]

要求觀察者使用日常、非學術語言的主要原因之一是，要避免觀察者將先備概念強加於所觀察的情境。在嘗試使用理論術語將觀察到的現象編碼之前，觀察者需要預留空間讓現象本身在其心中註記複雜的細節。將觀察內容與精神分析抽象概念、理論術語做聯結的工作，就留給小組討論及經驗豐富的小組督導，以便充分探討及消化觀察到的素材。即使這個過程有了結論，個人的觀察得到充分的討論，或兩年的觀察課程總結成最後的報告，非常抽象的理論還是有可能並非完全必要。此觀察法發展至今，其主要的目的已聚焦於探討「源自精神分析的某些概念直接用來理解嬰兒發展之應用」，而非用來使理論更精緻或修飾它。近來許58 多精神分析思路受到嬰兒觀察的影響。[11] 不同於克萊恩學派臨床

10　想知道人類學田野工作所謂開放及不預期的態度為何，可參見吉爾茨（Geertz 1983）。

11　唐納‧梅爾徹（Donald Meltzer）近期對偏執分裂位置及憂鬱位置發生於何時的想法，受到嬰兒觀察的影響。參見梅爾徹及哈里斯‧威廉斯（Meltzer & Harris Williams 1988）。

實務，盡量不使用理論術語是此訓練課程的特色。部分原因是，選擇觀察課程的學生從事以兒童為對象的各種專業工作，而許多學生在完成了嬰兒觀察後還繼續其原來的工作。學生們將嬰兒觀察經驗應用在各個領域，大概只有一半的人會繼續接受臨床訓練成為兒童心理治療師。

觀察的焦點

　　觀察者在進入觀察現場前，會記住以下所描述的觀察重點，這些重點並不是結構嚴謹的指示，其內容包括：

● 注意嬰兒身體感官知覺及經驗，它們是隨之出現的情緒、心智狀態的基礎。

● 嬰兒在頭幾個月裡與母親的關係，特別是嬰兒對餵奶的反應；不過，也要注意對嬰兒整體的照顧和撫慰。

● 斷奶的過程，以及它對母親和嬰兒的意義。

● 嬰兒透過遊戲，以象徵形式表達及探索心智狀態的能力之發展，特別是他對斷奶的反應，及忍受母親不在的能力，以及漸漸意識到更複雜的家庭脈絡（例如，手足競爭，對父親的感覺）。

● 母親（及其他成人）如何回應新生兒造成的衝擊及嬰兒的需求，包括當她感覺嬰兒不滿足、痛苦、令人生氣，或拒絕她時，她怎麼反應。

● 手足的心理狀態和感覺，特別是年幼的手足，他們如何影響母嬰經驗。

● 母親與身邊重要成人的關係，特別是嬰兒的父親，有時則是她自己的父母，以及這些人在頭幾個月裡對嬰兒照顧所提供的支持脈絡如何。

觀察報告的撰寫即圍繞這幾個相關的重點，這些重點是此專業訓練課程的參與者對於嬰兒及照顧者的需求漸漸形成的共識。不過，不同的觀察會強調不同的部分，端看每個家庭突顯出哪個部分，或觀察者想像的廣度。有時候，觀察員的到訪對母嬰關係有可察見的影響，我們也說明了這部分。有些時候，觀察者只有在結束觀察後許久，才注意到自己對母親的重要性。有些觀察顯示，嬰兒尚年幼的兄姊對母親和嬰兒的經驗有重要的影響。書中有段孿生子的紀錄最能說明此種情況，紀錄裡最重要的主題即是這對孿生子很快就顯現出不同的性格，及父母對此的反應。另外一篇觀察紀錄則顯示，父母親對新生男嬰和其仍年幼的姊姊有很不同的情感，這是影響家庭動力的重要因素，同時反映父母清楚的性別認同和態度。只有一篇觀察紀錄的對象是頭胎嬰兒，在這篇紀錄裡，就可以看見嬰兒出生對這個家造成的衝擊，其他的父母親即使先前養孩子的經驗並不順利，他們還是可以仰賴先前的經驗來處理後來的新生兒。

觀察者必須能自由記錄所經驗到的、受訪家庭最重要的部分，還有家庭裡討論、關切的各種議題都要記錄下來。我們也可以做更細微的「配置」與比較。例如，我們可以選擇頭胎嬰兒、孿生子、單親家庭的嬰兒做為樣本，聚焦於特定的發展議題。我們也可以發展一套觀察的架構或規則，事先界定嬰兒發展的某些面向，觀察時便聚焦於此。然而，即使是細微配置過的樣本，自

然觀察法仍強調專注並回應每個家庭的特殊經驗，仍著重於點出觀察經驗中各種變異，及觀察者觀察到的重要議題。欲將此觀察法「標準化」仍不太可能，因為其核心精神在於觀察者編記及思考自然情境中發生之事的能力。

　　上述摘要的觀察焦點或主題大部分是從精神分析取向的嬰兒理論發展出來，其理論脈絡已於第二章討論過，不過再將其蘊含的假設簡要說明一次，應該會有助於讀者理解，這些假設包括：

● 嬰兒會對其父母及周遭環境造成巨大情緒衝擊，引起強烈情感，以及此經驗將引發焦慮。
● 母嬰關係不只有正向的情感，也有負向的，以及涵容負向情緒在維持親密關係上的重要性。
● 母親（或其他主要照顧者）能夠在生理及情緒上回應嬰兒的需要，並能與嬰兒維持長時間的親密關係，對嬰兒的發展很重要。
● 面對母親無法隨時在側，或無法控制母親時的失落感，嬰兒會經驗到痛苦和沮喪，特別是斷奶的時候（母乳或奶瓶皆然）。
● 母親能得到身邊親人（通常是她的配偶，有時是母親、姊妹等）的支持，協助她滿足嬰兒頭兩年生理及情緒的需要，是很重要的；若缺乏此種支持，母親和嬰兒可能因此受苦。[12]
● 嬰兒的誕生很容易引發家庭成員的忌妒和痛苦（例如，在手足之間，但有時也可能是父親或其他人）；本來必須滿足其他手足需求的，現在變成要滿足嬰兒或么兒的需求；這會加重照顧

---

[12] 喬治‧布朗（George Brown）及提瑞爾‧哈里斯（Tirril Harris 1978）提出許多證據，證明獨自照顧嬰兒且無適當情緒支持的母親非常脆弱。

者的負擔，因為同時得多注意一個人的需要。

● 生理、情緒及心智經驗在人格統整歷程中彼此相連；透過照顧者提供其生理、情緒及心智狀態，嬰兒如何統整這些經驗，而形成對「完整的自我」及「完整的他人」的體驗；母親角色的重要性，包括提供嬰兒身體的擁抱、回應嬰兒情緒狀態，並成為嬰兒發展思考能力及開始使用語言不可或缺的夥伴。

● 透過遊戲及稍後發展出來的語言，嬰兒的「象徵能力」與「感受乳房及母親不在身邊的經驗」之間形成聯結；過渡或象徵客體（拇指、毛毯、奶嘴、特定玩具）與「對缺席母親的想像」之間的關聯。

● 透過與母親互動的歷程，漸漸發展出嬰兒最早的認同；嬰兒的認同、內在世界，及他在父母心中的位置，是主要研究的課題；研究正常嬰兒人格發展的個別差異，與早期客體關係之間的關聯。

　　上述關於母親和嬰兒正常發展的假設提供解釋，說明此種觀察法主要聚焦的領域。觀察者與研討小組成員都明白，早期關係的嚴重缺失可能會對嬰兒的發展造成毀滅性的影響；不過在觀察正常家庭時，這些通常不是主要關注的事項，這比較是從事醫療及心理衛生工作或研究的人員嚴重關切的主題。[13]

13　參見註 2 所列之參考文獻，及塔斯汀（Tustin 1972, 1981, 1986）相關資訊。

觀察與理解

　　「嬰兒觀察」感興趣的主題與其隱含的理論假設已於上一節說明，那麼，觀察到的現象如何與我們心中的理論做聯結呢？在這個不在觀察者掌控中的歷程中，特定時間點注意及思考的主要對象經常模糊不明，要如何使用這歷程來描述對觀察員及其同僚而言真確並值得相信的母嬰關係？

　　如何理解非結構的觀察、以敘說方式記錄事件及對話，並非精神分析觀察才有的難題，社會學及人類學的田野研究法也有類似的議題。[14] 選擇在自然情境進行觀察，情境主要由研究對象來決定，而非研究者或學生來設定，這意味著研究素材未經事先編碼或分類。在此種情境下，研究者修飾、澄清方法學的做法是，盡可能明確覺察觀察者的觀點，以及他用來理解素材的想法。文字觀察報告及從中形成的詮釋描述和評論，若皆能提供仔細檢視的可能，便有助於盡可能開放詮釋的程序以供查驗。每週一次的觀察持續兩年，加上穩實的技巧，目地在於營造最大的一致性，減少「強加於人」的可能至最低，希望為培養嚴謹的思考提供最佳的訓練條件。安排有利於密集重複觀察，並對所發現的現象進行團體反省思考的條件，在社會學的科學田野研究絕不容易做到，田野情境可能變動太快，不易重訪原來的情況。

　　另外一個精神分析嬰兒觀察法與其他社會學民族誌研究法共通的特性是，無論觀察者在其中採取多麼被動、多麼不介入的姿態，他在某個程度上一定是**參與**觀察者（participant observer）。

14　有關參與觀察的問題可參見伯基斯（Burgess1984 , ch. 4），其中也有針對此議題開列的進一步閱讀書單。

觀察者必然會在所拜訪家庭的生活中有一些重要的分量，接下來摘錄的觀察可以佐證這一點。通常觀察者會成為一個靜靜的協助者，觀察者每週穩定出現，只為看嬰兒與母親，這讓母親可以停下來想一想嬰兒的事，而不只是一直處在應付嬰兒生理與情緒需求的狀態。有時候，母親會認同觀察員理解、支持、感興趣的態度，因而得到幫助，能夠在「無力回應嬰兒持續的情感與需求」

62 及「為逃避這些而保持安全距離」之間，找到情緒平衡點。有個了解並支持母親的成年人在身邊（而且這個人較不受各種衝擊影響，能支持母親對嬰兒的付出），對嬰兒的照顧是極其重要的事。對某些母親而言，觀察者的同在提供了情緒的支持，顯示這個需要對嬰兒的母親很重要，同時也顯明營造這樣的氛圍並不困難。當然也有一些情況是，觀察者是母親次要關注的人，因為她的生活已與家人、朋友交織稠密，並從中得到極大的滿足。還有一些情況是，觀察者很難與母親建立和諧融洽的關係，這可能是母親極難處理她自身孤獨的處境。（當然，觀察者的人際困難也可能在持續穩定觀察的脈絡中出現。）

接下來的個案觀察內容，透過幾個特定的概念或「觀看的角度」，有其理論上關注的焦點。例如，嬰兒的生理感官與經驗是其生理及心智狀態統合體的一部分。對觀察者而言，嬰兒身體的整體感，或驚慌，或透過吸吮（或咬囓）來依附母親的重要性，在於它表現了嬰兒心智／身體的完整性，而不單是生理動作而已。這些觀察顯明其假設為，嬰兒成長時不僅發展出相當複雜的肢體能力和動作技巧，同時也包括運用這些能力來鎖定注意的焦點（透過眼神一瞥或動作）、持續其意志，並表達心智狀態。觀察者對細微的身體動作很有興趣，並不是想要以非系統的方式模

仿實驗室裡對身體發展的研究，而是以不同的、較整體的觀點，思考生命早期心智與身體發展之間不可分割的關聯。嬰兒在吃奶時對母親的溫柔和攻擊、身體的強健有力、生病時的反應，都是嬰兒認同發展的核心議題，也包括父母如何具體回應，其回應或許有益於嬰兒發展，或許有害。本書並未摘錄極困難的例子，像是生理發展受阻、或發展出類似自閉症病患的儀式行為、自我折磨的行徑，這些現象恐怕皆在表達其受損的認同，這些人的發展受到阻礙，心智與身體無法有較清楚的分化。

這些觀察案例傳遞的第二個假設是，母親和嬰兒的互動即呈現關係發展的面向。這便是觀察的主要研究對象，特別是關係的早期階段。觀察者接近嬰兒的第一個管道通常是透過母親談談論她的嬰兒。觀察者一開始最常知道的是母親對嬰兒的感受和經驗，以及直接透過觀察嬰兒本身所得。我們會看見母親如何滿足 63 嬰兒的需要和渴望、嬰兒如何喚引母親的關照和投注，以及他們的關係中令人愉悅或失望之處。我們發現嬰兒在回應母親的關注時，表現出來的注意力、生命力或是失神、呆滯。這些研究描繪母親和嬰兒享受彼此，然而有時也報告他們之間嚴重的意志之爭。有位觀察者這樣描述他觀察的嬰兒（五個月大）：「嬰兒和媽媽在生活中的小事上有不同意見，他和媽媽協商，彼此各退一步。」每一篇觀察中皆可見此種彼此調適的過程。

此觀察法的主題是關係而非獨立的個體[15]，它要求觀察者進行特別細微、複雜的描述。觀察者要描述的不只是嬰兒可以做什

15　嬰兒期的這個階段，不論是生理上或心智上，在尚未能獨立生活之前，最好不要將此功能實體（functional entity）視為嬰兒，而要視之為「嬰兒—母親」一對。此概念可參見溫尼考特（1965, part 1）。

麼，或嬰兒在每個時間點上怎麼樣，而是母親和嬰兒如何發展彼此的關係。發展心理學近來的研究重點當然也著重在母親和嬰兒之間的互動，即使在人為控制的實驗室情境中，也有關於這方面豐富且複雜的描述。[16] 不過，在特定階段設定情境來觀察，並描述互動的模式，與企圖在兩年內循著母嬰關係的發展找到其模式，兩者是不同的。一旦我們於家庭情境中進行這類個案研究，必然在描述特定互動模式時較不精準；不過這個方法的優點是，它能呈現母嬰關係如何連結的發展歷程。

此種敘說的、整體的觀察方式，與「發展是連續的歷程」的觀點有關。佛洛伊德以降的精神分析傳統所持的觀點是，認同根源於早期經驗，而（兒童分析則強調更早期的發展）嬰兒觀察則提供機會探索這樣的聯結（甚至早至出生）。精神分析的臨床及研究興趣皆擺在災難般的發展挫敗，及其可能的成因。在此，樣本中的嬰兒在第一年都發展正常，所以發展挫敗不是主要議題。重點是，觀察過程探索更精緻且細微的問題：正常發展範圍內的一歲幼兒如何發展出不同的性格。觀察報告透過嬰兒與母親的關係探索這些課題，並探討嬰兒的天生傾向有哪些部分在何種方式下得到鼓勵而發展，而哪些則被拒絕或被擱置。有個家庭（史提文）對肢體形式表達的偏好（可能部分源自文化）似乎導致對某種性格的強調；另一個家庭（哈利）的母親難以面對嬰兒的攻擊感，則為未來埋下嚴重衝突的種子。學生子家庭則明顯可見父母對兩個孩子不同的感覺，對其人格發展的意義與影響。每一案例皆可見母親和嬰兒內、外在經驗之間稠密、精微的互動（同時也

64

16　見註 1 參考文獻。

包括家中其他成員），我們可從中看見嬰兒天生氣質如何顯露出來。通常這類觀察結束在嬰兒兩週歲，而追蹤這些嬰兒的發展至其生命第二年，往往會是件極吸引人的事。幼兒語言及獨立性的發展將提供更精確直接的、與性格有關的證據，將此處所主張的「性格與早年經驗有關」說明得更清楚。

雖然本書呈現的嬰兒觀察描述是從精神分析思路來理解，然而其主要部分並非從理論角度詳細或明確呈現。原因如下：首先，這觀察是在訓練的脈絡下進行，而非研究計畫。經驗告訴我們，在此學習歷程，鼓勵受訓者盡可能使用自然語言而非理論術語，並鼓勵直接觀察，從經驗本身的複雜與衝擊中進行思考，是最好的。在學習中，過早企圖使用理論術語，並欲在互相競比的理論解釋之間找一個來用，將會阻礙學習者專注於情境本身。學生要先擁有一些與精神分析想法相關的、心智及情緒現象的強烈經驗。接著，精神分析概念，例如潛意識意義、移情、反移情、分裂及投射－認同等概念，才有辦法具體明確地與實際的現象描述做聯結。嬰兒觀察做為教育法的主要目的之一是，讓學生明白精神分析概念所指涉的情緒經驗為何。倘若不去思考這些術語與其情緒經驗的關聯，那麼，以純粹抽象術語來學習精神分析的用處不大。這個看法與比昂大力區分「體會」（knowing）與「知道」（knowing about）的不同，是一致的。[17]

不採用理論觀點來撰寫報告的另一個理由，與觀察研究所蒐集並形成的證據之本質有關。精神分析理論主要源自臨床分析實務，透過分析患者的夢、聯想、口語內容及其他素材。雖然透過

17　知識與情緒經驗之關係的探討可參見比昂（1962）。

梅蘭妮・克萊恩分析小孩的先驅工作，精神分析的技巧已拓展
至運用兒童的遊戲和圖畫，但遊戲和圖畫通常也是克萊恩與小
65 病人分析性談話的主題，她能透過這些談話，推斷出相當複雜
的心智結構及其動力。於是，大部分精神分析的嬰兒期理論便以
回溯的方式發展，即從兒童期及成年期一直存在或重複出現的嬰
兒式心智狀態，進行推論。他們預設複雜心理結構的存在，並
認為理解這些結構有助於修通分析過程中患者多層次的象徵溝
通（symbolic communication）（例如古典夢的詮釋）。分析工作
透過一來一往的對話進行，藉由詮釋持續檢視對患者的理解，它
對病患的意義及影響是檢測它是否真確的重要標準。以古典分析
法來看，一歲或一歲以下的嬰兒象徵能力無法提供可供詮釋的素
材，嬰兒觀察的被動取向也和臨床分析完全不同。

　　如第二章所述，後來的分析工作漸漸關注如何理解兒童及成
人在分析中以非語言及肢體表達所呈現的心智狀態，並於分析兒
童與成人極端心智狀態中，自然發展出許多重要概念，攸關嬰兒
期心智狀態，以及早期母嬰關係對心智生活造成的結果。這些概
念豐富了嬰兒觀察的發展，嬰兒觀察研究主要考慮的即是心智與
身體經驗的聯結；若無此身心經驗的聯結，母親和嬰兒便幾乎無
法建立親密的思想、情感交流。即使如此，這些關注的焦點也讓
研究者開始注意母親和嬰兒的關係，而較不將嬰兒單獨的心智狀
態當作研究的核心主題。在獨立的心智功能能夠運作前，心智結
構得先在與母親的親密關係中漸漸成形。

　　因此，嬰兒觀察所營造的學習脈絡、觀察歷程的自然狀態，
以及所觀察的嬰兒早期發展階段，皆以一種特殊的方式呈現，即
盡量克制使用精緻的理論來陳述。以精神分析理論做為觀察的參

考依據，雖然是很基要的目的，但也非常間接且隱約。熟悉兒童分析的人會發現，其中有許多應用主要分析理論及概念的例子。例如，在紀錄描述中，安德魯（Andrew）有時是可人溫柔的小可愛，有時又變成「無情的掠奪者」，有時候則讓母親很困惑，他心智狀態中這些不同的部分——愛與恨，好與壞客體——正是克萊恩學派發展理論中最核心的部分。在同一個嬰兒身上，我們也看見內在世界如何漸漸成形，透過嬰兒的吸納，及他在頭幾個月裡了解的，然後他必須以此來檢驗外在現實，例如母親不 66 在、手足競爭，以及陌生的門外世界。他漸漸明白母親無法隨時在旁，而部分的他第一次經驗到無法被安慰的挫敗，特別是在夜裡。然而從觀察紀錄可見，他母親能與他的感覺同在，並透過他心智及生理能力漸漸發展的愉悅，協助他克服挫折。

使用此法進行觀察的人需具備的特殊能力是，對感覺很敏銳且有能力思考這些感覺的意義。他們唯有能夠體會嬰兒對母親造成的衝擊，才能理解母嬰關係的核心。其中包含了各種認同的歷程，從回應嬰兒時的焦慮感及壓力，至認同母親對嬰兒需求的不同反應。最關鍵的是，觀察者與嬰兒和母親同在時，能夠保有開放及冷靜的態度，且能吸納他們不同的心智狀態。觀察者唯有能夠吸納感覺並隨後記住，然後加以反省，才能描繪出母親嬰兒之間彼此喜悅對方的時刻、嬰兒苦惱不安的時刻，或母親情緒退縮的時刻（雖然這些現象看似一目了然）。觀察者必須是他人及自身情緒的吸納記錄者。

觀察者的這些能力是從事精神分析臨床工作的基本能力。誠如我們已經提過的，這些觀察是心理治療訓練的一部分，其中約有一半成員是在為之後的臨床訓練做準備。不過，因為這些觀察

報告應用的是與技巧有關的精神分析概念，所以在進行觀察期間，我們鼓勵觀察者在使用精神分析取向的理解方式時，持謹慎保留的態度。在此研究過程中，還要注意覺察母親無心的、潛意識的溝通。觀察者除了要傾聽明白說出的部分，也要傾聽未明確言說的部分，並思考此種沉默的意義。例如，哈利的母親一直給人很有能力的印象，有一回她提到之前的生產經驗非常惱人，以及她在照顧新生兒時，很缺乏支持。此外，觀察者也會注意到，母親們怎麼描述她們的嬰兒，和實際上他們看到的情況可能會有很大的差異。舉例來說，當安德魯的母親描述她的嬰兒感覺多麼「老氣」、「厭世」時，觀察者若考慮這句話可能的意義，將很有理由判斷這句話反映的是母親自身的心智狀態，而不是嬰兒當時真實的知覺。倘若觀察者敏感於母親對他們所做的溝通中非意識層面的部分，便能覺察此情境中未顯明的意義及其隱喻。

67　　我們鼓勵觀察者要能敏感於母親對他們的感受，因為照顧新生嬰兒是很令人緊張的，她自己也需要他人的同情的關照，在此情境下，她可能對觀察者有強烈但或許未被辨識出來的依附情感。再以安德魯為例，觀察者發現她的到訪及離開（改變了母親作息的節奏），與母親談及嬰兒被逼著要更獨立有關聯。這樣對觀察者的依附情感相當於分析關係中激起的移情[18]，然而在此情境裡，當然不做詮釋，或任何治療性的介入。觀察者被動、感同身受的同在，與治療性角色有不一樣的目的；不過，觀察者已可開始學習在此種情境中，如何很快感受到其心智狀態、情感，並加以思考的習慣，這能力將有助於日後的發展。

18　關於移情的進一步文獻，可參見佛洛伊德（1912a, 1915）及亨雪伍德（Hinshelwood 1989），以及拉普朗虛和彭達利斯（Laplanche & Pontalis1973）。

　　觀察者需要大量自我檢視，以澄清哪個心智狀態是由母親和嬰兒引發。嬰兒觀察經驗往往會激起被某些感覺淹沒的情況，身在其中有時候很難思考發生了什麼事，也無法將感覺轉化成有利於理解他人心智狀態的指標。因著觀察者的需要和脆弱，他可能將強烈的感覺投射**到觀察**中（而不是**從中**接納進來），結果造成誤解，而非增進理解。雖然感覺是理解母嬰溝通的核心，要學會如何回應它，並不是件簡單的事。

　　觀察者可從小組督導及同事那兒得到協助，幫助他們思考這些情緒溝通，以及自己對了解這溝通的正向貢獻與阻礙。在觀察關係裡，將主觀的心智狀態當作情緒狀態的可能註記，加以思考時，小組討論應該被視為觀察歷程的延伸，而不僅只是教學方法。這些討論常會使觀察者想起或理解一些未注意到的面向，觀察者可能在觀察時忽略其重要性，或完全從意識層面排除它。

　　正如我們可以將移情與嬰兒觀察的某些經驗作類比，精神分析的反移情概念也有與此情境隱約相似的部分。精神分析理論中，在技巧上用來理解患者潛意識溝通的就是「反移情」。[19] 反移情一開始被視為阻撓分析工作的障礙，後來漸漸被視為理解早期及基本心智狀態（例如第二章提到的投射－認同）的有利資源。分析中的原始潛意識溝通若與觀察情境作類比，指的是在生命之初，嬰兒和母親之間情感的流動。此時，母親的心智功能是全神貫注於這些情感強烈的狀態，並加以調節。分析治療中對早期心智功能的看法及理解它的方式，對嬰兒觀察有特別的影響。

68

19　有關反移情，可參見佛洛伊德（1912b）、海曼（Heimann 1950），與亨雪伍德（Hinshelwood 1989）及拉普朗虛和彭達利斯（Laplanche & Pontalis 1973），以獲取更多參考文獻。

　　然而，如同移情概念，反移情在這些觀察研究中並未有明確的指涉。這些專門術語在臨床精神分析中有其原意，並與分析技巧的核心有關。將這些概念應用於觀察情境，其定義並沒有那麼精確，在此一脈絡中使用這些術語，要區別此種不同。有許多指標顯示出，觀察者對自身感覺的覺察是觀察情境中需要反省的部分，藉此更了解觀察者自身及觀察對象。觀察者非常被動的姿態，有時甚至會引發一些即使經過討論也無法釋懷的不舒服，這些都需要觀察者花心力好好消化與思考。誠如第一章所言，因為嬰兒觀察提供豐富的反省素材，才成為臨床訓練前很好的預備課程。

　　人類學及社會學研究已注意並深入討論了觀察者在不知不覺影響被觀察情境，而他們所持的觀點對該情境也造成影響。此處採用的這方法盡量將扭曲的情況減到最低（將活動減至最少、克制自己不要介入、採取中立及接收訊息的姿態、仔細記錄觀察到的現象），這和其他田野研究採用的方法是類似的。只不過，將焦點放在情緒經驗是精神分析取向獨特之處。觀察者需要經過特別的訓練，提升其自我覺察，及對隱微的潛意識溝通的敏感度，觀察所得素材才能成為理解現象的豐富來源。觀察者常會發覺，接受分析的經驗會幫助他們清楚思考並反省觀察的經驗。

觀察歷程的記憶與紀錄

　　隨著機械器材的普遍可得，其他形式的嬰兒研究使用各種機械器材來做紀錄，包括錄影機，以及透過單面鏡觀察。若是沒有這些實驗設備提供研究者進行精確而結構化的觀察，晚近的嬰兒

69

行為研究也無法有今天的成就。整體而言，雖然有一些精神分析取向的觀察者也使用這些儀器，但這個領域大部分的人比較不願意使用這些技術。

　　卻步的原因主要是這個觀察法聚焦於研究情緒與情感的互動。不介入情感、保持距離的研究法很適合行為取向的研究，但精神分析取向則認為，此法對於敏銳觀察力的培養是一種阻力而非助力。因為嬰兒所引發的強烈情感反映了他們接受照顧的情況（即使有時候這些情感表面上被否認），將情緒向度減至最小或隔除在外的研究法，將會造成嚴重的不利。與研究對象保持距離也有其好處，因為完全仰賴一個觀察者對情境先後順序的回憶及準確撰寫報告的能力，可能會造成另外一種扭曲與訊息的失漏，這已是公認的事實。然而，此種研究所聚焦的情感發展是如此微妙與短暫，以致只能用主觀的方法進行理解。另外一個仰賴個人回憶與撰寫觀察歷程，而不採用儀器記錄的重要因素是其訓練功能，此功能塑造了今日的嬰兒觀察實務。學習記住所看見、聽見及感受到的內容，並轉化為準確的文字或語言，是學習如何觀察的重要部分，也是觀察者發展敏銳記錄能力必要的練習。

　　研究的首要主題——嬰兒及母親的情感與心智狀態——若要獲得質、量上皆令人滿意的結果，便需要選擇特殊的方法。研究的歷程必然要經過選擇；為某種目的而設計的觀察方法不一定適合另一種。就如同研究細微或遠距的對象，你需要適當的工具，像是顯微鏡或望遠鏡；因此，在探討人際之間的情緒交流時，你必須找到具有人性的接收器具，能夠吸納並記錄主要的現象。即使暫且不談所研究的是情感交流這樣特殊的問題，當研究者是在自然環境裡研究母嬰關係，觀察其一般家居生活，這觀察本身就

是比較缺乏人情味，或是一種過分涉入的研究或記錄形式，在運用上很困難。

　　然而，接受精神分析訓練的研究者有時候可能會過度反對使
70　用機器來蒐集資料或記錄。精神分析界認為，臨床個案研究是最
可信的方法，而大部分學術界的心理學家則相信，行為取向研究
法才是正途，這樣的態度有時導致雙方對研究方法學的封閉心
態。觀察時間裡錄影、錄音可能很有幫助，誠如已有許多對住
院及日托中心的孩子所做的很有價值（且具影響力）的攝影研
究。[20] 倘若研究目的（如我們以下所要討論的）是要單獨評量觀
察者所撰寫之紀錄的精確度，以及為了能有機會重複檢驗互動的
前後順序，那麼使用此種觀察法會很有幫助。

做為研究法使用的嬰兒觀察

　　本書中的觀察研究報告不只是一種研究設計，而是「與兒童
工作者」訓練課程的一環。自從四十年前塔維斯托克診所開始小
規模嘗試嬰兒觀察課程，目前所有的嬰兒觀察都在嬰兒觀察課程
中進行。為了專業教育目的而設計的學習研究（無論如何謹慎地
實施並督導），與事先界定科學性目標的研究設計，兩者有極大
的差異。在如此密集且完整督導訓練設計下產生的個案研究，有
豐富且具啟發的內容；然而，它不是為了比較性研究的目的而設
計，也不同於事前精確決定研究主題並使用標準化工具的研究。
因此，不可能根據此研究成果做出科學性推論。

20　　參見巴內特（Barnett 1985），及羅伯森和羅伯森（Robertson & Robertson 1953, 1976）。

　　然而，未來應可能更加善用此種觀察法的特殊優點，做為研究目的之用。此種觀察技巧本身即包括了研究與現象揭露的功能。這是一種耗時耗力的方法，要投注許多時間才能蒐集到幾個案例：持續兩年的時間，每週觀察同一個家庭。此觀察法要求觀察者使用高層次的技巧（觀察者即使已有與兒童工作的經驗，仍需要特別的訓練與督導，才能成為長期情緒互動的精準記錄者與詮釋者）。此種在自然情境中做的研究很難事先結構化──觀察時間裡，無法完全控制所有的狀況，而觀察者感興趣的現象也會隨著母嬰關係的流動而改變。另一方面，此種觀察法使觀察者非常貼近母親與嬰兒逐步發展出的生活情境，其親密程度遠超過實驗室裡的研究。

　　個案研究法的優點是，它較能產生對新現象的描述、發現其不同面向之間尚未被指認出來的關聯，以及形成新的假設。另一方面，此研究法並不適合用來檢驗因果假設，也不適用於大規模描述性的研究，或精準重複某研究的研究。它的優點是密度高，而非廣度大，是其深度，而非數量。如同精神分析臨床研究，應用此觀察法所屬的脈絡以發現為主，而非效度。[21]部分緣於方法學，部分則因精神分析理論愈來愈偏好以主觀意義、連貫性為主要概念，而非因果關係的論述，精神分析理論近來漸漸向現象學及唯心論取向靠近，遠離了佛洛伊德強烈強調科學方法的態度。

　　因此，此觀察法可用於聚焦在特定面向的嬰兒研究。例如，它可以用來篩選觀察研究的嬰兒或家庭樣本，找出相同特質的樣

21　　區別「仰賴直覺及想像的發現歷程」與「理性、有效度之公式程序的發現歷程」（像是利用實徵研究法檢驗假設），源自於科學文獻的現代哲學，其中大部分來自卡爾‧波柏（K. R. Popper）的作品。可參見波柏（Popper 1972）。有些人，如波蘭尼（Polanyi 1958）則認為，科學方法各方面亦充斥著直覺與主觀判斷。

本，使研究能從科學或健康預防的觀點發展。例如，都有早年分離經驗的母親與嬰兒、寄養或收養的嬰兒、雙胞胎、單親母親的嬰兒，或身心障礙的嬰兒。倘若觀察同時與其他有共同興趣的研究結合、同時進行，並選擇符合這些目標的樣本，那麼可預期的是，此種研究將比未做事前篩選（以訓練為目的）的研究更能產生可比較的發現，及豐沃的概念。督導研討小組便可以轉型為研究進度討論的工作坊。此類觀察若由非常有經驗的觀察者來做，成效將極豐富。

此外，若觀察是為了研究目的而進行，還需要使用標準化的報告格式。例行的關鍵發展階段紀錄、社交環境的標準化資料、針對特定重要議題所做的紀錄，即使是階段性較正式的測驗，都可能整合入既存的觀察模式中，而不會造成太大的干擾或失漏。嬰兒觀察課程不希望阻礙觀察者對被觀察家庭情緒衝擊的感受力，他們擔心任何抽取重點或事先決定編碼方式的做法，都可能抑制觀察者的感受力。然而在研究設計的脈絡下，比較合適的做法是考慮不同的優先順序；如此一來，或許能取得更多行為取向研究設計做為交互參照。已發表的行為取向研究，如預期地開始採用更多縱貫研究設計、更多類似的觀察法來進行研究，此種考慮交互參照的方式便特別有用。[22] 最急迫的需要是，在這些研究一歲以下嬰兒生活的研究之外，應有更多追蹤後續發展的研究，

72 研究嬰兒第二年的生活。針對一至二歲嬰兒所做的個案研究，似乎更能解釋嬰兒的「性格發展」與其「與母親或其他照顧者的關係」之間的關聯。一至二歲幼兒有比較大的獨立性，開始使用語

22　莫瑞（Murray 1988）強調這個發展的重要性。

言，學步兒更有能力遊戲及建立多種關係，在在擴展了研究的領域，而且可能更能吻合臨床分析與兒童衡鑑的發現及結論。最好是能夠同時使用已發展完備的觀察法（做為本觀察法的進階追蹤），以及明確具體的研究設計，專注於像是性格差異之源起與發展之類的主題。從此觀點來看，日後針對這些嬰兒的童年所進行的追蹤研究，若能設計較簡潔的學校或家庭觀察，也能進一步使現象更加清楚。

在塔維斯托克診所及他處的精神分析取向臨床研究一直以此種模式進行，且有豐沃的成果，選取接受兒童心理治療的相同性質個案（例如，自閉症或精神病兒童病患、機構收容的兒童、寄養或領養的兒童），以團隊研究的方式一起探索他們的發現。[23] 此種小研究團隊之間彼此合作的方式，使得臨床研究上採取密集方式獲得的經驗，得以與其他領域分享，也得以探索新概念應用於解釋個案資料的可能。將督導團體當作研究場所，也讓學有專長的少數臨床工作者能在同一場域中，指導並協助經驗不足的心理治療師統整自己。個案研究所獲得的結果與量化行為研究有不同的價值，但它們可以互補不足，相輔相成。例如，針對住院兒童做的個案研究所形成的假設：住院經驗使兒童受苦並損害其發展，已得到大量隨機抽樣的縱貫研究的支持，即分離對兒童的發展有不良的影響。這類個案研究經常成為精進臨床及診斷技巧的工具，或因而改善機構照護品質。[24] 此種以密集方式探索母嬰經驗的研究也能輔助實驗或以調查技巧進行的研究。

23　關於此類研究的方法，參見羅斯汀（M. E. Rustin 1989）。

24　舉例來說，可參見波士頓與澤爾（Boston & Szur 1983）、梅爾徹等人（Meltzer et al. 1975）、波士頓（Boston 1989）。

　　比起遵循傳統的大規模調查分析治療結果，小規模的合作研究對於檢測並擴展精神分析理論的解釋範圍，是比較可行的方法。當使用密集強烈的精神分析臨床觀察法時，要符合樣本、臨床研究法、結果呈現的標準化要求是很困難的。我們必須接受精神分析研究位於社會科學研究法中「質化／量化」、「詮釋／類推」、「密度高／廣度大」二分法的一端。因為這種種理由，且由於精神分析取向研究法採取非標準化、開放結果的方式研究特殊案例，使它常能發現「理想典型模式」（ideal-typical models）。臨床與觀察研究皆提供可能的理論及情緒、心智發展的例子，然後當新的現象及經驗發生時，這些理論及例子就可用來辨識或說明。從這些面向來看，精神分析取向研究的結果，和歷史研究（同樣也是花很大的精力針對發展的持續性進行敘說研究）、人類學及民族誌等社會科學，確實有其相同之處。這些學科也著重於理論模式、理想典型、案例事件的呈現，及針對獨特案例進行描述性說明，而非通則性的推論，也不在建立可被精準檢測的因果理論。[25]

　　我們已將嬰兒觀察法聯結至範圍更大的人類科學，其方法學比精神分析經常使用的觀察者評論法更多元。然而，觀察研究法另有其他貢獻是與文學相似的。觀察者在研究過程中，花兩年的時間沉浸於一段關係中，對這關係進行敘說描述，並透過觀察者的感知進行這段經驗的冥思，與小說家或傳記作家呈現其家庭經驗的方式有雷同之處，摘述及客觀的科學分析也如是。觀察者與讀者要有區分各種微妙表達方式，及回應並理解情感的能力，才

25　　想進一步了解科學議題與精神分析的關係，參見羅斯汀（M. J. Rustin 1987）。

能理解母嬰關係。展讀嬰兒觀察就如同閱讀小說，讀者受邀根據其自身經驗，而非只參考已出版的心理學發現，判斷內容的真偽。然而，當這些個案研究採用想像寫作必備的技巧時，它並不是小說。認同此課程的人願意花心力盡量使文字準確描述所觀察的事實，即使他們從精神分析觀點對經驗的某些面向有其特定的興趣。所有的人類科學皆各有其觀點，選擇關注世界某些面向，並界定其架構，以對他們感興趣的面向進行系統性研究。[26] 此種對興趣的選擇完全符合將理論及概念應用至經驗時的邏輯一致性和實徵精確性。我們可以在優秀的想像寫作中，發現此種呈現情緒及心智狀態的微妙、細緻技巧，它們是人類科學領域某些特定研究所必備，而非與之相違背。如佛洛伊德所呈現，採用個案研究法的研究者必須具備理解及描述複雜心智狀態的能力，此要求相較於作家應具備的能力是有過之而無不及。

　　我們也希望展示嬰兒觀察法如何與臨床精神分析實務相輔相成。分析師及心理治療師在診療室裡進行的臨床研究，所得到的現象描繪及理論，比嬰兒觀察更複雜多樣。診療室裡的夢、自由聯想及與兒童工作時的治療性遊戲，比其他方法更能提供通往潛意識歷程的豐富線索；而與此歷程進行治療性對話的詮釋及反應，比起這裡描述的相對被動的觀察形式，是更好的研究法。另一方面，精神分析研究法有其不利之處，阻礙了精神分析思想被更廣泛地接受。進行中的分析會持續修飾其受試者（患者），它對於受試者心智結構及歷程所形成的理論，源自探究患者與分析師持續改變的移情關係。分析對話中溝通的質地與細緻是很難呈

現的。有時候，對分析技術尚未有個人經驗的讀者，很難從精神
分析報告中發現太多意義。

　　嬰兒觀察法可能永遠無法如臨床研究一樣，在理論方面產生
豐沃的成果[27]，它們各有不同的優點。因為嬰兒觀察要求觀察者
採取被動、不介入的態度，她的情況與善於觀察的家庭訪客並無
太大不同。進行嬰兒觀察時，觀察者的存在僅會對被觀察者產生
很小的影響。以日常、非理論語言來撰寫文字報告，比較容易和
一般敏感的人（而非特別精通精神分析思路的人）一起溝通其中
的發現。從觀察紀錄中得到的發現及推論雖然不具理論上的精
緻，卻比臨床研究報告複雜的結構要容易使用及複製。有時候，
甚至可以觀察到母親對觀察者的移情，以及觀察者對母親和嬰兒
的反移情關係，這些都是日常生活中可以辨識的實例。因此，精
神分析取向觀察法或許能針對精神分析所假設的情緒歷程，提供
新的、無偏見的證據。此外，我們鼓勵嬰兒觀察者描繪出觀察對
75 象真實多樣的風貌，以及他們如何回應人生重要事件中的經驗。
呈現出人完整的真實風貌，應是人類科學領域裡很重要的貢獻。

　　在與嬰兒的關係中發展出來的觀察法也適用於幼童的研究，
例如在日間幼兒園、醫院及遊戲場觀察幼童。本書第一章已討論
過本課程的教育價值。此種不介入、靜靜接收的觀察態度及報告
方式，已經證實具有豐碩的效果，學習此種方法不像學習臨床治
療技巧，需要密集緊湊的訓練。此法也可用於調查機構及養護安
置的品質和效果，聚焦於兒童的情緒需求及經驗。[28] 此研究法的
核心是，觀察者唯有接觸幼童的情緒及內在心智狀態，才能適當

27　比克（Bick 1987）發表了一篇極具影響力的譯文。

28　參見曼濟斯．里斯（Menzies Lyth 1988）的選集。

評估幼童所處周遭環境的品質。（近來好幾篇研究嚴重受虐兒童的報告皆顯示，未有良好支持或未接受督導的社工員很難持續給予高壓力及高危險家庭必要的關注。[29]）精神分析取向觀察法對理解兒童最主要的貢獻在於，它對情緒及內在心智狀態非常敏感，而要理解兒童一定要先了解這個部分。精神分析取向觀察法已實際應用於衛生醫療機構、教育與社服機構，關注成年人及不同年齡兒童的心理健康，它還具備應用於其他領域的潛力。做為一種學習的經驗，嬰兒觀察法的核心及最有價值的部分在於嬰兒觀察的方法，接下來的個案研究即在呈現此種方法。

29　關於嬰兒觀察與訓練兒童受虐專案工作者的關聯，可參見卓維爾（Trowell 1989）。

第二部
觀察

下列各章由瑪莉・巴克（Mary Barker）、蘇珊・庫森（Susan Coulson）、瑞奇・艾曼紐（Ricky Emmanuel）、楚蒂・克洛伯（Trudy Klauber）、珍妮・瑪迦納（Jeanne Magagna）、安・帕爾（Anne Parr）、艾曼紐拉・昆吉麗塔（Emanuela Quagliata）及嘉布利亞・史帕諾（Gabriella Spanò）執筆。

【第四章】艾瑞克[*] ₇₉

　　頭胎嬰兒對父母造成的影響甚巨。本章將說明第一個嬰兒的誕生如何影響一對年輕夫妻，以及父母的關係如何影響母親協助新生兒接受離開母腹的經驗。透過對嬰兒出生後，前三個月的詳實觀察紀錄，讀者可以看見這個家庭裡不同關係的各種變化。

　　透過家訪衛教員的介紹，我與這位母親碰面，並邀請她與先生商量是否同意我拜訪他們。接著，在嬰兒出生幾天後，我再次與母親碰面，她表示，他們同意我每週一次到他們家中觀察嬰兒的發展。

　　父母親是愛爾蘭人，年紀皆在二十五至三十歲之間。他們的觀念傳統，是結了婚就打算要有小孩。他們住在倫敦兩年，這期間先生完成一些醫學研究。他的妻子在當地的圖書館上班，很滿意她的工作。夫妻倆外貌迷人，聰明且具個人魅力。以下是我第一次的觀察紀錄。

嬰兒十二天大的觀察

　　父親在門口歡迎我，帶我進到客廳。打過招呼後，母親（口齒清晰，輕聲細語）解釋說，回家來的頭兩天簡直太恐怖，今天就好多了，寶寶比較穩定下來。她說

---

* 本觀察由埃絲特·比克（Esther Bick）督導，她對發展嬰兒觀察法的貢獻已在他處提及。

他們像一對自傲的父母，推著嶄新的嬰兒車和新生兒穿過公園。她補充說：「我們覺得自己太惹人注意又有點可笑，因為每樣東西都太新了。」父親很和善地問我為什麼來，然後很詳細告訴我嬰兒出生前和出生後的情況。他描述嬰兒出生前四週，一切都還好，直到生產時，嬰兒變成胎位不正。他補充說，他告訴醫生他想看剖腹生產的過程，但醫生不准。

80

等他看見嬰兒，他的臉全擠成一團，還有黃疸。「簡直是一團糟。」父親說，他非常擔心小孩會有問題。他擔心嬰兒會有吸奶或說話的困難，因為他的上顎太高。他說因為剖腹及麻醉的關係，媽媽沒有辦法立刻看嬰兒。結果他太太覺得自己好像是因為車禍住院，而不是來生小孩。嬰兒出生後頭兩天因為在新生兒加護病房，所以媽媽看不到他。

這個時候，媽媽在餵嬰兒。當她讓嬰兒坐直，幫他打嗝時，他慢慢抬起手臂，注視著窗外，再輕輕抬起他的腿。再次吸奶時，嬰兒的手臂放鬆地擺在身側，手掌緊握。他的膝蓋彎曲，腳趾頭微微蜷縮。媽媽的手覆蓋在他腿上，不過嬰兒並沒有緊貼著她。媽媽說，護理師告訴她，餵奶的時候要用毯子把嬰兒包緊一點，但是她沒有照做，因為她覺得有些嬰兒可能喜歡動來動去，不喜歡被綁得緊緊地。

媽媽說她貧血，奶不多，她很擔心嬰兒會長不大。她用磅秤在嬰兒餵奶前後秤秤他的重量，看看他吃奶的狀況。這時候，媽媽要用奶瓶給嬰兒補充奶。在等爸爸

去拿奶瓶時，她再次幫嬰兒打嗝。然後，她讓嬰兒坐在她膝蓋上，面對我。他頭向後仰，目光向上，望向母親的臉。她上下撫摸他的背，輕輕拍，說嬰兒肚子有氣的時候會這樣拱著脖子。

父親帶著奶瓶回到客廳，他說，他現在已經是「個中老手」。他很擔心嬰兒吸奶瓶時吞嚥太快。嬰兒把奶嘴吸成扁平的，媽媽要他換一個新的。當嬰兒在等奶瓶時，他的脖子又向後拱，目光朝向母親的臉，開始嘖嘖吸著他緊握的拳頭。

媽媽輕輕移動他，他的手落下，他的動作被打斷。他的身體靜止不動。身體緊繃。他的嘴動了動之後，身子似乎比較放鬆了。他轉動眼睛向後，拱起他的脖子，皺起臉來開始悶悶地哭。接著他身體沒動，拱起脖子好幾次。當嬰兒再次輕輕哭起來，媽媽用手輕輕撫摸著他的肚子。哭聲未減，媽媽便把乳頭放進嬰兒嘴裡，並說：「恐怕沒有了。」在等待父親把乾淨的奶嘴拿來之前，嬰兒吸吮著乳房。媽媽鬆了口氣說，如果嬰兒吸奶瓶，她就可以知道他吸了多少。

爸爸和媽媽談起他們給孩子命名時的猶豫不決，他們開玩笑說，有六個星期的時間給他取名字。父親給孩子取了「Algie」（艾吉），並引一首詩，一首關於給「準媽媽的大肚子」命名的詩。媽媽說，他是這個家的第三口。（他們花了兩星期的時間給孩子取名字。他有張擠扁的臉，不像父母五官那麼漂亮，這可能讓他們有點失望。）

　　　媽媽給嬰兒換衣服，準備讓他睡覺。她和爸爸小小爭執起是誰要嬰兒穿不一樣的衣服。在給嬰兒換衣服的時候，媽媽說：「你在看這個新客人，對不對？你的眼睛一直盯著她看哦。」

　　　我準備離開時，媽媽告訴我，她不太希望我再去。她很憂慮我的來訪。她不知道為什麼。我告訴她，我知道新的嬰兒及我的到訪對她而言都是新的體驗，而要面對這些很不容易。媽媽說，她需要多一點時間先適應嬰兒。她覺得我在場讓她很緊張。爸爸摸摸她的手臂說：「下個星期就會好多了，會漸漸安定下來的。」他要我打電話給他們，下週再來。媽媽似乎接受了爸爸的安慰；我說，我下個禮拜會先打個電話，看看她對我繼續再來的感覺怎麼樣。謝過他們後，我便離開。

　　聽到媽媽不願意我再去觀察，我很震驚，爸爸安撫了媽媽後，我才鬆了口氣。她感覺非常不安。不知道該怎麼安撫嬰兒似乎令她無法忍受。她憂慮自己沒有足夠的奶水餵嬰兒，在嬰兒吃奶前後量他的重量。憂慮奶水不夠，是否隱含著她對嬰兒能否存活的擔心，以及她是否有足夠的常識幫助嬰兒活下來並持續發展？

　　媽媽似乎很焦慮，不過她還有力氣反對父親和護理師的意見。也許她覺得，他們的建議是在批評她不知道怎麼照顧嬰兒。媽媽似乎也認為，這些建議是在妨礙她找到自己照顧嬰兒的方式。她似乎藉著反對護理師的建議來保護自己。護理師要她把嬰兒包緊一點，她則把嬰兒包得鬆鬆地。在給嬰兒換衣服準備睡

覺時，對於嬰兒該穿什麼睡覺，她和爸爸稍微爭執了一下。在爸爸碰到奶嘴時，媽媽要爸爸拿去洗一洗，好像她覺得爸爸讓奶嘴沾染了細菌。擔心自己不是個「夠好的媽媽」的想法似乎攪擾著她。我的在場觀察讓她很憂慮被人看見她的不適任，於是在我第一次觀察結束時，她要我不必再來。

有時父親藉由肢體的碰觸安撫母親，安慰她情況會慢慢改善，照顧嬰兒的新任務不會一直令她無法招架。父親的信心使得他在這些時候成為母親的支持力量。有時候，父親很有能力的樣子，似乎是因為他認同了有經驗的「超級父母」。這個心理歷程也包括了將他的焦慮投射給母親及嬰兒，然後覺得自己是個專家，照顧嬰兒的老手。在這些時刻，父親成了與母親競爭「誰是好父母」的對手。這樣的競爭似乎是一種避免被排除在母嬰配對82之外的防衛方式。

父親的焦慮似乎與他還不確定如何在經濟、身體及情緒上成為母親的支柱有關。他似乎意識到，要增進母親照顧嬰兒的自信，他必須支持母親成為嬰兒的主要照顧者，這意味著他得放棄成為嬰兒主要照顧者的樂趣，並放下獨享母親注意力的愉悅。

這個家似乎正面臨母親、父親及嬰兒如何一起因應其新經驗的危機。在頭兩週，母親覺得嬰兒「老是」在哭。後來，她告訴我，第一個星期她被嬰兒弄得完全不知道該怎麼辦，她要我離遠一點，不要再來觀察這個「人仰馬翻」的場面。她說，回到家的頭兩天，她一個人面對哭泣的嬰兒，束手無策。吃奶前後，他老是哭。餵奶一直很困難，因為她一開始就很確定她沒有足夠的奶水餵他。

父親請了一個星期的假。媽媽後來提到，倘若父親沒有一直

支持她餵母奶，她一定很快就放棄了。她一直覺得餵母奶再補充牛奶的做法，讓她很混淆。一個在「全國助產協會」工作的女士給了她許多支持，她鼓勵媽媽繼續嘗試餵母奶，有需要的時候就補充牛奶。

媽媽說，她以前有過幫忙照顧兩個妹妹的經驗，所以她實在不明白，為什麼她第一次照顧自己的嬰兒會這麼困難。在束手無策的情況下，媽媽請來一個有好幾個小孩的鄰居朋友幫忙。這位女士的協助有效緩和了媽媽的焦慮。當媽媽餵奶時，她的朋友就坐在一旁，耳朵貼近乳房，試著確定嬰兒是否在吸奶。這個朋友也協助媽媽安排生活裡的日常事務。媽媽說，待在家裡面對哭個不停的嬰兒，和工作相比，實在是天壤之別。

嬰兒的誕生使母親突然失去自身的認同。她不再是孩子出生前那個有能力的成人、身材苗條的女人，以及能幹的圖書館館員。她不知道她自己是誰，對「母親」這個新身分感到毫無自信。她需要找到自己做事的方式，這也促使她忽略丈夫及護理師的建議。也許她對失去舊有認同的困惑及痛苦，還夾雜著意識到嬰兒如此依賴她，她擔負極重的責任。她感到自己無能完成這個任務，她顯然未覺察到她需要時間適應嬰兒所帶來的新經驗。就像她的嬰兒一樣，媽媽似乎一下子變得脆弱、毫無保護自己的能力。

83 平撫不適

嬰兒回到家後的第二週，父親留在家裡協助母親適應她的新生活。當我打電話給母親，問她是否能繼續拜訪時，她似乎很樂

意讓我繼續。第二次觀察時，母親很高興地告訴我，她現在不必再給嬰兒補充牛奶了。她提到她去看了醫師，醫師說，她的嬰兒出生到現在已經重了將近半公斤，情況很好。媽媽補充說：「原來我有足夠的奶水！」

這次觀察，媽媽和爸爸花很多時間告訴我他們過去這一週照顧嬰兒的經驗，以及他們對嬰兒吸奶的印象。媽媽和嬰兒似乎已建立令人滿意的餵奶規律，每三個小時餵一次，中間若嬰兒哭了，就讓嬰兒含一含乳頭。小兒科醫師建議，既然嬰兒這麼常哭，就應他的要求餵奶。

嬰兒十八天大的觀察

爸爸為我開了門，媽媽則在餵奶。媽媽跟我打了招呼，嬰兒猛吸著媽媽的乳房。嬰兒的腳趾頭緊緊蜷縮著，他的腿微微向上彎曲至胸前，他的手放在腰際，成杯狀。他的眼睛閉著，我感覺到嬰兒和母親很專注投入在餵奶和吸奶的過程。媽媽用手捧著乳房就著嬰兒的口。她解釋說，他就快要好了。

沒一會兒，媽媽把嬰兒抱離乳房，讓他側坐在她大腿上。她輕拍他的背，他則仰頭向後，舉起手來靠近他的臉。他搖晃著身子向側後方時，可以暫時看見媽媽的臉，不過每次他這麼做，媽媽便溫柔扶正他的頭。他們這樣來回五、六次，好像慢動作的搖擺。媽媽說他總是把頭向後仰。當她撫摸他的背時，嬰兒漸漸靜下來。他的眼睛一直向四周觀看。

媽媽把嬰兒抱在右乳前。她緊抱著他，右手環抱著嬰兒，手掌心墊在嬰兒的屁股下。有兩回，嬰兒抬起手臂，同時腿輕輕動著。其他時候，嬰兒則安靜躺著，很用力吸吮。

當媽媽和我講話時，她開始再次上下撫摸嬰兒的背。他緊握拳頭，手臂與身側垂直。他的腳趾頭用力伸展開，而他的臉微微漲紅。他看起來好像在大便。他繼續向四周觀看，不過他的頭只輕微轉動。在他打了嗝之後，媽媽決定給他換尿布。

媽媽把嬰兒放在墊子上，然後離開去拿塑膠褲。嬰兒一直看著我。他張開手臂，在臉前輕動，踢著腳，腿緩緩畫著圈。當媽媽回來開始給他換尿布時，他的眼光一直停留在媽媽身上，不過他的目光會向四周掃瞄。他的手指張成扇形，上下動著。在媽媽解開他的尿布時，嬰兒的腿的律動停了下來。他的手指蜷縮起來。他的腿立刻縮至肚腹。

媽媽拉直他的腿時，他的腿反射地動了一下。接著，媽媽輕擦嬰兒的屁股和生殖器。他的反應是把手移動到臉旁，腳踢了好幾下。他暫停動作，淺淺笑了一下。然後他的身體開始動了一下，他的手和腳伸向空中，媽媽擦拭他的陰囊時，他打了個噴嚏。

包好尿布，媽媽把嬰兒放到他的嬰兒床。她用毛毯要把他包緊時，他的手和腳開始動來動去。媽媽說，嬰兒睡醒時會動來動去，把毛毯給解開。嬰兒發出悶悶的哭聲，好像他要準備開始哭了。媽媽說她最近不再搖

他，就讓他一個人睡。媽媽離開後，嬰兒原先輕聲的哭泣變成刺耳的嚎哭。我站在嬰兒視線之外。現在他四肢持續激烈動著。他的頭一直向後仰。當哭叫的聲音愈來愈強烈，媽媽回頭來把嬰兒床推到客廳去。

　　媽媽開始搖嬰兒床，爸爸彎身看嬰兒，說他有時候是自己愈演愈烈。他認為，媽媽比嬰兒還受不了這哭聲。他們兩人討論起嬰兒一定很無聊。他們不明白為什麼他不醒久一點，而要睡覺。他們列了一張清單，上頭列了一些他們試過，但嬰兒不感興趣的東西：嬰兒彈跳椅、鮮艷的玩具、床邊旋轉吊飾。他們不知道是不是該花很多時間和嬰兒玩。

　　當嬰兒開始踢腳，胡亂揮著手臂，爸爸問媽媽要不要他把嬰兒抱起來。媽媽說若他想抱的話就抱。爸爸溫柔地把嬰兒抱在胸前。爸爸半躺在椅子上，讓嬰兒的頭倚在他的脖子邊，身體躺在他胸前。當爸爸說：「好了，好了。」嬰兒立刻漸漸安靜下來。他的膝蓋收攏在肚子下，身體平靜不動。他的手放在頭旁邊，拇指包在其他手指裡面。

　　爸爸解釋說，因為嬰兒在他身上聞不到奶香，所以爸爸抱比較不會引誘他。他說有時候嬰兒會拉扯他的襯衫，好像那裡有奶似地。爸爸說話的當下，嬰兒把頭抬起來，他的臉輕輕碰觸父親的脖子好幾下。爸爸給予回應，說：「好了，好了，哎呀，我們兩個男人一起對抗女人的暴政。」然後爸爸對我說：「哦，對了，我們忘了告訴妳……我們給他取名叫艾瑞克（Eric）。」

爸爸開始撫摸嬰兒的背、手臂還有腿，過了一會兒，嬰兒開始打起嗝來。他整個身體因為連續打嗝愈來愈劇烈而顫動著。這當中，他開始簡短地嗚咽。爸爸認為，他這樣打嗝和腸絞痛有關。幾分鐘後，媽媽把艾瑞克抱過去，然後放進嬰兒床裡。

媽媽搖著嬰兒床時，艾瑞克開始吸吮他的手指。爸爸建議讓他趴著睡，不過爸媽兩人同時說，嬰兒不喜歡趴著睡。媽媽說，如果他趴著睡，她推他經過公園時，他就不能看風景。父母都很擔心他把手指放在嘴巴裡。爸爸把他的手移開，並說他應該不餓才對。嬰兒睡著了，身旁放著一隻小泰迪熊。

在本次觀察中，父母兩人一起安撫他們的嬰兒，一起了解他的需要。嬰兒被抱著或盡情吸著乳房時，很容易被安撫。除了獲得所需的營養，嬰兒主要的需求似乎是要感受到被穩固地、安全地、親密地抱住。當母親將他抱在腿上，離母親的身體有點距離時，他需要看見她，將目光放在她臉上或與她有眼神的凝視。當他在父親懷裡，他碰觸父親的脖子，與父親做肌膚的碰觸。父親說，當嬰兒餓的時候，會在他身上找乳房。

經驗到母親臨在的確定感，嬰兒笑了，向四周觀看，身體放鬆。嬰兒很清楚表達，對他來說，父母親人在、心在比任何其他的玩具都重要。當母親離開，他被留在墊子上，便將目光固定在觀察者身上，以維持自己情感上的「完整」感。當他被單獨留下，便立刻尖聲哭叫，胡亂舞動手腳，好像被「單獨留下」的感覺嚇壞了。

媽媽要他培養獨處及等待的能力。她可能很擔心嬰兒會要求太多。因此，她延遲抱他，直到他的痛苦令她無法忍受為止。艾瑞克對母親的靠近很有反應，他立刻停止哭泣，讓媽媽知道他想要跟她在一起。他能藉由把手指放在嘴巴裡來幫助自己入睡。此刻，他所求於他們的並非食物，而是在入睡時，可以有所倚靠。

艾瑞克二十一天大時，父親恢復工作。幾天後，媽媽說，她很不習慣自己一個人在家。她這時才發覺，有這個孩子之前，自己一直都在工作。她說，她不知道該怎麼打發白天的時間，不知道要做什麼。有朋友請她喝茶，她不知道自己敢不敢答應。她擔心在外面餵奶會打亂寶寶的習慣。幾經考慮，她決定邀請她媽媽來家裡拜訪。她說她原本還不敢邀請她媽媽來，直到她自己覺得跟小孩的狀況比較穩定了。

後來外婆真的來了。媽媽說，雖然平時早上他都會哭，但是當外婆來的那幾天，他都很乖。媽媽似乎發現，有人在一旁支持他們，讓她和艾瑞克都安穩多了。接下來那次觀察，媽媽注意到，外婆走了之後，嬰兒又回到原先不安定的狀態。 86

嬰兒二十四天大的觀察

媽媽為我泡了咖啡後，說了一些她家裡的狀況。這時，聽得到艾瑞克的嗚咽聲。我們安靜聽。媽媽連說好幾次，她要等到他真的大哭。她解釋說，昨天晚上十一點，是爸爸給嬰兒餵奶，因為她實在太累了。她說嬰兒偶爾也要用奶瓶吃奶，好讓他習慣奶瓶，因為有時候他

們出門在外不方便餵母奶。媽媽再次強調，她現在有足
夠的奶水。

艾瑞克的哭聲變大。媽媽把咖啡杯收走，然後走到
他的房間。艾瑞克躺在嬰兒床上，頭用力伸向床的一
角。他的右手緊握成拳頭，拇指在其他手指中間。他的
左手揮動著，手指張開。他的腿在被子下踢著。

媽媽開始談起牆上掛的那件鮮艷五彩的連身衣。她
說，艾瑞克很喜歡看著那件衣服。在她說話的同時，艾
瑞克發出一些微弱的聲音，張開嘴巴，在空中揮動著他
的手臂。他的舌頭在兩脣之間，然後他的舌頭在嘴裡動
著。有一會兒，他輕輕握著左手。當媽媽近身望著他
時，他發出更大的聲音。他把嘴張得更大，眼睛擠出皺
紋來，兩腿動得更快。媽媽離開去拿尿片，他開始「哇
哇」大哭起來，哭聲漸漸增強。

媽媽回來一抱起他，讓他倚在她的右肩頭，他的哭
聲就減小了。媽媽穩穩抱著他靠在她肩上，溫柔撫摸
他的背。她重複說著：「好了，好了。」艾瑞克大聲打
嗝。

媽媽開始給他換尿片。艾瑞克皺起臉來，開始用力
踢著雙腳。他的頭一直轉向墊子的右上角。他的額頭頂
在塑膠墊邊緣突起的地方，當他愈來愈激動時，他的頭
開始摩擦著墊子的柔軟邊緣。他盯著我這邊看。

媽媽拿開溼尿片。當她抬起他的腿時，他大聲哭
著，更快地踢著他的腿，揮動他張開的手臂。他放了
屁，然後大了一點便。

　　媽媽用棉花球擦拭著他的陰囊，他漸漸不再動。他
停下哭聲幾秒鐘，臉部表情漸漸平靜下來。他的手輕鬆
放在身側。當媽媽抬起他的腿，把乾淨的尿片放上時，
艾瑞克放聲大哭。媽媽說，他恨死包尿片了。她不知道
為什麼。艾瑞克一直哭到媽媽把他抱起來為止。媽媽讓
他倚在她肩頭，他找到自己的兩隻手，握起來，然後把
手的某一部分放進自己嘴裡。他張大眼睛，盯著前方
看。媽媽坐下來，開始用左乳餵艾瑞克。艾瑞克斜倚在
媽媽的左手臂彎裡。她用右手扶著乳房，有幾次把手放
在嬰兒身上。媽媽描述著艾瑞克現在躺著的姿勢，他的
腿蜷縮起來靠近身體，他的手握拳，四指包住拇指。她
說他會慢慢放鬆下來。

　　艾瑞克一開始吸得很激動，然後漸漸慢下來。媽媽
把奶頭移開，抱起艾瑞克開始撫摸他的背，這時她談起
他下垂的眼和一副要睡著的樣子。她繼續讓他吸另一側
奶，這時她把他抱得更靠近她，他的身子朝向她蜷縮。
現在，艾瑞克顯得很放鬆。他的手指微微張開，用他的
食指（偶爾也用其他的手指）順著母親的乳房上下移
動。他的腿微微動著，腳的大拇指也沿著另一條腿上下
摩擦。

　　接著，媽媽讓艾瑞克坐在她腿上，拍他打嗝。他像
個軟布娃娃似地，頭垂落在胸前，他的手軟綿綿地垂在
身側。他好像睡著了。然後他張開眼睛，皺起臉來，好
像要哭了，發出一些微弱的聲音。很快地，他把手臂移
到臉。

87

艾瑞克輕輕打了嗝，媽媽把他放到右胸前，他很安靜，身體很放鬆，眼睛閉著，一隻手握住另一手臂。媽媽把乳頭放進他嘴裡，他的一隻手放在另一手上成杯狀，置於乳房旁。餵奶的過程，媽媽沒說話。氣氛非常放鬆。

這段艾瑞克二十四天大的觀察顯示，他如何因應壓力情境，像是被獨自留在房間、飢餓、媽媽離開，以及改換姿勢或位置。剛開始，艾瑞克醒來時很煩躁，顯得輕微地不舒服。媽媽好像擔心他的需求會使她枯竭，所以，她決定等到他真的很不舒服、大聲哭的時候再做反應。

嬰兒獨自在房間裡，他的反應彷彿他覺得這極痛苦的狀況會持續到永遠。他尚未發展出母親就在那兒，會過來安慰他的確認感。媽媽抱艾瑞克之前，她要他「真的大哭」。

獨自一人面對恐懼，他只能靠自己的求生方法。當媽媽發現他尖聲大哭時，艾瑞克正緊握拳頭，拇指包在其他四指之間。他的頭向後仰頂住床的角落，摩擦著。緊包住拇指並靠在嬰兒床一角來回摩擦著他的頭，似乎是他用來維持情緒及肢體完整感的方法。他的腿在被子下踢著，彷彿這持續的動作可以減緩將要支離破碎的駭人經驗。這些強烈的動作減緩了空無感帶來的焦慮。

艾瑞克的恐慌一直持續到媽媽進到房間。當她靠近，他便用目光找到她。接著他彷彿發現自己的舌頭，將它置於兩脣之間，然後開始在嘴裡動起來。他的左手握著。看見媽媽之後，似乎幫助他發現了用嘴及手來穩住自己的方法。他的舌頭在他嘴裡像奶頭一樣，他用兩脣含住，然後藉由舌頭在嘴裡的動作來安慰自

88

己。他的左手也暫時握著。

　　媽媽出現時，艾瑞克能夠立即與她聯結。她再次離開去拿尿片時，他大哭起來。她在身邊使他能穩住自己，靠著這聯結，他才感到安全；當她離開，他不只失望而已，更是陷入極度的慌亂。媽媽需要抱起他，並將他緊緊抱在懷裡，接收他的痛苦，才讓他慢慢平靜下來。

　　接著，媽媽把艾瑞克放在換尿片的墊子上，解開他的衣服，把他的腳分開。他大哭，更快速地踢著他的雙腿，揮動他的手臂，放了屁，又解了一些大便。即使媽媽就在身邊，在這麼早期的嬰兒階段，當艾瑞克失去媽媽雙手的懷抱，以及尿片的包裹，他似乎陷入完全無法忍受的「流失狀態」。媽媽肢體的擁抱使他維持完整感。對艾瑞克來說，任何改變似乎都意味著不再安全。

　　特別的是，在媽媽擦拭艾瑞克的陰囊時，他立刻安靜下來，不再哭泣，數秒之內即重獲放鬆的表情，兩手臂輕鬆放在身側。當媽媽碰觸艾瑞克時，他顯得很愉悅。他被涵容，免於「支離破碎」。這持續的平靜不只是反映出他喜歡被媽媽碰觸。她的碰觸之所以如此強而有力，源自於對艾瑞克來說，他重新建立具體的身體依附感。

　　當媽媽移開她的手，抬起他的腿，艾瑞克爆出淒慘的哭聲。這與媽媽的聯結斷掉了。當媽媽抱起他，他立刻有回應，馬上使用媽媽提供的安慰來安撫自己。後來，他便恢復了自己穩住自己的能力：他兩手互握，再把手的某部分放進嘴裡。好像他需要感受到媽媽包容著他，他才能重獲維持完整感的方法。

　　在餵母奶時，艾瑞克放鬆依靠著媽媽；同時，他也顯露想要碰觸她的渴望。當媽媽抱著他餵奶時，他的雙手呈杯狀置於媽媽

的乳房邊。他放鬆交握雙手的樣子很像媽媽抱住他的姿勢。媽媽藉著身體的擁抱、愉悅的滋養，以及對他的痛苦充滿情感的回應，促使艾瑞克內化了對抗其焦慮的能力。

令人滿足的乳房經驗不只影響嬰兒，也影響母親。艾瑞克接納乳房、滿足地吸奶，並回應媽媽的安慰，使媽媽經驗到嬰兒愛她、認為她是好的。因為這是她第一個小孩，她對母親這個角色充滿不確定感，她需要艾瑞克一再肯定她是個好母親。

89

沒有餵奶的時候，媽媽通常留艾瑞克一人在臥房。當艾瑞克要求吃奶時，她猶豫著，她害怕若艾瑞克一要求，她就給，恐怕會形成每兩個半小時就得餵奶的局面。她也擔心，倘若他一哭，她就回應，那麼他就無法養成習慣。媽媽漸漸發現艾瑞克每天早上都很哀怨，因為他不肯在吃完奶後回臥房睡覺。她說，他更喜歡待在起居室看著她做事。媽媽說他會四處張望，常常盯著他房間裡那件鮮艷的條紋連身衣看。她也注意到，艾瑞克會在我到時注視我。艾瑞克似乎有著強烈的好奇心，探索著他的新世界和新的面孔。

除了用眼睛探索外，他也需要用眼睛「攀住母親」，因他的「內在母親」尚未成形，也就無法於「外在母親」不在身邊時安撫自己。同樣地，媽媽不在時，他注視著床邊熟悉的連身衣來安定自己。身邊熟悉的東西幫助他不被周遭駭人的陌生所襲。

艾瑞克與其外在世界的關係已形成幾個模式。當他極度恐懼時，他似乎會排除他的慌亂。排除的方法包括以下幾種，像是飛快揮動他的手臂、彷彿要踢走不愉快感覺般猛烈踢腳、尖叫或哭喊、大便和放屁。當媽媽協助他容受這些痛苦時，艾瑞克便能夠維持自己的完整，並使用自我保護的策略來「維持完整感」

（hold himself together）。例如，艾瑞克盯著那件鮮艷的連身衣、把手指放進嘴裡、把大拇指握進其他手指中，以及把腿縮往身體。這些是艾瑞克防止自己崩解的方式。這些「維持完整」的僵化方式意味著他無法忍受任何變動，所以當母親有所變動時，艾瑞克便大哭起來。

其他時刻，當母親抱著艾瑞克，用乳房安撫並餵他時，他似乎內攝了能包容他的「內在母親」。這使他放鬆整個身體的防衛——緊張的手、腳和頸部肌肉。放鬆身體防衛後，他開始能吸納母親並探索、認識他的世界。被母親穩穩抱著並吸奶一段時間後，艾瑞克開始上下動著他的手指，去感受餵養他的乳房。同樣地，他用腳趾頭摩擦自己的腿，感受他的皮膚，彷彿那是乳房。他從掙扎求生的狀態進到與母親的關係，且此關係能助他更了解她的狀態。

發展對話的方式　90

這對父母在某個週末拋開家中日常瑣事，和朋友一起度過。他們發現這樣的安排，即使有嬰兒在身邊，也能得到真正的休息。他們注意到，艾瑞克開始發現到他可以玩自己的手，也開始常笑。媽媽向我詳細陳述嬰兒一週來的活動，並告訴我她丈夫每天回家後，她會告訴他艾瑞克一天裡做了哪些事。這些觀察呈現出艾瑞克已經發展出各種表達感覺的方式，而父母試著理解他的要求，透過觸摸、說話、抱及餵奶予以回應。

六週大的觀察

　　我抵達時，媽媽很高興見到我。父親為我們泡了茶。他們談到週末度假後回來，感覺非常輕鬆愉快。這個時候，嬰兒躺在地上的塑膠墊上。他輕聲哭著，哭聲微弱並不擾人。他把拇指和食指伸進嘴裡，開始吸吮。媽媽說，他現在會吸拇指了。

　　艾瑞克開始哭起來，頭左右轉動，腳開始踢。爸爸問媽媽可不可以把他抱起來。媽媽說好。爸爸把艾瑞克抱起來放在胸前，穩穩抱著他。艾瑞克的頭倚在他頸間。他用頭輕輕摩擦著爸爸的頸部。他漸漸不再動，好像完全放鬆了，連吸吮拇指的動作也漸漸停止。媽媽說：「瞧，他看起來好舒服。」又說：「不過他真的是餓了，他要吃奶了。」

　　過了一會兒，媽媽帶嬰兒到浴室洗澡。當她把艾瑞克放在腿上時，他開始大哭。哭聲漸強，哭得整張臉都漲紅了。他激烈揮動雙手，兩腿快速向外蹬。他的哭聲聽起來很悲慘。當媽媽脫去他的衣服時，艾瑞克痛苦的動作愈來愈激烈。他的臉和身體愈來愈紅。媽媽試過水溫後，開始把艾瑞克放進小澡盆裡清洗。

　　他開始尖叫，雙手、雙腳猛烈揮動。媽媽撫摸他的頭，安撫他，口裡說著：「好了，好了，沒事的。」他漸漸平靜下來。當她將他的頭放進水裡，他大聲哭叫，滿臉通紅。她在他頭上抹了肥皂，再用清水沖洗。他的雙臂緊貼著身體裹在大毛巾裡。後來有一條手臂鬆了出

來，他把手放進嘴裡，立刻就不哭了。

　　接著，媽媽用溼棉球擦他的耳朵，並用歌唱的聲調說：「好了，好了。」艾瑞克的哭聲漸漸和緩下來。媽媽清另外一只耳朵時，他漸漸放鬆四肢。當媽媽移開浴巾時，他狂踢他的腳。他快速揮動他的手，頭幾次向後擺，下脣開始顫動。當媽媽把他整個身體浸到嬰兒澡盆裡，他好像受到驚嚇似地大哭。她開始澆水在他胸口，口裡哼唱著：「嘩啦啦啦……」接著她摩娑著他的胸口、兩腿和屁股，並對他描述她做的每一個動作。當水蓋過他的胸口，艾瑞克安靜下來。他漸漸愈來愈安靜，並開始發出高聲調的「啊……啊……啊」，自己玩了起來。他好像很自得其樂。他開始在水中輕緩踢著腳。媽媽問他是不是要對她笑了。

　　這個時候，爸爸進來對艾瑞克說，他真的很自得其樂。爸爸帶了一張自己嬰兒時期的照片給媽媽看。他問媽媽，這個嬰兒是不是像他小時候。爸爸說，照片裡的他只有六週大，正是艾瑞克現在的年紀。照片裡，爸爸的媽媽傾身微笑看著他。媽媽認為艾瑞克確實很像爸爸。然後爸爸把照片給我看。我也覺得他們兩個人有相像的地方。爸爸接著說：「對啊，嗯，也許嬰兒看起來都很像。」

　　媽媽把嬰兒從澡盆裡抱起來，他又開始大哭。他漲紅了臉，快速踢著腳，下脣顫動著。他的頭反覆猛然向後仰。媽媽幫他穿衣服時，他一直做著這個動作。只有在她撫摸他的後腦勺，把他抱得比較靠近她時，他的哭

91

聲才稍微減弱。她給他穿上睡衣，抱他到客廳給他餵奶，他一直哭得很用力。

然後艾瑞克找到自己的手，開始吸吮起來。當媽媽把他放在地上，替他把塑膠褲穿緊時，他安靜躺著。媽媽一抱起他來，他又立刻開始哭起來，在空中揮舞著他的手臂，把頭向後仰，同時踢著腳。他繼續哭著、動著，直到媽媽把他緊抱在她左乳前。媽媽移開艾瑞克放在嘴裡吸著的手。然後把奶頭放在艾瑞克嘴裡，他大口吞進母奶，吸吮的動作很激烈，吞嚥聲很大。媽媽驚訝地說他真的很餓。她說她不知道為什麼：「可能帶他出去呼吸新鮮空氣的關係。」

此時，爸爸進來，彎身觀察餵奶的情況。他把頭靠在媽媽頭上，談著艾瑞克多麼享受吸奶。他又說艾瑞克的小手好漂亮。這個時刻，整個氣氛很親密、愉悅而平靜，他們似乎很享受彼此在一起。

在這次觀察中，父母及嬰兒有許多層次的溝通。媽媽提供艾瑞克身體上的擁抱支持、乳房的餵養，讓艾瑞克感受到她一直都在，藉著身體上的碰觸減緩他的痛苦並安撫他。爸爸和媽媽在嬰兒洗澡時，也和嬰兒說話，談到關於嬰兒舒服、不舒服的情緒經驗。爸爸在碰觸媽媽的頭，表示他對嬰兒的欣賞時，同時也呈現他以溫柔、不過分介入的方式，支持媽媽與嬰兒溝通。

整個過程中，艾瑞克持續讓媽媽知道他的經驗帶給他的感覺。當開始洗澡時，他覺得糟透了，恐懼地哭著。不過，他很快就接受媽媽的安撫。媽媽哄著他說：「好了，好了。」他便漸

漸平靜下來。當坐進澡盆後，藉著發出高聲調的聲音「啊……
啊……啊」，他讓媽媽知道他的愉悅。儘管他在洗澡及穿衣過程
中，強烈感受到挫折，艾瑞克還是能在媽媽移開他的手之後，立
刻強烈回應媽媽的乳房。

　　在一些對話中，母親和嬰兒找到了交會點。艾瑞克得到所需
的安慰，而媽媽因著嬰兒對她的接納，實現了自己是好母親的願
望。這些對談中，母親回應並滿足嬰兒的需要，這使嬰兒能內攝
一個好的、可信賴的母親，這母親知道他的需要，而且是可信賴
的供應者。

　　有趣的是父親所提供的支持。他對嬰兒的認同（拿照片到浴
室）緩和了他爭奪注意力的競爭角色，也顯示了他享受母嬰親密
關係的能力。

發現新的認同

　　對母親而言，認識她的嬰兒似乎與她感受到「被視為好母
親」有關聯。當媽媽被嬰兒的哭聲侵擾時，她很難思考嬰兒怎麼
了。她無法思考，只是把嬰兒的哭泣簡化為他累了、餓了，或是
肚子絞痛。有時候，這確實是艾瑞克的感覺，不過他也有潛力表
達更複雜的情感。當母親比較有自信時，她便有能力知道並理解
這些較複雜的感受。

　　熟悉她的嬰兒，感受到自己能夠理解他的需要，讓母親對自
己的角色較有信心，建立起她對母親角色的認同。對於她的角
色的滿足感讓她鬆了一口氣，也不再像嬰兒剛出生時感到那麼棘
手。她開始探問我有關我與兒童工作的情況，像是我的介入如何

影響孩子的發展；我是不是從幫助兒童當中得到快樂。這些有關我如何幫助兒童的角色問題和媽媽自己的經驗有關，她在幫助自己的孩子，而且從成功扮演母親（新角色）中得到許多樂趣。

媽媽現在開始苦苦思索艾瑞克寓意不明的肢體動作是什麼意思。她開始更常與他說話，理解他要什麼、不要什麼。以下是這個時期的摘錄。

九週大時的觀察

媽媽神情愉快地歡迎我。從艾瑞克的房間傳來他短暫的哭聲及他發出的其他聲響。媽媽說他整夜好眠，今早八點醒來，沒哭，只躺在嬰兒床裡跟自己說話。

她描述自從艾瑞克出生之後，事情變化真大。她說，他剛出生時只是「一塊肉球」，現在他已經有了個性，是一個真的嬰兒。他會做好多事情，有各式各樣的哭聲。她現在可以分辨不同哭聲的意義，有一種哭聲表示他餓了，另一種意味著他想要人抱。他開始常常笑。她記得有一天，他剛吸完一邊乳房，開始換吸另一邊時，突然停下來，鬆開奶頭，抬眼看著她笑。

媽媽回想著嬰兒剛出生的那幾天，她說，如果不是父親持續支持她餵母奶，她大概就放棄了。今天她打電話到全國助產協會，謝謝那位來幫忙的女士。

艾瑞克躺在他房間裡的嬰兒床上睡著了。他的手指微微縮進手心。他的左手放在胸前。過了一會兒，他的嘴唇開始動，好像在吸吮什麼。他把左手移近臉旁。然

93

後他的身子從側躺轉成正躺。他把兩隻手移到嘴邊，用手撫摸著自己的臉。他的眼睛斜看著，腳輕微踢著。

過了一會兒，艾瑞克把左手拇指放進嘴裡，開始吸吮。接著他轉成側躺，用力吸著拇指。同時，他另外三根手指成扇狀微曲，輕倚在臉龐。艾瑞克用左手輕輕做著抓取和碰觸胸前連身衣的動作。很快地，除了吸吮外，其他的動作都停下來。然後吸吮也因拇指落出嘴外而停止，他沉沉入睡，一動不動地躺了五分鐘之久。

接著艾瑞克的眼睛微微張開。他的嘴微微動著，而我在他的視線之外。他的拇指伸進嘴裡，然後他又開始吸吮起來。這回他的手指緊握，他的食指則在鼻子下方摩擦著。吸吮的動作持續了幾分鐘。他中止規律的吸吮動作，就在他嘴巴鬆開拇指時，他睡著了。沒一會兒，他的左手又開始抓取的動作。他的手臂胡亂揮動一下，手指碰到床罩。他再次淺淺一笑。

媽媽第一次進來艾瑞克房間，放下一些尿布後又離開。艾瑞克又開始動起來。他轉身正躺，抬起手來靠近臉龐，偶爾用手撫摸臉頰，又暫時握住衣袖，然後再次轉身側躺。

在這次觀察中，媽媽察覺到艾瑞克帶給她的愉悅。她知道，艾瑞克在吸母奶的中途停下來，抬眼望她，用充滿愛的微笑表達他對她的感激。他能夠接收母親的安撫，鬆弛了她緊張的情緒，也讓她有空間思考他哭聲的各種意義。媽媽感受到嬰兒從「一塊肉球」轉換成有真實生命的人。她也漸漸感受到身為深愛自己嬰

兒的母親，是多麼令人喜悅。

94 　　　艾瑞克即使在睡眠中，也呈現他已從一個極易被小變動驚嚇的嬰兒發展成另一種樣子。他漸漸比較統整，每當有攪擾時，他所有的動作都朝向他的嘴。他不再用嘴含住手指，藉此緊緊「穩住」自己，不再「生死交關似地撐在那裡」。他的動作漸漸輕緩，他吸吮及抓取的動作輕柔許多，還有一些輕輕碰觸的動作，例如上述所記餵奶時觀察到的，他彷彿朝著乳房微笑。

　　　當媽媽進到房間，沒有抱他又離開，他睡眠中的動作有些改變，變得比較快。很短暫的一剎那，他緊緊抓住連身衣的袖子。他並沒有醒來。

　　　艾瑞克在睡與醒之間來回，吸吮著他的拇指，把手指放在臉頰，然後鬆開嘴，拇指掉出口外，微笑，接著又入睡。這個樣子很像媽媽描述他吸奶時的模樣，吸著吸著，停下來望著母親微笑。也許在睡夢中，他再次經驗到乳房的安撫，在他望向她或輕觸她時，他深愛的母親帶給他喜悅的微笑。看來，艾瑞克似乎已有能力在輕微的干擾中睡得安穩，因為他找到方法聯結對母親的美好記憶，因此能安撫他自己。

對母親的矛盾情感

　　　母嬰之間心滿意足一段時間後，艾瑞克的臉漸漸出現一些疹子。身體不適的同時，他開始出現將臉轉離母親乳房的行為。一開始，媽媽有點難以了解艾瑞克在吸奶時所呈現與她比較複雜的關係。

十三週大的觀察

　　艾瑞克正在吸吮媽媽左邊的乳房。約兩分鐘後，他把臉轉離乳房，撫摸他眼睛附近，然後把他的左手指關節放進嘴裡。他很用力地吸，直到媽媽把他的手移開。她很快把乳頭放進他嘴裡。艾瑞克又一次轉開臉，吸起自己的指關節。媽媽說他最近開始會這樣。她不知道為什麼。她讓他吸他的手一會兒，再把乳頭放進他嘴裡。艾瑞克微微嗚咽一下，很快開始吸媽媽的奶。他的眼睛微微張開。他在媽媽肩上好像睡著了。然後他打了嗝，嗚咽起來。

　　一週後，他臉上的疹子消失了。

十四週的觀察

　　洗澡水準備好了，艾瑞克沒穿衣服，包在一條浴巾裡。他躺在媽媽大腿上，臉轉向媽媽背後的那面鏡子。現在他在笑，看著他自己，他蹬腳讓自己的頭向後更靠近鏡子，整個背弓起來。艾瑞克一直笑著，有幾次是安靜的笑。他伸展手臂向後越過頭。媽媽說，他如果不小心的話會掉下去。她把他放回比較安全的位置，將他的頭放在她大腿上。艾瑞克揮動他的手臂，發出很大的聲音抗議。

　　媽媽抱住腿上的艾瑞克，開始在他身上抹香皂。他

的身子暫停向後扭動，靜靜注視著母親的臉一段時間。
接著，媽媽把他放進澡盆裡。他的身體漸漸放鬆下來，
向後仰的動作也隨之停下來。他看起來很高興。他用右
腳摩擦左腳腳踝，然後兩腳頂住澡盆邊緣。艾瑞克接著
將頭轉離鏡子，看向站在另一邊的我。

　　當媽媽開始跟我講話時，艾瑞克看著媽媽的臉。他
身子縮向右邊，貼近媽媽。他的手碰觸媽媽捲起來的袖
子。短暫地抓住袖子後，他的手沿著她的手臂往下滑。
好幾次，他用手重複這個動作，先碰觸媽媽，再抓住一
會兒，然後輕緩滑過媽媽的手臂。媽媽說，艾瑞克喜歡
感覺嬰兒床質材和他的衣服之間不同的質感。她不覺得
他喜歡她放在身邊的玩具，不過，他真的喜歡一再伸手
碰觸它們。他這個星期剛剛發現了她的手臂。艾瑞克
現在正輕輕拍打著水面。接著，他用掌心撫過媽媽的袖
子。

　　當媽媽把他抱出澡盆，艾瑞克「啊啊」呻吟著。他
快速揮動他的手臂越過他的頭。他在抗議。媽媽把他橫
放在大腿上，他的頭懸著。在這個位置，艾瑞克堅決地
重複向後推移自己的頭和軀幹。當他可以從鏡子裡看見
自己的臉時，他笑了。偶爾他會抬眼看一下鏡裡我的
臉。

　　媽媽把艾瑞克轉過身來面朝下，他傾身向前吸自己
的指關節，吸了一會兒，把頭抬起來，突然把頭轉回
去，不再吸，開始注視著鏡子。他的笑容漸漸淡去。當
媽媽給他套上上衣，艾瑞克開始嗚咽起來，踢著腳，揮

動著手臂，扭著頭想把上衣弄掉。最後他的手碰到他的嘴，再次吸起他的指關節。

　　媽媽抱艾瑞克到臥房，把他放在墊子上，他哭了。她立刻用很溫柔的聲音對他說話，並拉了他的音樂盒；當音樂盒唱起搖籃曲，媽媽要他注意聽。艾瑞克安靜下來，不再動。他慢慢把中間兩根手指放進嘴裡，開始輕輕吸起來。很快地，音樂停了。他停止吸吮，手指仍放在嘴裡，維持不動，然後轉頭看著我的臉。媽媽說他開始認得我了。

　　媽媽開始餵他吸母奶時，艾瑞克哭了。然後他把右手兩根手指放進嘴裡。他用力吸著。媽媽把他兩根手指拿開時，他又哭了。媽媽堅定地把右乳頭放進他嘴裡。他開始吸起來，邊吸邊抬眼看著媽媽的臉。

　　約莫過了五分鐘，艾瑞克把頭轉開，開始哭起來。媽媽說，最近艾瑞克常常轉開頭，不吸她的右乳，然後哭。她不知道為什麼。他把手指放進自己嘴裡，吸得嘖嘖響。媽媽溫柔地問艾瑞克：「怎麼啦？」她把他的臉轉向乳房，移開他的手，再把乳頭放進他嘴裡。艾瑞克吸了一分鐘，又把頭轉開吸他自己的手指。他的左手碰頭，腳微微踢著。

　　媽媽把艾瑞克移到她肩膀，讓他趴在她肩上。她輕輕上下撫摸他的背。他打了個大嗝。接著他再次把手指放進嘴裡。他把頭再次向後仰，看著我。然後媽媽抱他躺在懷裡，讓他吸左邊的乳房。她將他摟得比以前更緊，艾瑞克開始吸奶，不過，媽媽很擔心他只是動嘴

96

巴，並沒有真的在吸奶。艾瑞克的眼睛漸漸閉上，媽媽
多次撫觸著他的臉頰，讓他別睡著。他開始哭起來。打
了嗝之後，媽媽讓他吸右邊乳房，他吸了幾分鐘後就睡
著了。

　　媽媽把他抱到臥房去，小心地將他放進嬰兒床。艾
瑞克轉身向右側臥。他把右手的兩根手指放進嘴裡，左
手則成杯狀圈住右手。他輕吸手指，並很快閉上眼睛。

　　十三週大的觀察中發現，艾瑞克已開始體驗到，母親對他的
回應是值得信賴且可以預期的。不管在餵奶之前，他經驗到什麼
樣的挫折，他似乎處在一種轉離乳房的過渡狀態。現在，他好像
能夠對乳房表達某種不開心。媽媽感受到他的抗議。她包容且試
著幫他再次接受乳房。有趣的是，一週後他臉上的疹子消失了，
可能是媽媽理解了他藉由身心症狀想表達的不安情緒。

　　接下來的觀察中，可以看見艾瑞克擁有的力量及愉悅。從鏡
中發現、失去、再次發現自己的過程，似乎讓他很享受。他不
喜歡媽媽限制他的自由，當她為了安全，調整他在她腿上的位置
時，他抗議。媽媽在他全身抹肥皂的動作緩和了他的抗議，他能
夠停止抗議並注視著媽媽的臉。

　　經驗到母親的撫慰，艾瑞克愉快地放鬆自己，並在澡盆裡自
由活動著。他四處觀看，看鏡子、看媽媽、看我。他不需要看
著同一張臉來安定自己。當媽媽和我說話時，他轉眼看著媽媽的
97 臉，用目光擁抱她，同時他的手則直接碰觸她的衣袖。他的手滑
過媽媽的手臂數次。他能停止，然後一再反覆這個動作，是一
種對親密關係的反覆宣告。他找到了他個人與媽媽親近的溫柔方

式，透過這個方式，他流露出對母親的深情。他有探索的能力，玩澡盆裡的水，然後再回頭去輕觸媽媽的手臂。這些動作都在表達他的情感。「我很安全——我可以玩水——我可以四處看看，媽媽會一直在那裡。我很安全。」因為媽媽一直在那裡，所以他不需要一直「撐住」，於是便能持續探索周遭環境。媽媽一再滿足了他的需要，使他的安全感得以持續更新。

以前，當媽媽把他抱到大腿上，艾瑞克就能接受安撫。現在，當她沒有準確滿足他的需要時，他能向媽媽表達他的不高興。當他覺得不對勁，他就抗議。例如，當媽媽限制他的動作，把他抱出澡盆，擦乾他的身體時，他表達他的埋怨並收起笑容。當他的頭被罩住，不能看見媽媽時，他就嗚咽起來，踢腳並揮動雙手。同時，他抗議的聲音也漸漸升高，是在表達他的頭被上衣罩住時的苦惱。當他看不見媽媽時，他也許認為她不見了。頭被蓋住讓他有不好的體驗，在這個不好的經驗裡，有一個不會滿足他所需的母親。他的哭聲聽起來是較為強烈的抗議，顯然這個時候他感受到的不只是恐懼。當艾瑞克找到手指關節可以吸吮時，他漸漸恢復平靜。

在媽媽將他抱回臥房時，打擾了他的吸吮，他就哭起來。然而，媽媽撫慰的聲音及音樂很快就能安撫他。

稍後，一開始餵母奶，艾瑞克在手指被移開時哭了。他將臉轉離乳房，並重新吸起他的手指。愈來愈明顯的是，現在艾瑞克更愛他的母親。而與她分離時的痛苦也更加劇烈，不只是害怕他正在經驗的「支離破碎」，這痛苦同時也包括不能隨時擁有了解他且他深愛的母親。

就心理發展來看，他臉上及屁股的疹子消失，顯示此時他的

苦惱似乎得到某些解決，於是身體上的不適便得以消失。當媽媽的行為舉止不再是他熟悉並喜歡的那個樣子，媽媽變成壞媽媽，而他的抗議及怒氣也顯而易見。媽媽觀察到艾瑞克的抗議有個模式出現，似乎直接聯結到他與右乳房不愉快的吸奶經驗。對於嬰兒的改變，媽媽有些困惑。過去，在等待及媽媽沒將他抱得夠緊而有的挫折之後，他通常很能原諒，隨時準備好接納媽媽。現在，艾瑞克心理比較強壯，能自由表達他的抗議，而不再只是用緊繃身體來「維持自己的完整」，以對抗他感受到的不適。

98 忍受挫折

　　艾瑞克似乎發展出新能力，媽媽在形容他時，說他「這麼棒」，這麼心滿意足，當這對夫妻在外度週末時，艾瑞克表現得「零缺點」。這次，媽媽說艾瑞克開始「不再低聲嗚咽」，而且有兩個小時之久，他就坐在嬰兒車裡看著每個人，神情愉悅。以下的觀察描述了一些艾瑞克的改變。

十五週大的觀察

　　艾瑞克非常滿足地躺在臥房裡的嬰兒床上，吸著他中間兩根手指頭。當我走近他，他看著我，繼續吸吮。然後他把手拿出嘴外，微笑並發出「啊啊」的聲音。接著他把手臂舉過頭，有點興奮的樣子。他用兩隻手抓取柔暖的白色毛毯，將毛毯拉近他的頭。接著他揮動雙手，他的左手再次抓住毛毯，他的右手手指放進嘴裡。

毛毯便蓋住了他放在嘴裡的手指。他一直看著我直到媽媽進來。

當媽媽告訴我，這個週末艾瑞克非常棒時，他踢了踢腳，並將手指拿出嘴外·他再次用雙手抓取毛毯，將它向上拉至臉。他放開毛毯，然後又抓住它。她彎身抱他起來時，他一直看著她。

當媽媽將艾瑞克放在換尿布的墊子上，他吸吮著自己中間的手指，吸了幾秒鐘。接著他一動不動地注視著我。當媽媽取走他的尿布時，他的腿緩慢動著，感覺起來好像慢動作的騎腳踏車動作，其中一隻腳輕撫過另一隻。然後，另一隻腳和腿也出此種騎腳踏車的動作。在這個動作中，輕撫的部分似乎是整個騎腳踏車動作的重點。艾瑞克偶爾會抓抓穿在身上的連身衣，並碰觸媽媽的手。接著他鬆開嘴中的手指，露出笑容後，發出「咕—哈—嘻」的一連串笑聲。就在他的手於肩膀附近上下拍動時，他的聲音漸漸變得興奮。他發出更多聲音，顯然是在回應跟他說話的媽媽。他看起來很高興，有時吃吃手指再鬆開。在他將手指放進、伸出嘴巴的同時，他也輕輕踢踢他的腿。

當媽媽把尿布放好，開始包裹時，艾瑞克緊緊抓住媽媽右手食指。媽媽說他應該放開，不過他沒放。她解開他的手，不過他又抓住。當媽媽用手拿起艾瑞克的手，以便讓他鬆開她的手指，艾瑞克笑起來。媽媽告訴他不要再抓住她的手指，艾瑞克用手撫摸她的上衣袖子和她的手。他看著她的臉，另一隻手的手指放在他

99 嘴裡。他把另一手伸向她。他改變動作向著媽媽，眼睛則看向我。他漸漸興奮起來，開始笑。他又緊緊握住媽媽的食指。然後慢慢撫摸媽媽的上衣衣袖，靠近手的地方。他看著她的臉。艾瑞克一直看著她，向她伸出雙手，然後他的目光望向我，右手手指則放在嘴裡。

媽媽將他的連身衣套進他的頭，艾瑞克突然笑出聲來。媽媽對他說：「這好像躲貓貓。現在你藏起來了，哦，又出現了。」艾瑞克快樂揮動著左手。他發出「啊啊」、「耶耶」的聲音。這些聲音有不同的音高、張力和形式。媽媽見了也很高興，她說艾瑞克很享受她對他說話。

媽媽抱他到客廳後，開始餵他吸左邊的乳房。在他吸奶的時候，他繼續碰觸媽媽的手臂，並把右拇指放進嘴裡。艾瑞克抓住她的上衣。他吸吮的動作不急，顯示他並不太餓。他繼續吸奶，先望著媽媽的臉，然後望向媽媽身後植物的綠色大葉子。

就在媽媽開口跟我談話時，艾瑞克鬆開乳頭，轉開臉，望著她的臉·她低頭看他，他發出「啊一」的聲音，並露出微笑。媽媽將他的頭轉向乳房，將乳頭放進他嘴裡，他開始吸吮，同時看著她。他身體其他部分靜止不動，手臂則靜放在腰際。他的手在媽媽的衣袖上滑動，偶爾便抓住它。他的手指繼續在乳房上滑動。他再次抬起手並重複此輕柔的滑動，從媽媽的上衣到她的乳房。而他身體其他部分則安靜不動。

過了一會兒，他不再吸了。他抬眼望著媽媽的眼

睛，神情比以前專注。然後他把兩根手指放進嘴裡。艾
瑞克在媽媽腿上，她跟她玩了幾分鐘。他看看她，再看
看我。他笑了，發出「哦　啊」的聲音。然後，他的目
光在房間裡四處觀看，包括媽媽的左右兩邊，最後他的
目光停在媽媽臉上，並露出笑容。媽媽說，他現在醒著
的時間長多了，而且他很享受這些時刻。

　　稍後，她決定把艾瑞克放回嬰兒床，她告訴他別太
失望，因為她要讓他待在客廳裡。媽媽用毛毯將他包
緊，他開始用右手拉毯子。然後用兩手將毯子拉到臉
前。媽媽問他在幹什麼。艾瑞克把右手中間的手指放進
嘴裡，再用左手遮住，然後遮住他的鼻子。他很放鬆地
張開手指。艾瑞克緩慢將手滑過他的臉，然後放在另外
一隻手上。他鬆開嘴裡的兩隻手。艾瑞克緩慢重複這個
動作，手滑過臉，然後兩手交疊。

　　艾瑞克的臉被套在衣衫下所引起的慌張，已轉變為和媽媽玩
躲貓貓。他似乎開始發展出「母親餵養他」的內在影像，她細緻
的乳房碰觸他的臉，她的懷抱及她的聲音全都駐存在他心中。當 100
母親在身邊時，艾瑞克深情碰觸她每一個部分。用各式各樣的方
式親近她，這對他來說很重要。

　　面對媽媽離開，艾瑞克最新的反應是蒐尋與母親情緒及肢體
親密的記憶。他現在能夠忍受媽媽離開他的視線，是透過「重
造」（recreating）被媽媽抱在懷裡及餵奶的經驗，包括吸自己的
手指，把手放在臉上，以及用手成杯狀圈住放在嘴裡的手指。艾
瑞克新的內在力量似乎源自他與內在好母親的對話。

結論

　　本章聚焦於嬰兒早年經驗裡，一些盤踞其心中的重要內容，特別是他未統整的狀態，及他對此狀態的恐懼。缺乏照顧新生兒的能力所帶來的壓力，造成新手母親頓失認同感。這些觀察顯示，嬰兒非常原始的恐懼如何搖撼母親，使她無法理解他的需要，也無法在情感上親近他。透過丈夫及朋友的支持，加上嬰兒欣喜她的臨在，並樂意接受她的安慰，使母親漸漸發展出做母親的自信。因為父親能夠在各方面協助母親照顧嬰兒，艾瑞克有兩個照顧者可以仰賴。因此，艾瑞克能夠在心中形成被所愛的父母照顧的經驗，這些經驗並得以存留。

【第五章】孿生姊妹：凱茜和蘇珊　101

　　由於對遺傳和環境如何影響兒童發展有興趣，觀察者選擇觀察一對雙胞胎。同時，希望藉由觀察這對雙胞胎的發展，探索「認同」（identifications）及「認同形成」（identity formation）的複雜內涵，並了解孿生情誼中的高危險因素。在選擇觀察對象時，找不到同卵雙胞胎，最後找到一對異卵雙胞胎姊妹，出生時早產九週，剖腹生產。雙胞胎之一，蘇珊（Suzanne）的情況一度十分危急，因為她在母胎裡被另一個嬰兒擠到子宮一角。當醫生只能聽到其中一個嬰兒的心跳，而蘇珊的狀況很不樂觀時，醫生決定立刻動手術。生產情況超過觀察者的預期，變得十分複雜。反省生產前的經驗如何影響嬰兒後來的發展，及父母的心理狀態，是觀察者在過程中的重要體驗。觀察者原本的興趣是區分孿生子個性中天生與後天習得的部分，但觀察開始後，她參與了這對雙胞胎早年生命的痛苦掙扎，整個情況充滿了能否生存下去的真實焦慮，觀察者被捲入痛苦的情緒風暴中。

父母親

　　雙胞胎女兒出生後五天，醫院裡的看護修女介紹我與父母認識。

　　母親皮膚黝黑，三十幾歲，她臥床休養，顯得疲累且疼痛。她好像忘了前一天護理師告訴她，我希望能夠觀察這對嬰兒的發

展。她解釋她還在服用很多藥物的階段，所以大部分的時候都覺得昏昏沉沉的。後來父親進到病房，熱情地大聲說話，彷彿要平衡媽媽聲音裡的虛弱和疼痛。他告訴我，他和媽媽的家族裡都有雙胞胎的紀錄，所以他們並不訝異生了雙胞胎。我很驚訝父母完全沒有問我任何關於我想定期來觀察的事，他們似乎很樂意有人每週來探訪他們一次；我不禁猜想，他們可能是對很寂寞的夫妻。

102

媽媽告訴我，生產的過程非常痛苦，「簡直糟透了」。懷孕頭幾個月，胎兒的發展顯然都很正常。大約第六個月時，照了超音波。媽媽說，其中一個嬰兒看起來「就像一隻猴子」；她有了這個嬰兒可能「不正常」的想法，而這個想法讓她非常害怕。她告訴我，她曾對她先生說：「如果這個嬰兒不正常，我不想要。」接著照了 X 光，發現其中一個嬰兒情況危急，被另外一個嬰兒擠到一邊，而且只能聽到一個嬰兒的心跳。這時，醫生緊急給媽媽動了剖腹生產手術，嬰兒早產九週。不過被壓擠得很厲害的那個嬰兒，發展上慢了五週，所以她算是早產十四週。我第一次見到媽媽時，她還沒見到嬰兒，因為她還站不起來，而嬰兒在保溫箱裡。她深信其中一個嬰兒已經死了，直到父親帶了嬰兒的照片來給她看，好讓她放心。*媽媽說，明天她應該可以第一次見到這對雙胞胎了。

媽媽對懷孕及生產過程的描述有幾點交待不清楚，說得好像是背出來的。她說話的樣子好像沒有問問題的空間，此種不提問題的習慣後來漸漸顯明是她個性的一部分。

---

* 事後反思，我認為母親在懷孕後期，特別是產後五天內見不到嬰兒時，對蘇珊健康狀況的極度焦慮，嚴重影響了她的期待。

我在此要用後來蒐集到的資料，簡短形容一下這對父母。

媽媽看起來年約三十五至四十歲之間，實際上應該更年輕一些。她來自東非一個小村莊，她的家人至今還住在那裡，只有一個小妹跟他們一起住在倫敦。

她的身材和姿態是典型非洲人的樣子，不過她的五官看起來像亞洲人。事實上，她的父系家族來自斯里蘭卡。我從未見她穿過毛料衣物，即使天氣非常寒冷；而嬰兒的穿衣狀況也一樣，即使她們的健康情況不太好，我也未見她們穿保暖衣物。

媽媽體態豐滿，給人一種身體強健的印象。她的手掌很大，像男人。她的臉非常甜美，笑起來的時候顯得更年輕。她說話的聲音很輕柔，英文並不好，文法和發音都差。大約十年前，她和妹妹來到倫敦，在倫敦機場工作，一直到她結婚。她在工作場合認識了她先生，他的樣子完全和她相反。

他看起來能力很好、很有教養，也很有魅力，他常會用自己 103 這些迷人之處突顯妻子的缺點。他是個身材矮小、圓胖、四十多歲的男人，在機場上夜班，因此我進行觀察時，他經常在家。他很擅長做東西，很積極地改善他們家的狀況。他在家時，總是忙東忙西，也許這是他避免涉入家庭太深的方法，不過這也可能是他貢獻自己的方式。

母親受的教育不多，對於她的缺乏知識，父親常顯得不耐煩，甚至有點瞧不起她。她對此倒是沒有一點怨言，好像她也認為先生理應這樣對她。他們在照顧孩子的分工上，明顯是媽媽負擔所有辛苦的育兒工作，而爸爸享受與女兒玩耍的快樂。

從觀察一開始，媽媽就想與我建立朋友關係。她要我以她受洗後的名字稱呼她，給我看她家人的照片，想把她穿不下的衣服

送給我。我漸漸感受到媽媽似乎很擔心造成我的「負擔」；她好像很怕我體驗到她所感受到的「空」，她給我禮物是為了補充我的資源。與此有關的行為包括，她至少每個月一次改變客廳裡家具的擺設，房間裡也是，而嬰兒穿的衣服則總是不同。這些持續的變動或許也顯露出她的不滿足。

儘管她對我有基本的信任，她還是對髒亂和不夠整潔感到不好意思。她從不讓我看她幫嬰兒換尿布，如果房間沒有整理，她也不喜歡我進到臥室去看嬰兒睡覺。一開始我認為這是她想保留家中私人領域，不過這情況一直持續。也許源自她覺得在照顧嬰兒方面，表現得並不好，而她不想讓別人看見這部分。

父親如果在家，總是想要引起我的注意力。他喜歡「說明」一些他認為只有他才知道的事情：他屈尊俯就的神態讓我覺得，也許他認為所有的女人都需要教育。不過，他漸漸減少高壓的態度，變得比較熱切想知道我的看法，而非強加他自己的看法。後來他慢慢能坐著看嬰兒玩遊戲而且顯得很有興趣，不再像以前常坐著就睡著了。

在醫院裡

嬰兒十八天大的觀察

嬰兒十八天大時，我進行第一次觀察。兩個孩子都插管餵食。媽媽每天用奶瓶餵她們一次。媽媽告訴我，她沒有足夠的奶水餵她們，後來有一次她告訴我她試過了，非常困難。

　　她似乎非常高興見到我，並很抱歉沒能給我泡杯咖

啡。她談到醫院的情形，說兩個孩子可以在醫院裡多待幾個星期，讓她鬆了口氣，因為她還沒有準備好要在家裡照顧她們。她也談到她和她先生在家裡做些什麼事。談了大約十分鐘後，她把我介紹給嬰兒。凱茜（Kahty）在嬰兒床上睡覺，蘇珊由媽媽抱在腿上，剛剛才吃完奶，我記得我在想她們倆這麼像，恐怕我得花上一些時間才能分辨她們。第一次見面，媽媽便很清楚讓我知道她自己多麼需要觀察者，唯有她得到一些注意後，她才能讓我把注意力放到嬰兒身上。這漸漸成為日後觀察的模式。媽媽很快接著說，她已經注意到兩個孩子不同之處，對她來說，清楚記住這些不同點似乎很重要。蘇珊的體重增加不少，而且吸奶的狀況比凱茜好，她也比凱茜容易醒。她們出生時的體重一樣，都是 1.67 公斤。

　　媽媽把蘇珊放回嬰兒床後，她很快就睡著了。凱茜剛醒，媽媽去準備奶瓶。過了一會兒，凱茜簡短哭了幾聲，媽媽把她抱起來時說，凱茜都不哭，蘇珊常常哭，而且哭得很大聲。她語帶埋怨地說：「從病房另一頭就可以聽到她的哭聲。」媽媽一邊幫凱茜換尿布，一邊說這孩子怎麼餵都行，蘇珊則得先換尿布再餵奶。走廊傳來一些聲響，媽媽說凱茜對任何聲音都很敏感，而「蘇珊只認得她爸爸的親親。」凱茜吸奶時一直看著媽媽，她把整瓶奶都吃完了；媽媽恭喜她，並很驕傲向護理師提這件事。凱茜在媽媽懷裡顯得很舒適、放鬆。我感覺這觀察只進行了一半，因為雖然我停留了一小時，但

我只觀察到一個嬰兒。事後我決定再選一天回來觀察蘇珊。

第一次觀察的過程中，「好像什麼東西沒注意到」的感覺不只成為我的個人經驗，也成為研討小組的體驗，我的同事們總在討論結束時深感挫折，因為沒有足夠的時間看兩個嬰兒。

四週大的觀察

我去觀察蘇珊時，她四週大，媽媽不在，為了配合先生的工作時間，她更動了來探視嬰兒的時間。

105 　　蘇珊剛剛吃過奶，護理師給她換了尿布，她躺在嬰兒床裡。除了我以外，沒有人在房間裡。她看起來試著想要入睡，但又害怕睡著的樣子。好幾次，她閉上眼又突然張開；同時她一直把拳頭放進嘴巴再拿出來。過了半個多小時，她看看四周，然後把手拿到眼前，很仔細盯著它看，直到她的手歪斜地落在臉上。她看起來很吃驚的樣子。她在快要睡著時，又突然醒過來；她碰碰自己的鼻子，然後她的手落在毛毯上。她再次把手舉起至面前，然後手又落下；她的手指幾乎快要戳進現在閉上的眼睛裡了。最後，她把拇指放進嘴裡，然後她的頭靠向臉頰旁的手，睡著了。

將頭靠向自己的手似乎安撫了蘇珊，讓她有東西可以攀附，克服恐懼的感覺並順利入睡。她花了將近一個小時才睡著。我

覺得蘇珊試著想與能安撫她的外在客體建立聯結，先是手部的動作，然後是把手指壓向眼睛，最後將拇指放進嘴裡。她好像利用她的手來填補結束餵奶後的空隙。當蘇珊感受到她有東西可以攀附並吸進嘴裡，她也就能享受手給臉帶來的支持。

在家觀察：母親和嬰兒之間初次互動

　　父母住在離倫敦相當遠的偏僻區域，沒有什麼休閒場所。最近的商店步行約要半個小時。他們的公寓很小，陳設很簡單。兩個嬰兒沒有自己的房間，他們的嬰兒床就放在父母的床尾。

六週半的觀察

　　嬰兒四十四天大時，我首次在家觀察她們。她們在醫院裡待了三十七天，但媽媽取消了前一週嬰兒回家後我們約定的第一次觀察，她說他們還沒有妥善安頓好。我想，她的意思不只是他們在家做的事還沒完成，還包括她自己還沒安頓好，一切尚未就緒，不想有人來訪。

　　　　媽媽在臥房餵蘇珊；凱茜睡在嬰兒床裡。媽媽似乎
　　很高興看見我，但有點不好意思。媽媽用奶瓶餵蘇珊，
　　蘇珊漸漸睡著了。媽媽很疲憊地說，餵蘇珊總是要花很
　　多時間，因為她常常吸著吸著就睡著了……爸爸把蘇珊
　　放進嬰兒床時，她哭了起來，爸爸調整她的姿勢，她還
　　是哭；最後，他把她抱起來放到他們床上，蘇珊繼續哭
　　著。父母倆對我說，蘇珊真是他們的麻煩。她真的很　　106

壞；她哭得太多，吸奶時間太長。她也不肯在凱茜之後
換尿布。媽媽直接了當地說，蘇珊要到了她想要的每一
樣東西。

　　……我注意到媽媽在餵蘇珊吃奶時，並不真的抱著
她或親近她的身體，她只是讓蘇珊靠在她手臂彎裡；蘇
珊把手臂靠在自己身側，大部分的時候眼睛都閉著——
彷彿她對吸奶毫無興趣，得不到任何愉悅。媽媽接著餵
凱茜，她很快就吸光整瓶奶。凱茜直直盯著媽媽看，並
用一隻手抓住媽媽的上衣，另一隻手則握住奶瓶。顯然
凱茜與媽媽有比較多的聯結，媽媽說凱茜很乖、很安
靜。凱茜用她的眼睛、嘴巴和雙手搜尋，並找到了安頓
自己的方式。

　　媽媽請我抱一下蘇珊，她抱著凱茜到廚房泡咖啡。
整個氣氛變得非常混亂……

　　……媽媽談起他們之前那棟房子，爸爸則秀他剛買
的錄影機給我看，並放了部影片，同時收音機是開著
的，稍後爸爸又介紹他們家三隻貓給我認識。

　　……我覺得他們給我看一些新奇、興奮的東西，分
散我的注意力，也許是因為他們認為當觀察員一定很無
聊。在這個時候，爸爸還無法感受嬰兒很有趣，他說，
他「希望她們趕快長大」，這樣她們會對他比較有反應
一點。

　　回想這第一次在家的觀察，我發現其中已蘊含了許多親子關
係的重要特點。父母兩人在心裡為兩個嬰兒找到暫時的位置：一

個「好」嬰兒和一個「壞」嬰兒。媽媽似乎一次只能抱著及注意一個嬰兒，她要求觀察者抱另一個。父親話裡的興奮似乎有著分散注意力、熱絡氣氛的企圖，也許這是他解決自己沮喪、無聊或空虛的方法。當媽媽離開房間，他就想要打開錄影機；當她忙著處理嬰兒時，他就介紹家裡的貓。

嬰兒八週大的觀察

　　觀察中，我和蘇珊被單獨留在房間裡。

　　媽媽到浴室去幫凱茜換尿布。蘇珊突然醒來並開始大哭。我很驚訝她哭聲如此有力，而媽媽繼續跟凱茜待在浴室，沒有過來，這也讓我很吃驚。媽媽終於進來房間，但蘇珊仍在哭。媽媽抱起她，走向浴室，一點也沒有想要安撫她的意思。蘇珊哭得更用力，當媽媽抱著她一進到房間，凱茜也開始哭起來。媽媽把蘇珊放在沙發床上，抱起凱茜說，她肚子有點不舒服，可能消化奶水有點問題。蘇珊還在哭，媽媽要我把蘇珊抱在我腿上。我注意到嬰兒僵硬的姿勢；她的頭向後轉面對著牆，專注看著那面牆。

107

我感到媽媽一次只能照顧一個嬰兒，也就是說，倘若一個嬰兒得到她的注意力，另一個就要不到。她的內在似乎不足以供應兩個嬰兒，我認為她迫切需要我的注意力。有時，媽媽自己想要被人注意的需求，讓我感到她覺得自己就像個小孩。

嬰兒十週大的觀察

　　我注意到媽媽用兩種不同的瓶子來餵嬰兒。媽媽解釋說：「餵蘇珊吃奶比較複雜，她會一直把奶撒出來，所以我用比較大、比較短的瓶子，這樣比較容易握。」

　　……媽媽把蘇珊抱得離她有點距離，蘇珊一直閉著眼，她的手臂下垂著，好像只有將頭靠在媽媽肩上來支撐自己。蘇珊哭了一下，便分神觀看四周。媽媽不停地跟我說話。等她睡著了，媽媽把她放在膝蓋上搖，搖醒了她，又拿玩具來引她注意，但蘇珊顯然一點也不喜歡。

母親與蘇珊的關係

嬰兒十一週大的觀察

　　我聽媽媽說，蘇珊嚴重感冒，前一天晚上簡直無法呼吸。媽媽把正在上班的先生叫回來。經過幾個小時，蘇珊的情況稍微好轉，所以他們沒有找醫生。她告訴我，她好怕蘇珊會死掉。她看起來非常疲倦且緊張。蘇珊躺在床上，頻繁地哭著。媽媽說，她哭是為了引人注意。爸爸也在，他認為蘇珊習慣「假哭」。「蘇珊老是在我小姨子下班回來時哭，因為她知道她阿姨會一直抱她抱到半夜。」蘇珊似乎發現，她可以從這個阿姨身上得到一些她無法從父母那兒獲得的溫暖。

嬰兒十三週大的觀察

　　媽媽讓蘇珊靠在她肩頭，幫她打嗝。蘇珊盯著牆看，手臂垂在身側。媽媽並沒有碰蘇珊的身體，只是讓她靠著她。然後她讓蘇珊坐在膝上，她的腳向著媽媽的肚子。蘇珊整個向後仰躺，然後盯著天花板看。媽媽再把奶瓶給蘇珊喝，但她沒吸。

　　在我的觀察中，一再出現媽媽抱蘇珊時，會與她保持一段距 108 離，而蘇珊則藉由繃緊肌肉並盯著天花板看來撐住自己的情緒。在我觀察的期間，她的哭聲從未被當作一種需求溝通來回應，也沒有得到身體上的親近和安全感。

嬰兒十四週大的觀察

　　媽媽告訴我，雖然蘇珊的消化情況有進步，不過她還是很麻煩。醫師開了一些藥給她，她現在比較少哭，不過夜裡還是經常醒來，給爸爸和她造成困擾。然而，媽媽仍然繼續否認這嬰兒需要特別的照顧。

　　……媽媽一邊跟我談話，一邊讓蘇珊坐在她膝上。當她哭時，媽媽批評她是個不乖的小孩，並幫她換個姿勢。她讓蘇珊橫躺在她膝上，並且臉朝下面對地板，她的手和腳則懸空。媽媽規律地拍著她的背，不過蘇珊繼續哭著。她用手抓住媽媽的衣服，並從這很不舒服的姿勢抬起頭來，給我一個很難看的表情。過了一會兒，媽

媽把蘇珊拉起來，堅定地看著她，要她不要再哭了。蘇珊安靜下來。然後媽媽立刻把蘇珊交給我，說她要去泡杯咖啡。媽媽一消失在門後，嬰兒立刻大哭起來。

……這次觀察，媽媽還告訴我，她有個妹妹一直吃她媽媽的母奶到三歲，後來偶爾還吃，一直到她五歲才斷奶。媽媽露出嫌惡的表情說，她一點都不忌妒她妹妹，因為「……小孩吸母奶是很噁心的畫面。」一說完，她便把蘇珊拉放在她膝蓋上，抖著膝蓋搖她並說：「我們來跳舞，我們來跳舞。」

媽媽藉由不抱蘇珊、盡量不碰她，減低嬰兒的需求和要求對她的衝擊。蘇珊得忍受的不舒服，似乎與媽媽對其妹吸母奶的擾人記憶有關。餵母奶的畫面激起媽媽一些不好的感受，而我覺得，她臉上的嫌惡表情，及接下來搖晃蘇珊的動作，似乎是她用來防衛這些感覺的方法。蘇珊的需要喚起她對家中小妹的記憶，同時也可能激起媽媽自己內在貪饞的部分。媽媽似乎不相信成長的自然歷程：透過滿足孩子的依賴需要，幫助孩子走向分離與獨立。

另一方面，媽媽似乎能夠了解兩個嬰兒不同的需要，例如她會提供不同的奶瓶和餵奶技巧。然而令人驚訝的是，她從未試著考慮蘇珊的種種不適，例如那可能源自怒氣、不舒服或肚子有氣；她總是以同樣的方式回應她，將嬰兒的感受從她自己身上轉移開來，想辦法用一些刺激的遊戲來消除嬰兒的感覺，而不是接收這些嬰兒的不適感。

媽媽似乎覺得蘇珊很難相處，她了無生氣、無趣、情緒低

落、肥胖而遲緩。這些感覺似乎也呼應父親常讓母親產生的感受。也許，蘇珊讓媽媽想到自己的依賴。當她覺得自己是個不適切的母親時，嬰兒就變成極重的負擔。

母親與凱茜的關係

雖然觀察凱茜與觀察蘇珊是在同個時間，經驗卻完全不同。有時甚至有種感覺，好像凱茜生活在完全不同的環境裡，跟不同的人在一起。

嬰兒九週大時，媽媽開始擔心凱茜的健康，她胃不好。

嬰兒十週大的觀察

媽媽餵凱茜喝奶瓶裡的奶，抱她躺在大腿上，身體很靠近。凱茜規律吸著奶，看著媽媽的臉，雙手扶著奶瓶。她暫停一會兒，閉上眼睛。媽媽溫柔撫摸她的臉頰，要她別睡著了。凱茜再開始吸，大約二十分鐘就把整瓶奶都吸光了，吸吮的動作伴隨著暫時的停頓。媽媽語帶包容地說凱茜喜歡這樣，她很尊重凱茜自己的速度。餵過奶後，媽媽抱凱茜坐在腿上，溫柔按摩她的背；嬰兒緊抓住媽媽的上衣。

嬰兒十四週大的觀察

凱茜得了重感冒。在我進行觀察的一個小時裡，媽

媽都抱她坐在腿上，說她會這樣一直哭是因為不舒服。
當凱茜拒絕喝奶時，媽媽說，她有消化的困難，最好等
一等，過一會兒再試。當凱茜看起來很痛苦時，媽媽就
把她抱近一點，讓她像胎兒一樣躺在她懷裡，並說這個
姿勢最能安撫她。凱茜很快就放鬆下來。

嬰兒十六週大的觀察

媽媽逗凱茜玩，邊唱歌邊碰她的手指、手和手臂。
這對媽媽而言很不尋常，因為她很少不使用玩具當作媒
介來吸引嬰兒。

110 　　凱茜似乎比蘇珊「真實」許多。媽媽並未困在與凱茜的經驗
裡，她允許凱茜有自己的律動，並能用身體的接觸來安慰她；她
似乎也很清楚可以要求多少。凱茜對母親的回應則包括看著她微
笑、全心全意向著母親，並表現出歡喜母親擁抱的神情。

　　凱茜是個「教科書寶寶」，她吸奶吸得很用力，睡眠規律，
很少哭，身體很健康。蘇珊則需要較多注意和耐心，是早產可預
期的結果。讀者大概會預期因為她發展比較慢，需求比較多，所
以她會得到父母較多的照顧和保護。不過事實上，父母的反應正
好相反。他們似乎感受到凱茜比較迷人、可愛，而且比較不會勾
起父母的焦慮。整體來看，凱茜成長的狀況和心滿意足的神情讓
父母安心不少。很遺憾的是，蘇珊出生時已經比較孱弱，出生後
相對較被忽略，而導致發展較緩慢。

　　忽略蘇珊的同時，媽媽卻表現出對每次蘇珊病重的極度恐懼

和憂慮，形成強烈對比。她第一次提到這事是在談及蘇珊出生時的危急狀況；後來，她不只一次提到蘇珊在天氣熱時有呼吸困難的現象。這些時候，媽媽顯得很緊張，花很長的時間談她，以釋放她的焦慮。她也許再次經驗到懷孕時情況危急的感受，當時她覺得蘇珊可能會死掉或健康受損。也許在拒絕蘇珊的行為背後，是想要避開失去的痛苦。她因此不許自己意識到蘇珊是個活嬰孩。後來，媽媽談到她想到醫院去幫助臨終患者，這似乎進一步指明「死亡」深深縈繞她心頭。

後來的發展

當這對雙胞胎十七週大時，我第一次觀察到兩人之間簡短的互動。

嬰兒十七週大的觀察

> 凱茜躺在沙發床上埋怨著媽媽不在，我把蘇珊放在她旁邊；凱茜的哭聲漸增，而蘇珊立刻有反應，她對她姊姊笑了兩次。媽媽告訴我，先前有一回，當她們倆坐得很近時，凱茜踢了蘇珊，把她弄哭了。

在第五、第六個月時，媽媽改變了她的看法：兩個嬰兒都很 111 聰明；兩個晚上都不易入睡，因為開始長牙了；兩個人用一樣的方式回應她。媽媽在評述兩個嬰兒時，把焦點放在共同點，而非差異。這個重要的變化似乎給蘇珊的發展帶來大躍進。暑假過

後，當我回到這個家進行觀察時，兩個嬰兒已八個月大。蘇珊看來長了不少，變高而且變壯了。她對著我笑，露出兩顆門牙。凱茜還沒長牙，今我驚訝的是，她看起來很害羞且退縮，好像不認識我似地。

三十四週大的觀察

> 雖然蘇珊看起來比較大，不過她還無法坐直，坐時會斜向一邊。她看起來滿足而平靜，好奇地觀看四周。她看著自己的腳，然後伸出兩隻手去碰腳。接著她仔細觀察起衣服上的一條緞帶，開始玩起來，她把帶子拉高又放低，愉快地玩了約莫十分鐘。

從這個時候開始，蘇珊經常顯露出自處的能力，可以玩玩具玩很久，她通常玩的是一個立方體或是瓶蓋。凱茜則正好相反，她可以坐得很直，不過她很快就厭煩某個玩具，而要媽媽給她另一個，她會用手指明她要哪一個玩具。

接下來的觀察，蘇珊經常對觀察者微笑，也會讓人明白她想要站起來或跳躍。她會發出一些像是語言的聲音，偶爾還會起頭和人「聊天」。她對觀察者的興趣及互動能力，似乎多過她對父母的興趣和互動；她特別對衣服和飾品有興趣。相反地，凱茜非常安靜且嚴肅，當她被放到觀察者的腿上時，她會發聲抱怨，並哭起來。實際情況是，這個時期，凱茜面對陌生人會顯得很焦慮，而蘇珊的社交反應則在增長中。

與父親的關係

這個時期，父親在觀察中主動參與已成為固定的部分；媽媽常不在現場，她在廚房裡忙，燙衣服或洗東西。從嬰兒出生一直到夏天，父親常在我進行觀察時睡著。

他一向很注意兩個嬰兒之間的差異：他不只忽略蘇珊，還常公開拒絕她。他習慣叫蘇珊「胖妞」（雖然他明知蘇珊並不胖），也常轉身離開她。　112

三十六週大的觀察

> 父親進門時，蘇珊並沒有轉向父親，反而盯著我的毛衣和胸針看：她想把胸針拿下來，不過最後放棄了，她輕柔傾身向我，爸爸則仍在一旁直叫她「胖妞」，吸引她的注意力。然後爸爸告訴我蘇珊太胖了，他說，她就像他太太娘家那對雙胞胎一樣，而凱茜苗條得就像他家的人。

父親有強烈誘惑凱茜的傾向，他總是給凱茜糖果或巧克力來吸引她。凱茜會爬到他腿上，用手抱住他；然後他會很驕傲地對我說：「看到沒？她要的是我！」

父親持續告知我凱茜在發展上進步的情形，卻很少談及蘇珊。有時候，我覺得我需要提一提蘇珊的進步，這麼做對我很重要，我就做了。父親的回應是，蘇珊發展得比凱茜慢多了，然後我覺得我得提醒他，蘇珊嚴重早產的事實。在此，我發現我自己

因著認同「被拒的孿生兒」，而捲入家庭衝突中。

蘇珊經常搜尋著父親，當凱茜從父親手上得到一些東西而她沒有時，她的忌妒也很明顯。也許是為了逃避這痛苦的處境，她會開始盯著窗戶看，脫離爭奪父親的競爭者角色及其他不愉快。

三十八週的觀察

父親躺在扶手椅上看電視，抱著蘇珊在他腿上。她正在喝奶，拿著奶瓶抵著爸爸的身體。她一喝光，爸爸立刻把她交給我，然後離開房間。媽媽和凱茜在廚房。蘇珊開始發出聲音埋怨；我抱起她來，讓她面對我。蘇珊朝我淺淺一笑，然後轉頭去盯著窗戶看了約五分鐘。媽媽抱著凱茜進到房間來，把凱茜放到父親腿上，然後去泡咖啡。凱茜手上抓著一張紙玩，把紙放進嘴裡，露出噁心的表情，然後她望著爸爸的大肚皮，看了好一會兒。她伸手摸他的下腹，最後她的手向下滑至他的生殖器。爸爸把她抱起來，舉高過頭，對蘇珊說：「蘇珊你看，凱茜是超級辣妹！」……爸爸給蘇珊一張信封，她拿著玩起來；他轉向坐在他腿上的凱茜，她正在玩爸爸的項鍊。蘇珊發出一些聲音，聲音漸大。然後她用兩手拍我的膝蓋，最後目光又盯著窗戶看。

113

蘇珊頭三次切斷自己的感覺，似乎與父親在場，及他對凱茜的態度有關；不過稍後，沒有任何外在刺激的情況下，蘇珊又有這種出神的樣子。

父親經常造成這對姊妹之間的競爭，他會刺激蘇珊去做凱茜已經做到的事。

> 爸爸走進房間，抱起凱茜；蘇珊很生氣地看著。爸爸走到桌旁坐下，遞給凱茜一塊餅乾。他叫蘇珊的名字，要她自己拿一塊。媽媽把蘇珊放到地上，雖然他們知道蘇珊還不會爬。不過，她想辦法用「游泳」的姿勢游到房間中央。此時，爸爸拿了餅乾給凱茜（那塊應該給蘇珊的餅乾），放到她嘴裡。然後他對蘇珊說：「看，蘇珊，凱茜有餅乾！她是個聰明的好孩子！」蘇珊盯著爸爸看，然後她把眼睛轉開，望向門，往門的方向移動。

從這個例子可以發現，蘇珊出神所傳遞的是，因被父母拒絕而退縮，並到其他地方尋求滿足的現象。有時候，觀察者成為她注視的焦點。凱茜還是安靜的孩子，在口語表達上比蘇珊少許多。

十一個月大時，凱茜已經有能力爬一段很長的距離，而蘇珊一直到十三個月大時，還不太能爬。即便如此，她們倆的肢動發展模式相當規律。凱茜九個月大會爬，十四個月大會走；蘇珊十四個月大會爬，十九個月大會走。

一歲大

聖誕節後，蘇珊不再對觀察者微笑，反倒是看起來很悲傷；

在靠近觀察者時，她幾乎要哭了。凱茜則有淺淺的笑容。媽媽感覺到觀察者的驚訝，她說，蘇珊過去幾週來非常依賴她（他先生不在家）。我觀察到的實際情況是，她只想跟媽媽在一起，一旦媽媽想把她留給觀察者，她立刻哭起來。媽媽說，她很擔心蘇珊這麼黏人怎麼辦，她在想是不是要去看醫生。凱茜對蘇珊和媽媽之間這種新的親密程度非常忌妒，常會試著要加入她們。因此，媽媽常得一次抱兩個。她語帶埋怨地說，她右手臂有肌腱炎。

114 經過這個聖誕假期，媽媽變得更能回應嬰兒的需要，特別是對蘇珊，可能是因為父親不在家，或是發生了其他觀察者不知道的事情。蘇珊似乎發現，呈現自己的情感比切斷它要來得令人滿足。此外，在父親不在的期間，凱茜可能比較沒有競爭的壓力，因為父親總是鼓勵她競爭，這也許促使蘇珊找到辦法更靠近媽媽。

這個大轉變也顯示，父親的嘲弄帶給蘇珊極大的痛苦，它損害了她的自信及期待：這也表示她需要隔離自己的感覺，因為父親的態度實在超過她所能負荷。當這個因素移除後，她開始能夠表達並努力獲取母親的注意力。

父親回家後（在嬰兒十二個月一週大時），他們取消了當週的觀察，因為蘇珊氣喘很嚴重，需要住院。這嚴重的氣喘可能與她面對父親回家，她得重新適應其壓力有關。一週後，母親通知我取消觀察，說蘇珊還沒好，而凱茜吐了整夜。媽媽把凱茜留在家裡給阿姨帶，她則在醫院陪蘇珊。嘔吐的狀況顯示對凱茜而言，這個狀況也很難因應。她是否無能涵容母親及蘇珊不在引起的焦慮和不安。嘔吐的現象也表示，她以身心症狀反應她精神承受的壓力。

接下來的觀察，蘇珊看起來很蒼白，姊妹兩人都感冒了，不

過她們仍然穿著平時的單薄衣衫。蘇珊有一隻手包了繃帶，媽媽告訴我她前一天燙到了。這件意外發生在廚房，媽媽抱著蘇珊給爸爸的杯子倒熱水時，蘇珊突然把手伸出去。他們帶她去醫院接受治療。除卻這件意外，蘇珊看起來就和平常一樣，微笑看著媽媽和觀察者。

隔週，凱茜幾乎要會走路了，而蘇珊則嘗試模仿凱茜。也出現許多爭奪父親的行為，兩個孩子一度爭著要爬到爸爸腿上。

一週後，蘇珊把茶倒在媽媽腿上。媽媽非常不高興地埋怨說：「這孩子老是搞這種事，因為她總不注意看自己在做什麼！」父親則繼續埋怨她發展遲緩。然後兩個孩子再次爭著要坐到父親腿上。

一歲五週大的觀察

　　媽媽坐在桌子旁，抱著蘇珊坐在她腿上。有東西掉落地上，媽媽彎身去撿。蘇珊抓住媽媽的手臂免得自己掉下來。當媽媽坐好時，突然發出尖叫，因為蘇珊傾身壓到她肌腱炎的手臂，引發劇痛。媽媽痛得流眼淚，爸爸說這沒有什麼（不過顯然被它可能的後果嚇著了）。過了一會兒，媽媽恢復平靜並對蘇珊說（我已把蘇珊接過來放在我腿上）：「妳這個壞小孩，妳老是傷到媽咪！」

幾天後，蘇珊同一隻手又被燙到，他們再次把她送到醫院去。

　　這所有的意外或許可視為蘇珊渴望延長與媽媽的親密感，她在父親離家的那段時間找到了這樣的親密感，如今，因為媽媽得應付太多需求，於是她只好採取此種極端方式。或許可以將這些意外理解成，她企圖傳遞被母親遺忘或被「拋下」的懼怕。發生在她週歲前後的這些病痛和意外，或許也和媽媽因孩子滿週歲，重新經驗當時的焦慮、難產及生命起始的脆弱有關。凱茜則表現出另一個極端，充滿了成長的興奮，特別是順利地開始走路。

結論

　　本觀察的特定興趣在於孿生兒產前經驗對出生後生理發展及行為特徵的影響。

　　蘇珊在母胎裡，發展成熟度就大大低於平均值，日後則顯得活動力大、易醒，也比凱茜易躁動、容易餓。以同卵雙生子做的研究也發現同樣的特質；這顯示在出生前，他們就已具備了這些特質。

　　出生後，媽媽形容蘇珊是個貪吃的嬰兒：出生後第十天，她們同時接受管子及奶瓶餵奶，蘇珊就吃得比凱茜多。十五天大時，蘇珊比凱茜重五公克，接下來她一直都比較重。十八天大時，媽媽告訴我蘇珊哭聲很大，令人難堪。這個特質保留下來，一直維持「很吵的」嬰兒的形象，雖然其部分原因可能是她呼吸困難。十八天大時，父母也發現蘇珊比凱茜容易醒來，這個現象也一直持續下去，變成她的睡眠模式：她不易入睡，晚上容易醒。

　　蘇珊出生前的經驗是安全堪慮，沒有適當成長空間造成挫

折。或許她哭聲裡的絕望也傳達一些對存活的焦慮：她出生後的 116
飢餓感及不安寧，也許反映她在子宮裡未得到足夠滋養。這使她
成為一個需求很多、很難照顧的嬰兒。她的缺乏從心理及生理兩
方面顯現出來。她的健康狀況很差，滿月前，一直有消化奶水的
困難，開始吃固體食物後也有消化問題。氣喘發作讓父母帶著她
跑了好幾趟醫院·她在這些事件中，顯露與母親分離的巨大焦
慮。

照顧這樣一個焦慮而需求很多的嬰兒，強烈加重母親對自身
養育能力的憂心，也造成她沉重的負擔。母親一開始的反應方式
是把嬰兒視為絕對的好或壞。她視蘇珊為貪婪、永遠不滿足，有
時候甚至是令人嫌惡的嬰兒。母親自己兒時亦有被拒絕的感受，
被笨拙、肥胖等字眼羞辱，而這些記憶與她對蘇珊的感受交織在
一起。在她的婚姻裡，她又重複此種被貶低的經驗。

媽媽認為，凱茜是個健康而可愛的寶寶，而蘇珊則「貪得無
厭」，應該要離她遠一點。她盡量避免碰她、抱她或親她。當她
真的與蘇珊親近一些，她也顯得毫無樂趣。

蘇珊對此的反應是退縮，減少與母親的互動。餵奶時，她不
看媽媽，當媽媽把她抱在腿上時，她也幾乎不曾抓住媽媽的衣
服。因為兩人之間缺乏滿足的、活潑的互動，蘇珊未能發展出對
母親的安全依附。蘇珊因而把她的注意力轉向沒有生命的東西，
花很長的時間玩玩具或瓶蓋：雖然她很喜歡媽媽將她放在膝上搖
晃她，但媽媽玩這個遊戲的時機總不對，結果蘇珊反而變得更沮
喪。

蘇珊在吸奶時，總會從嘴角流出奶來，以至媽媽試著用不同
的奶瓶。持續把奶撒出來的現象也與缺乏生理及心理涵容空間相

呼應，嘴和奶嘴之間、媽媽和嬰兒之間「吻合度很差」。

　　她生病一事對母親而言也是一種傷害，而她的埋怨總被詮釋為想要更多注意，或是忌妒凱茜擁有的。這就形成一種惡性循環，蘇珊因此哭得更凄慘；然後父母親對蘇珊就更沒耐性，更生氣。

　　父親不在家的四個星期，媽媽和蘇珊有了更親密的關係。不過父親回來後的觀察發現，這發展沒能持續。當媽媽和蘇珊比較親近時，她們倆似乎顯露出相同的特徵，像是「笨拙」：媽媽倒開水時，燙了蘇珊的手，沒有多久，蘇珊把熱茶倒在媽媽腿上。媽媽還告訴我她小時候也很胖，胖到她只要一跑步，腿就開始滲血。她似乎很擔心蘇珊會像她小時候一樣胖，會跟我談論此事。事實上，蘇珊胖嘟嘟的樣子與一般嬰兒並無二致。

　　凱茜在母腹裡也經歷同等的困難，雖然並未威脅到她的生命。她出生時體重過輕，餵食困難。不過回家之後，凱茜變成一個容易照顧的嬰兒。她開始形成規律的進食及睡眠習慣，她的健康狀況一直很好；這讓她父母確實放了心。她的需求和要求較蘇珊少，回應她的需要也較容易。她的魅力和深情吸引父母與她溫柔互動。在醫院的第一個月，凱茜有進食困難，不過回家後，因母親穩定的照顧與臨在，情況便改善許多；餵她吃奶變得非常容易，她的回應對極需讚賞的母親而言意義重大。

　　這兩個嬰兒因為是孿生子，其重要發展任務是在她們彼此的關係中、與父母的關係裡，找到自己的空間。有趣的是，當她們非常靠近時，凱茜立刻顯露出極大的焦慮。她會突然哭起來，顯得非常不安，而蘇珊則因遊戲被粗魯地打斷而顯得十分吃驚。凱茜此種退縮、與人接觸會受驚嚇的情況，並未引起母親的關切。

也許這情況也呼應了母親自己的害羞及缺乏社交。

　　凱茜在母腹裡自己獨處一段時間後，得面對第二個胚胎，必然有一段艱難的適應期。也許她感覺到妹妹是個威脅，好像有人侵入她成長所需的空間。此種對競爭將帶來損害的恐懼一直持續至出生後。有時，蘇珊對凱茜的回應感到困惑，而這些困惑重複了父母經常給她負向回饋所帶來的感覺，也增強她轉開對家人的注意而獨自遊戲。在兩個孩子第一年的生命裡，她們解決空間共享問題的方法似乎是，凱茜較常得到父母親密的關照，而蘇珊則把注意力放在玩具、觀察者（或其他成人），或自己內在，去探索她自己的資源。

【第六章】安德魯

　　安德魯（Andrew）是家中第二個小孩；他出生時，哥哥兩歲半。他的父母皆三十歲出頭，受過良好教育，是中產階級家庭。父親目前在家工作，母親在結婚生子之前是老師。她不在英國出生，不過很小就來到這個國家。她有個姊姊住在國外，父母都已過世。父親有個兄弟，父母健在，住在英國另一個城鎮。他們的第一個孩子是個漂亮、健康的男孩，這個孩子沒有任何特別的問題。

三週大的觀察

　　第一次的觀察，媽媽在我們初次交換問候時，便說了很多話：「太幸運了，他睡得很多，晚上也是；我第一個小孩晚上老是醒著。那真是恐怖極了！不過他現在並沒有睡得很深，因為他感冒了；我也感冒了。有時候，嬰兒看起來又老又累，又無聊！」她憂心地繼續談著：「有時候，我把他放在我床上，這樣他有比較多東西可以看。」稍後，她繼續說：「老二比老大幸運多了，因為哥哥常把臉貼近他的臉，笑著看他。這對嬰兒很好，大人就不會這樣。」

　　第一次見面令我印象最深的是，當媽媽介紹她的嬰兒時，她

好像無法與這個真實的嬰兒有真實的接觸；她的思緒似乎被一些想法盤據，導致她對嬰兒形成一些與事實不符的想法。我們實在很難想像一個新生兒又老、又累、又厭世，但那就是她的看法。她覺得這個真實的嬰兒很難了解、不易認識，她傾向把自己對他的想法強加在他身上。這些想法從何而來呢？她感受到的「冷嬰兒」（譯註：having a cold，感冒的雙關語）似乎與她覺得自己冷冰冰有關（譯註：full of cold，媽媽也感冒了；作者在此用了雙關語來理解母親對嬰兒的感覺從何而來）；她覺得自己無法提供嬰兒所需要的溫暖感覺。她將嬰兒放在她床上，讓他有一些美好、吸引人的東西可看、可吸收進去。她很高興老大可以給嬰兒一些溫暖的感覺，老大不像她，他可以和弟弟非常親近，對他微笑；這是媽媽覺得自己做不到的。

她也提到很擔心不知怎麼處理兩個孩子同時對她有所要求的情況。在與老大的關係裡，她很擔心他會有被拋棄的感覺、會覺得她是個糟糕的媽咪；她也擔心老大對嬰兒會有憤怒和忌妒的感覺，於是透過強調老大多麼善體人意、對弟弟總是多麼友善，來平衡她心裡的憂慮。

> 「我不想強迫嬰兒遵循例行的規律；我希望順著他的需要，不過，面對兩個小孩真的是有點困難。現在我得同時考慮他們兩個不同的需要。」

她說面對第二個小孩，她的情況好多了，比較有自信，不那麼焦慮。然而，也許她很高興嬰兒睡眠時間很長，與睡著的嬰兒不會提出她無法因應的要求有關。有個需求很多的嬰兒引起的焦

慮，都劃歸給「睡不著」、「恐怖極了」的老大。

　　接著，她把嬰兒抱出嬰兒車，好讓我可以看見他。「他很瘦。」（語氣裡充滿關切）「你看他有多瘦：尿布都包不住。血管都看得見。」她一把嬰兒的衣服脫下來，嬰兒就哭了，哭得很傷心。在媽媽幫他清潔並擦上乳液時，他愈哭愈用力。當媽媽幫他把衣服穿好，他的皮膚再次被包裹時，他的哭聲立刻不同：聲音的強度變小、音調變低，而他很快就平靜下來。

　　當衣服被脫下時，他出現恐慌及崩解的反應；或許可以說，他的肌膚尚未有在家的感覺。他的「心智皮膚」（mental skin）尚未強壯到足以保護他免於被解體焦慮侵襲。當媽媽放下他，脫去他的衣服時，他頓時失去了因被包裹而有的完整感。聽見自己的孩子哭成這樣，媽媽感受到他非常脆弱，需要她圈住他，提供他被涵容的體驗，而這些需求讓媽媽無力招架。她想把所有的焦慮都推到過去照顧老大時的經驗，因為這些焦慮令人非常痛苦。「我覺得好焦慮。他一哭，我就很擔心我會傷到他，擔心我沒有足夠的奶水。」

　　這個時刻，擔心自己奶水不夠似乎增加了她的不適任感。她說，她不喜歡用食物來安撫嬰兒；好像她很難在心裡留住食物能安慰人，以及她提供奶水餵養嬰兒的畫面（那正是嬰兒所求於她的）。她想仰賴其他的資源，例如「說話」：「我比較喜歡大一點的小孩，他們會講話，有什麼不對，他們會說。面對嬰兒，我們只能用猜的。」

觀察到這個時候是餵奶時間。她讓嬰兒吸右邊的乳房。乳頭滑出了他的嘴脣；媽媽沒有幫他，因為，如媽媽所說：「他必須學習找到奶頭。」嬰兒吸得很溫和，當他找到乳頭後，他比較用力地吸了一會兒，然後又和緩下來。有時候他會停下來，像是睡著了。媽媽用手指輕觸他的臉頰，他再開始吸。有一回，當他漏掉了乳頭，他把兩根手指放進嘴裡。

我們可以將此種失去乳頭的經驗描述為「失去一體感」，他與母親乳房之間出現空隙的感覺，分開了他與母親乳房的一體感，面對此威脅，嬰兒的反應是使用手指來代替乳頭。

這個當下，媽媽對我說：「有些嬰兒吃很少，他們不想吃到全飽。這個孩子很像我第一個孩子。他們吃到全飽了才會停下來，他們會吸乾最後一滴。」她把嬰兒移到左邊乳房：「他比較喜歡右邊的奶。所以我通常在開始餵他時，會先餵他左邊的奶。老大堅決拒吃左邊的奶，這個孩子比較沒有那麼固執。」

媽媽好像認為，嬰兒這麼餓似乎不是應該有的行為。這看法或許與母親面對不適任及空無感的焦慮有關。她被嬰兒可能會拒絕她的想法迫害著。她無法主動提供乳頭，因為她害怕被拒絕，她要嬰兒主動找乳頭，藉此得到肯定。她引述別人的話來表達她對好母親的定義，而顯然這個定義對母親要求很多：「有個教授說，母親最好能讓嬰兒隨時擁有乳房，好讓他能隨時做他想做

的，像是吸吮、休息或睡覺。」

這嬰兒在吸奶時，他的左腳隨著他吸吮的動作而動著。他閉著的雙眼也顯示他完全沉浸在吸奶中，一種與母親親近、享受其心跳及奶水流進口中帶來的連續感；在他的主觀經驗裡，這些都為他所有，是他的一部分。接著，媽媽給他奶瓶：「有了奶瓶，他就不必用力吸，奶會直接流到他的肚子去。吸奶瓶的時候，他通常張著眼睛。」媽媽好像在比較自己與奶瓶的不同；奶瓶只提供食物，而她的乳房不只如此，既給予也要求其他的回應。　121

四週大的觀察

接下來這一週，媽媽對嬰兒的態度有重大的轉變。這可能與觀察者給她的感受有關。觀察者如同支持的母性客體，提供全然的注意力，激活了媽媽內在同樣的能力——媽媽一度害怕自己內在失去此種能力。她談到，她很害怕她心裡那個飢餓貪婪的嬰兒會毀掉她所需要的客體。觀察者對「嬰兒的經驗」那麼有興趣，似乎也讓媽媽有機會感受到自己育嬰能力中理解的功能。她對嬰兒的態度變得比較開放，比較不那麼憂慮會被嬰兒完全占有或吃光。母嬰關係變得比較放鬆且愉悅。她的奶水變得比較多，這也有助於她重新思考乳房餵奶及奶瓶餵奶。在使用奶瓶時，她希望營造以乳房餵奶的連續感——她說：「奶嘴孔大，奶會直接流到他肚子去，如果用洞小一點的奶嘴，吸起來就比較像是乳房。」她也試著把溫度調到跟母奶一樣。她似乎非常喜歡這樣思索著照護嬰兒的細節。她現在談起大兒子「老大」時，總會一起談到爸爸，而她和嬰兒則與觀察者同一掛。

「我已經餵了他……（她看看時鐘）大約四十五分
鐘了；早上老大不在，我們就可以慢慢來，對不對？晚
上我陪哥哥（她神情愉悅看著嬰兒，笑得很甜），他好
像知道，他嗚嗚地哭，好像他餓了一樣，不過他其實並
不餓，他只是想要我在身邊陪他，不過現在……你是唯
一的小孩啦，對不對？我們現在可以一起享受這美好的
一天哦，對不對？」

此時，媽媽與嬰兒有著偷偷在一起的親密，這回應了嬰兒想
要和媽媽成為一體的渴望。當下有著排除其他所有人的氣氛（不
過觀察者被圈在這一體感的氛圍裡）。

嬰兒看起很安靜；他慢慢地吸吮著，看著觀察者和
媽媽。他輕輕動著手和腳。顯然這時他的注意力是向著
外在世界，向著建構其外在世界的媽媽。她說：「這孩
子喜歡我把他抱在懷裡搖他。」他看起來真的很享受躺
在媽媽懷裡；嘴裡含著奶瓶的奶嘴，隨意吸著；看來他
更像在吸吮愛，看著他的母親，傾聽她的聲音，享受她
懷裡的愉悅。媽媽似乎正在感受嬰兒對她的情感，輕輕
將奶瓶放在一旁，等候他的反應。當嬰兒既興奮又煩
躁時（他通常藉由身體僵硬、嘴部及頭部快速左右轉
動，來表達他的緊張不適），她就試著把奶瓶放進他嘴
裡，讓他再多吸一些奶。她全神貫注重複做此事，直到
嬰兒看來滿足了。「我第一個孩子小時候也很喜歡我抱
著他，不過，他真正喜歡的是我抱他四處走動時，他可

122

以到處張望。」她繼續說：「這個孩子則完全不同，他
最愛的是感受在我懷裡的感覺。他要的只是我抱著他搖
他。你喜歡搖啊搖，對不對？」

媽媽對她兒子的某些需求非常敏感，特別是那些與她的希望
相呼應的需求——她希望這個小嬰孩全然依賴她。在這個階段，
她似乎將「成年」和「嬰兒」兩種面貌分派給她兩個孩子，所以
一個已能完全獨立，不需要媽媽在身邊，他需要她只是因為他還
不能走；而另一個則完全仰賴她，完全沒有興趣脫離與母親合
一。

　　媽媽要我抱一下嬰兒，她要更衣著裝。我和嬰兒面
對面，他饒有興味地看著我；他的每一個動作都顯示他
想靠近我，彷彿他想要將我納進、「吃進」他裡面。當
我將嬰兒轉向面對媽媽的方向，他立刻全心全意注視著
她；抱著他的時候，我感覺到他的身體沒有一點緊張，
他非常放鬆。媽媽帶他去洗澡。她說現在脫他衣服時，
他不會哭得那麼厲害了：「既然他知道接下來會發生什
麼事，他就不那麼害怕了。」嬰兒開始哭；她用毛巾將
他包起來；他似乎很容易找到所需要的撫慰。她說她觀
察到：「他不喜歡出門，那會讓他不舒服。」

觀察者告知母親她要離開幾週去度假，這消息後來引發一些
改變。媽媽接下來很快讓嬰兒斷奶，這反應顯示她自己經驗到某
種失落。這位母親在觀察一開始，便與觀察者形成相當強烈的聯

結（可能是因為她自己親族中沒有女性成員），觀察暫停幾週與
母嬰關係的變化有關。

　　這個時候，她希望她的嬰兒是個「大寶貝」（這是她現在對
嬰兒的稱呼），而且很受不了兩個孩子「嬰兒似的需求」；她談
到老大非常忌妒，要喝奶瓶。「哥哥有時候會推弟弟，我真擔心
他會傷到他。」整個下午，嬰兒都很煩躁不安、眼淚不斷；晚上
123　哥哥、爸爸在的時候，也是這樣。她的奶水又不夠了：「他現在
要不是很餓卻吸不到奶，就是不餓，對乳房一點興趣也沒有。我
想辦法要讓嬰兒睡過夜（不餵奶），但同時我會要他爸爸夜裡用
奶瓶餵他。我最近要開始節食了；既然我要停止餵母乳，我就得
控制我自己。」節食及斷奶彼此呼應，也反應出媽媽感覺到觀察
者到訪所提供的支持與愉悅經驗被剝奪了。

　　兩週後，當觀察者回來，媽媽說很多事情已經不一樣了。她
暫停餵母乳，嬰兒現在睡在他自己的房間；晚上她不再餵他奶，
改用奶嘴來安撫他。老大最近也很難搞，晚上老是吵著要奶瓶，
有時候他自己拿著吸，有時候則要她拿著奶瓶餵他。現在都是爸
爸用奶瓶餵嬰兒；一開始嬰兒不喜歡（她說因為爸爸把奶瓶當作
食物，而她用奶瓶餵他比較像是安撫），不過現在都好了。在這
些改變中，媽媽對待兩個孩子及丈夫的態度完全不同了。「當我
用乳房餵嬰兒的時候，爸爸覺得這個孩子好像只屬於我；現在情
況不同了，他會抱他坐在腿上，用奶瓶餵他，跟他一起玩。」然
而，嬰兒不再樂在食物。「他最近不太高興。」媽媽說，不過
「他很喜歡聽音樂，也漸漸對小玩具有興趣——不過他沒辦法處
理三（指的是她給嬰兒的一個有三個部分的玩具，他不喜歡這個
玩具）。

十一週大的觀察

　　我進門的時候，嬰兒躺在他的新嬰兒床裡，眼睛張得大大的。他看著掛在床邊的小玩具，想要抓住它們，因而弄出很大的聲響。他揮動著手，有時候他抓到了某一個，不過他眼睛注意的是另外一個。他玩得很專心，常常嘴巴打開、吐出舌頭。一開始，他沒注意到我；當他看見我，他便專注看著我，笑著，然後再回頭去做他正在做的事。他看起來充滿活力，相當興奮。這樣維持了很久；有時候，他抓玩具所製造的聲音超過預期且實在太大聲時，他看起來嚇了一跳；他也很驚訝有時候真的抓到東西，有時候什麼也沒抓到。他兩手並用，不過只有右手抓到東西。然後他的左手伸到右前方。他一直抓不到就吊在他眼前的那個紅色玩具，因為它就掛在線的正中央，在安德魯抓不到的地方。媽媽進來拿東西，準備幫他洗澡。她微笑著，很滿足於這美好的氣氛；在安德魯的床左邊掛著一個小雞音樂盒，她悄悄扭開它，沒有打擾到安德魯。她告訴我，他很喜歡聽這音樂盒。安德魯似乎對音樂有反應，他開始發出愈來愈多聲音。看來他很享受，媽媽又進來一次，洗澡水準備好了，她溫柔地中斷安德魯的遊戲，把他從床上抱起來。安德魯對此有些吃驚：他沒哭，沒對著母親笑，他一動不動，好像不明白接下來要發生什麼事。我們進到廚房——他洗澡的地方。媽媽把他放在桌上，幫他脫衣服，他看著她，好像立刻找到接續先前感覺的線索。她開始逗他

124

玩，充滿深情地和他說話。

　　此刻他看起來比先前還要開心；他非常投入，回應著媽媽：向著她動著他的身子，微笑看著她，笑得很甜。過了一會兒，媽媽開始洗他的臉：她一邊跟他說話，一邊先輕柔地擦他的眼睛；他歡喜地望著她；接著她擦他的臉頰，然後花了一些時間溫柔地撫摸他。接著，她目光移開他的臉，開始幫他脫衣服，此刻有短暫的靜默，安德魯的反應和先前面對中斷經驗時一樣：他看起來有點不知所措，他不再說話，靜候接下來要發生的事；他看起來並無驚恐或煩躁，而比較是深感失望、不知所措或失去所依。媽媽抱他坐在她腿上，面對著她，然後給他抹香皂，這時他再次深情望著她，他們開始說話，語調中有著音樂般的旋律。

　　安德魯面對斷奶的經驗，廣義上來說是面臨許多生活變化，這些改變都引發他與「乳房－母親」合一的幻想崩解。他似乎在適應他所處的環境，花很大力氣於母親不在時，維持自己的完整感。斷奶雖然使嬰兒面對可能支離破碎的感覺，它也讓他有機會區分他與客體、外在與內在。他正在擴展他所感興趣的宇宙，漸漸覺察到他人及許多新事物的存在。他的遊戲蘊含著探索；他對「成為兩個獨立個體」愈來愈有興趣；他努力在做一些聯結，找出可能的關聯，思考「誰帶來什麼？」的問題。玩具對他已有象徵意義，他在遊戲中有了更複雜的體驗；有趣的是，他能從這更進階的體驗，很快退回到與客體合一的心智狀態，而不再是「兩個」。被音樂包圍或許正將他推向這個方向，所以當媽媽進來抱

起他時，他並沒有準備好轉換他的狀態；他無法立即與現實世界走來的真實母親做內在關係的聯結。當媽媽抱他在懷裡，看著他、凝視他，同他說話，他漸漸能將自己再統整起來。

音樂似乎被選為母親替代品。安德魯在聽音樂時，發出愈來愈多的聲響，這表示他藉著將失落的客體與某些聲音（音樂）聯結，於內在再造此客體。當母親幫他脫衣服時，沒有看著他，也未與他說話（她在此時的靜默），這讓他也進到靜默狀態，而且似乎有些迷失。然而，外在客體的活力使他能接觸到來自他內在的生命力。洗澡時，他看著觀察者並微笑，當媽媽在他身上抹香皂時，他饒有興味地看著大浴巾上白色的花。透過把客體吸納進來的經驗得到強化，藉由對支持客體的感知得到確認（包括外在與內在），於是，他能將其他人及周遭之物吸納進來。餵奶時間一到，媽媽給他奶瓶；他躺在她腿上吸著，看起來睡眼惺忪，他看著她，但是幾乎要睡著了。好幾次，他閉上眼再張開眼。有一會兒，他不肯再吸，不過立刻又開始吸起來。他吸了不少，然後停下來。媽媽讓他坐在她腿上，面對我。他完全清醒了，笑著，不過接著哭起來。媽媽說，他每次都在快要打嗝時哭。她讓他趴在她肩上，溫柔拍著他的背；他打了嗝，立刻不再哭，「你看到沒？」媽媽看著我說；她再把奶瓶給他，不過他很堅決拒絕了。他看起來很累的樣子。

我感覺到嬰兒很享受躺在媽媽懷裡，他整個人消融在媽媽裡面（當餵奶與睡眠狀態聯結）。真實的餵奶過程以較複雜的方式滿足著他。清醒時，覺察到餵食的過程，使嬰兒意識到客體同時是好的、他所要的，也是壞的、他想拒絕的。打嗝及嬰兒對打嗝的反應，意味著他正感受到他裡面被某些不愉快的東西攪擾，而

125

這些東西此刻又與外在的不愉快聯結（此時，觀察者真實感受到她也是那討人厭的東西，把嬰兒弄哭了）。打了嗝後，他似乎覺得已將那令人不舒服的東西排出，他便覺得鬆了口氣。

媽媽說，白天她若將他放在床上，他不會哭，不過晚上就會。她說：「他知道白天結束了，所以他才哭。他很愛他哥哥，雖然有時候他對哥哥有些疑心。」我們或許可以解釋，白天躺在床上並未與被排除的感覺聯結，而晚上時，他感覺到自己被丟在一旁。嬰兒開始注意到媽媽和他之間有第三者。一旦他比較察覺到家裡其他成員，他就承受忌妒的痛苦。

安德魯有能力也渴望完全覺知自己與母親是不同的個體，不過此種能力和渴望起起伏伏，特別是此分離感使他憤怒、痛苦或挫折時。安德魯似乎發現，很難放棄與母親的理想關係，這關係讓他體驗到與母親完全合一，是令人滿足的幻境。

126

他對口語溝通的態度是一個很好的例子，從中可了解安德魯回應「外在」世界的方式。觀察者發現，是安德魯先發出聲音，而媽媽模仿他的聲音回應他時，安德魯非常高興，迫不及待投入這樣的「交談」。當媽媽主動發出聲音或說些什麼，他則會遲疑，不知如何回應，而當他回應時，他參與的情形顯然不同；他會很有興趣，甚至最後也很開心，不過在他全心投入這遊戲之前，顯然有什麼事打擾著他，有什麼事讓他納悶。

在他與周遭世界不同程度的體驗之間，安德魯對周遭環境的氣氛特別敏感。想要滿足與母親「合一」的幻想時，他感受到帶給他挫折的母親；當母親協助他走向「兩個個體」的真實狀態時，儘管面對那麼多困難，他似乎也樂在其中，且能順著她的帶領走。

二十週大的觀察

　　安德魯躺在他的房間裡，媽媽在準備洗澡用品。他有時把手指放進嘴裡吸，有時則把拳頭放進去舔，看起來都不滿足的樣子。當他舔著手時，他沒有穩穩抓住什麼的感覺，因為他的手很容易就滑掉了。當他吸吮著手指或拇指，他的動作也帶著不確定的感覺：他的拇指未與拳頭分開，所以他只能用嘴巴舔到拇指指尖。媽媽進來好幾次拿東西；安德魯轉頭注意看著她，他好像很好奇她在做什麼，享受她的同在，但不再像以前會驚喜而興奮。她告訴我，她很驚訝安德魯認得自己的名字。

安德魯漸漸能察覺到自己的感覺，這些感覺還與身體感官知覺有強烈的聯結；他對嘴巴有強烈的興趣，全心全意探索、發現及表達位於嘴部的所有感覺。雖然他的動作尚未非常熟練，但他好像很享受讓手、嘴動作更協調的這種練習。媽媽離他有段距離，不過他透過眼睛和耳朵來親近她；他很享受媽媽同在時給他的穩定感。不過，在某些不安與痛苦的時候，安德魯的活力突然就不見了。他會完全退出外在現實，藉由睡著或吸吮奶瓶，退縮到他個人的安全領域——「肚腹中的嬰兒」（the inside baby），幻想自己就在母親裡面或成為她的一部分而與母親合一。

二十一週大的觀察

　　開始吸奶時，安德魯非常清醒，後來漸漸進入完全

127

與外在環境隔絕的狀態。即使他張開眼睛，也是一臉茫然。

二十四週大的觀察

> 媽媽說：「我帶小孩出門，可能是聲音太多了，或是因為在室外的關係。我不知道到底是什麼讓安德魯睡得那麼沉，他已經睡兩個多鐘頭了；他睡那麼多，有時讓我很擔心。」

安德魯這個時候開始吃固體食物，似乎與此現象有關（他坐在高腳椅上，手裡是他正在吃的東西，他的奶瓶則在媽媽手裡）。新的經驗似乎讓他更意識到自己的嘴巴，經驗到主動將食物吃進來或等待食物；隨著湯匙送進嘴裡，再離開，嘴巴這個空間可以是滿的，也可以是空的。餵食的新節奏似乎強化了「有距離的」關係。食物新的形式與湯匙及杯子引發的嘴部新感受聯結，這似乎強化並深化他對母親各個不同部分的認識。隨著漸漸認識到母親是個外在客體，與他有別，是他所渴望需要的，安德魯愈來愈想要擁有他恐怕自己會失去的東西。媽媽說：「他現在常常很努力要抓住東西，要是沒抓到，他就好挫折、好失望，然後就哭起來了。」隨著這個現象一同出現的是，他對所欲抓取之物的貪求。

他把東西（圍兜兜、毛巾、海棉、玩具）放進嘴裡的樣子，好像餓壞了似地，而他的飢餓又似乎與食物無關。我到他家的時

候，媽媽很焦急地告訴我：「他都沒有吃東西。我沒辦法餵他吃固體食物，他本來很喜歡的，現在連餵他喝奶瓶都很困難。」媽媽想到這可能是因為他在長第一顆牙。也許長牙衝擊了他原本柔軟而舒適的世界。疼痛與不安再一次阻礙他藉由感官界定的輕鬆自在。想要咬碎或攻擊母親，並漸漸公開想將母親吃進肚腹的渴望和幻想，似乎強烈衝擊了安德魯與進食的關係。飢餓感與憤怒混雜一起，而吞食則與毀壞感交織在一起。這可能是他很餓卻無法進食的原因。他咬食的動作及想像使他的嘴充滿了憤怒，咀嚼食物本身好像非常危險，最好不要把東西送進他身體裡面。對安德魯而言，積極主動與毀壞連在一起了。他只准許自己被動地吸收。媽媽說：「安德魯不肯吃固體食物，不過倒是很喜歡吸奶瓶。」我觀察到的現象令人覺得，他現在進食的方式是，藉著讓自己成為一個小嬰孩，靜候好東西進到他嘴裡。所有不舒服的感覺都是一種威脅。

三十五週的觀察

暑假過後，觀察者恢復觀察的第一次，媽媽告訴我，這段時間安德魯進食及睡眠的狀況糟透了。

> 媽媽說：「我試了所有的方法。有一天，他只想喝奶，第二天，他又不要了；有一天，他想用杯子喝，第二天呢，看到那個杯子他就哭。晚上，他心情糟透了。好像每件事都不對；我得一而再、再而三，不斷地把奶嘴放進他嘴裡，但都沒用。最後我把奶瓶給他。他終於不鬧了。」

我們可以猜想，安德魯感受到的毀滅衝動（destructive impulses）是造成「每件事情都不對」的原因；他不再能將「危險世界」隔絕在外，他原本相信所有不好的東西都不能進到「內在安全的地方」，而這地方充滿所有的好，他可以退進其中，確保自己的安全。此時，他似乎處在一種被迫害的感覺中，夜裡他煩躁不安時，也許是在害怕他於憤怒的幻想中所攻擊的母親，會因被他激怒，而在黑暗裡變成恐怖的怪物來傷害他。

母親也告訴我，在假期中，安德魯和馬丁（Martin，他的哥哥）的關係有了新的發展：「他們所有的時間都在一起。他們現在常一起洗澡，不過，有幾次安德魯自己一個人使用浴室時，他高興得不得了！」談到安德魯洗澡的畫面，媽媽笑了，不過這笑容很快就不見了，她告訴我過去這幾週，馬丁顯得非常忌妒他弟弟。「他想要每一樣屬於安德魯的東西，安德魯則想要搶馬丁拿到的。不容易啊。」媽媽嘆口氣，說：「安德魯現在是破壞大王，他撕書、撕報紙，什麼都破壞！他不像馬丁，馬丁從很小就喜歡看書。」

在假期中，母親帶兩個小孩所遇見的困難，似乎與她原本面對與兩個小孩不同的關係有關；她覺得真正困難的是，同一個時間裡，她得面對不同層次的經驗，特別是在她自己壓力很大的時候，更是不容易。在這個假期裡，她試著同等對待兩個孩子，並把他們都當成大孩子來看待；然而，馬丁的忌妒和安德魯破壞書的行為都讓她的期待落空。兩個孩子的表現提醒她，他們還有幼稚的部分，會給人製造麻煩。透過安德魯的行為，觀察者感受到一個新的狀況：愛的感覺與「生氣、憤怒」的感覺起起伏伏，變動不定；兩者的強度似乎是一樣的。有時他是冷酷的小小掠

奪者，有時則表現出他的溫柔可人，這兩個面向在與母親的關係裡特別明顯。他會輕撫她的髮，手臂環繞著她，用臉摩挲著她的臉，好像要親吻她似地。他仍然對音樂十分著迷，音樂似乎對他有神奇的魔力；不管他正在做什麼，只要音樂一響起，他會立刻停下來，開始隨著音樂搖晃自己的身體。

三十七週的觀察

　　我到時，安德魯正坐在他房間地板上，四周散置著一些玩具和不同大小的書；媽媽在整理床鋪。她說：「他今天起床又感冒了，還有他開始長第二顆牙了。」媽媽對我說話時，安德魯並未抬頭看媽媽。我彎腰跟他打招呼。他看看我，眼神有點茫然，看起來心不在焉。他右手握著一個小玩具，然後把玩具放到左手，再放回右手，然後放進嘴裡；不過，他的這些動作似乎並沒有讓他感覺到「他擁有什麼東西，或在情緒上意識到四周的環境」。他好像毫無意識地把身邊的玩具或書拿起又放下。坐下後，我把手伸向他，他很有興趣地看著，不過他並沒有看我的臉。過了一會兒，他伸手抓住媽媽的腿，心意很堅定的樣子；媽媽蹲下身來，拿起一本書，翻開書來讓安德魯看書裡的圖片。安德魯看了一會兒，然後拿起另一本書，最大的那本，然後用書把自己的臉遮起來。他用力張開自己的嘴巴，想把書塞進嘴裡。書的一角進到他嘴裡。媽媽仍蹲在他身邊，她抱他站起來，準備出門：是到幼兒園接馬丁回家的時候了。安德

魯伸出雙臂投向媽媽，但她跟他說他們快來不及了，她得幫他穿衣服。安德魯哭了起來，顯得非常失望。走到前門時，安德魯在媽媽懷裡顯得非常興奮；他整個身體都在動，高興地咿咿啊啊，不過媽媽一把他放進推車裡，他的心情就變了。一開始，他不肯坐，然後他整個身體一動也不動，毫無生氣；媽媽推著他前往幼兒園，一路上他非常安靜，表情木然。我陪著他們走，安德魯對什麼都不感興趣的樣子。

到了幼兒園，有個女孩想抱他，他似乎並不想要女孩抱他，不過他也沒表示反對，仍是木然、不在意的表情。媽媽把他交到女孩手裡，他還是一臉事不關己。馬丁很熱情地握著他的手，跟他打招呼，安德魯沒有表現出任何情感或反應。回家的路上，有個媽媽給孩子們餅乾吃。安德魯接過餅乾，專注地看著它，不過卻吃得非常非常慢；他把餅乾放進嘴裡，再拿出來，換手拿，然後兩手緊抓著它。他把手放進嘴裡用力吸著，有時候連餅乾一起吸，有時候則沒有餅乾，只吸手，甚至連手腕都很可口的樣子。唯一讓他從餅乾分心的是街上的一隻小狗。

當我們回到家門口，他整個人都愉悅起來，情感洋溢；等我們進到家裡，他更加興奮。馬丁坐在地上玩著積木，安德魯則忙著把玩地上他伸手可及的每一樣東西。他拾起地上一個裡面裝有鈴鐺的軟積木，興奮地搖晃著它。這時我們坐在客廳裡，當他聽到媽媽從廚房叫馬丁去吃午飯時，他開始哭起來；他很快就不哭了，馬

丁把他蓋好的積木推倒,安德魯一臉不解在一旁看著。不過,當媽媽過來抱起他準備餵他時,他的神情又愉悅起來。

馬丁坐在桌旁吃,媽媽把安德魯放在高腳椅上,給他一杯柳橙汁;他很不高興地哭起來。媽媽給他圍上圍兜,開始餵他。安德魯吵著要東西吃;他沒有用手去抓,只是很生氣地哭著,他傾身向前去抓,很憤怒地在椅子上跺著腳。用餐時他把杯子丟到地上,然後把媽媽遞給他的湯匙也甩到地上。後來媽媽給他一盤加了糖水的桃子;我幫忙扶著盤子,他用手抓著吃;因為桃子很滑溜,他抓得很辛苦。等他吃完了,媽媽再拿一些給他;安德魯把身子倒向媽媽,抓住了她的頭髮。媽媽把一些桃子放到他的盤子裡去安撫他;後來,安德魯很堅決地表示他不要吃了,然後開始哭起來。媽媽對我說,他現在什麼都可以吃了,可是吃得一點也不高興。

觀察者到時,安德魯雖然人醒了,不過神志還很恍惚,一付與周遭環境沒有關係的樣子;他和玩具之間好像缺了什麼,使得兩者之間的關係顯得十分空洞、毫無意義。這次觀察中可見安德魯與母親之間的情緒聯結決定了他的認同感,及他與外在世界互動時,他賦予自身的意義。此現象同時是內在真實,也是外在現實;而他非常敏感於他與母親之間的距離,覺察到此距離後,焦慮便於其中滋生。有時候,恐懼控制了他那令人無法招架的攻擊衝動(他進食時的表現顯現了這部分的衝動),這充滿他心中的恐懼是,他可能失去他所愛及愛他的母親。媽媽的同在並不足以

131

安撫他，他極需要一些具體的證明，來確認他與媽媽之間愛的關係；他整個人趴向母親，要求身體上的貼近，這似乎與他的焦慮有關：怕媽媽會拒絕他、推開他、不准他貼近她的好，最後使他變得狂野而充滿攻擊性。安德魯在進食時的種種要求似乎交織著狂怒的指控；他的反應讓人覺得，他認為母親的供應並非出自真心；他無法感受到有個好媽媽正在餵他吃好吃的食物；他憤怒地吃著她遞給他的食物，好像他得對抗一個可惡的媽媽，才能吃到他想要吃的，好像他眼中的這個可惡媽媽把好東西留給自己或其他人，而不願意給他。

去學校接哥哥的路上，安德魯好像退至內在世界。這趟出門不是配合他的步調，而是為了哥哥的需要，這可能激起他的忌妒，而使他隱入其內在世界，逃開這忌妒，以及因不能全然擁有母親而有的挫折（企圖吞吃整本書的動作）。也許匆匆忙忙出門使安德魯和媽媽沒有時間好好處理這轉換，以致讓人無法忍受。他一動也不動的安靜無語似乎顯示他正處在死寂狀態──從原本在母親懷裡到被放在推車裡，感覺起來像是令人不安的失落，不過這安靜無語也可能是他對母親冷冽的憤怒。如果他是個大一點的孩子，我們會說他臉很臭，但安德魯很可能正處在很無助的困境裡。他無法回應別人的示好，全心全意只在餅乾上，他與餅乾的關係正是他所渴求的──餅乾可以完全屬於他，他可以把它放進嘴裡、拿出來，而身體的某部分與餅乾交融不分（手、手腕和餅乾在他嘴裡似乎並無分別）。沒有餅乾可吃的時候，他完全迷失，無法感受到自己存在的連續感，他茫然的眼神透露了這些情緒。不再是母親眼中珍寶對他而言，彷彿趨近死亡。回到他熟悉的家，他立刻恢復原先的活潑，失去的希望又活躍起來──那被

留在家裡的好媽媽及活潑可愛的安德魯又一起出現了。

三十八週大的觀察

　　安德魯坐在學步車裡，今天看起來充滿活力；他開心地咿咿啊啊，手上把玩著泰迪熊，用手指碰觸熊的鼻子、嘴巴，然後把熊放進嘴裡，好像巴不得吃掉它的樣子，不過沒有像平常那樣誇張。他並未真咬那隻熊，而比較是抓著熊摩擦著他的臉，雖然動作有點粗魯，卻是彼此愛撫的樣子；而且他顯然非常享受。後來，熊掉到地上，他彎身去撿，這可得花上很大的力氣。他這個動作給我從未有過的感受。他實在拿不到，我趨身幫忙，就在這個時候，安德魯傾身向我，抓我的鼻子、我的嘴巴，然後抓我整個臉。他伸手抓我的頭髮，並一抓再抓。這是他第一次這樣抓我。媽媽從廚房過來，把他從學步車裡抱出來。媽媽一邊抱著安德魯，一邊告訴我，安德魯現在非常黏她、愛和她親親我我，他不只要人抱。安德魯和媽媽挨在一起，用他的臉去摩蹭她的臉。閉上眼，他趴在她肩上幾秒鐘，然後突然起身，很溫柔地捧著她的髮，碰觸她的臉。我們一起走到廚房，就在媽媽要把他放到高腳椅上時，他生氣大叫。媽媽說：「他討厭這樣。」

　　她告訴我，安德魯最近都不吃東西，所以她不會很認真好好準備一餐給他，這樣如果他不吃，她才不會太難過。這時，媽媽給了他一片梨，他拿在手上很愉快地

吃著。「他現在幾乎光靠牛奶度日。有時晚上他甚至得喝上兩瓶奶。」安德魯吃完了手上的梨，又吵著要；媽媽看起來很高興，因為他肯吃東西。他吵著要梨吃，媽媽笑著說：「通常那片梨要和馬丁一起吃才吃得完。」她看著他吃，分享他的愉悅。她說，她決定趁他今天肯吃東西，多給他一點。她又給他一杯果汁，然後餵他吃一罐嬰兒食品。安德魯顯得非常有活力，他爭搶著媽媽送進他嘴裡的湯匙。媽媽拿另外一支用，他就玩他手上那支。這過程裡，媽媽對我說了不少：「重要的是他獲取足夠的營養，他究竟吃了什麼或什麼時候吃，並不是那麼重要。有時候因為小孩沒在午餐時間吃飯，大人就覺得他什麼也沒吃，但是想一想孩子一天裡會吃的東西，甜點、巧克力、水果啦，你會知道他實在吃得夠多了；你可以放一小塊起司和麵包在旁邊，等他發現，也想吃的時候，他就可以拿去吃……我想改變安德魯的用餐時間；我們去幼兒園接馬丁回來的時候，安德魯都會太累，也許先讓他睡一覺，再餵他吃東西會比較好。你看他不會太瘦吧？」媽媽看著他笑一下，「你是胖嘟嘟的小男生，對不對啊？」安德魯似乎很高興媽媽所有注意力都在他身上。馬丁今天受邀到朋友家玩，不在家。

　　他把湯匙扔到地上，又吵著要。我把湯匙撿起來給他；他一次又一次把湯匙扔到地上，有時扔到他左邊，有時扔到他右邊，也就是我坐的地方。扔了湯匙後，他總期待把湯匙要回去。不像上個星期丟湯匙時那樣生氣，今天比較像是在玩一個好玩的扔湯匙遊戲。媽媽

提到我去拜訪的幼兒園，問我：「他們在幼兒園都怎麼做？他們讓小孩自己吃東西嗎？如果小孩把盤子弄翻了，他們會給他另一個盤子嗎？」這個時候，安德魯一直在吃東西似乎讓媽媽放心不少。她說：「今天很不一樣，他擁有我全部的注意力。可是這種事不常有啦。」媽媽站起來解下安德魯胸前的圍兜；安德魯抓住媽媽的頭髮，她就讓他玩；手裡抓著媽媽的頭，安德魯看起來很得意的樣子；她幫他擦臉時，他把臉埋進媽媽手裡的海棉裡。等媽媽用乾布擦乾他的臉時，他更用力把臉埋進布裡，媽媽沒有阻止他，讓他在乾布上摩蹭他的臉，嘴巴還張得開開地。媽媽把他抱起來，說他現在真的累了，要讓他睡覺了。到了安德魯的房間，給他換尿布時，她說夜裡他會醒來好幾次，所以她只能趁早上安德魯和馬丁一起玩時，睡一個鐘頭。媽媽補充說：「其實他們也不是真的玩在一起，馬丁會很好心告訴他怎麼玩；等他會走路、會說話的時候，他就不會那麼挫折了。有時候他好像是在說話，不過他到底說了什麼呢？」

133

媽媽努力讓自己不過分憂心孩子進食及睡眠上的困難，而用她的理智來思考。她確實維持住某個程度的理性，但同時在另外一個層面，她似乎面臨極大的壓力。安德魯的問題引發她極深的焦慮。對自己能提供的好東西沒有信心，使她又回到早期餵母奶時的心情；安德魯的表現讓她很憂心自己不是個好母親，不知道怎麼好好照顧嬰兒，我們可以從她探問幼兒園怎麼照顧小孩的問

題中，看出這樣的憂慮。如果安德魯不接受她滿懷希望為他準備的食物，她會感到被羞辱、被拒絕。母親和安德魯的關係似乎有個危險：兩人會陷在被拒絕、拒絕及彼此傷害的惡性循環裡，他們得仰賴彼此，一起重建信任感，讓充滿活力且給予生命的好母親再活過來。

當母親為安德魯一人所有時，他好像比較能視她為好的母親。他玩泰迪熊的樣子，靠近觀察者的姿態，及當母親過來，他親近母親時的動作，似乎與他熱切渴望擁有他所渴求之客體有關；他好像要把他的氣味沾滿所渴求的客體，以宣告他的所有權，並不准別人靠近。他夜裡醒來，把媽媽從爸爸那兒搶過來，似乎意味著他需要時時確認她隨時都在。有趣的是，當他早上和馬丁一起玩，比較不那麼孤單、不那麼覺得被排除在外時，他似乎能容忍父母親在一起。

媽媽想從安德魯長大的身軀找到她提供好東西的證明；為了補償她在餵他時經驗到的痛苦焦慮，她把所有精力全放在給他各種不同的「食物」，全心全意鼓勵他說話、走路。她說：「光是照顧他們是不夠的，他們需要各種刺激。」所以她花很多時間翻書給他看，唸各種物品、顏色、動物的名字給他聽。有一天，她興奮而驕傲地告訴我：「他真的說出『泰迪』哦。」另一天，「他現在對他的腳可高興了；他假裝沒什麼特別的事發生，可是其實他試著要站起來；等聖誕節後妳再過來，他就要一歲了。」

134 第五十一週的觀察

我到時，馬丁為我開了門；安德魯坐在他的學步車

裡，神采飛揚地從廚房經過走道向我快步走來；他抱住我，靜靜靠在我胸前。馬丁坐在一部小車上；上個星期（假期後第一次回來觀察），就是在這部車上，安德魯在情感上完全認出我來。這會兒，他突然醒過來似地，從我胸前抬起頭來，很興奮地開始把指頭按在喇叭上，發出和上個星期我弄出來的聲音很像的聲音：「叭……叭……叭……叭」。馬丁指著車上的裝置要我看，那是輛送牛奶的小貨車，然後他推著車子往他的房間走去，安德魯則跟在他後頭跑。兩兄弟就在房間裡跑來跑去，推來推去。馬丁笑著；輪到安德魯推車時，他特別開心；他突然中斷了遊戲，馬丁離開房間，留下車子。安德魯快速而專注地在馬丁的房間裡繞著，似乎在探索著使用這個空間的所有可能……接下來是午餐時間。當安德魯一接到媽媽給他的湯匙，他便將它遞給我；媽媽笑著說他要我餵他，我照做。安德魯開心地吃著；他愉快而專注的神情就像剛才他在玩遊戲時一樣；他注意到我的手錶。他說：「滴……答」；我把手錶拿到他耳邊；他臉上浮現著深思的神情，似乎想從我眼中找到答案、解釋，或許只是與一個人分享他不凡的經驗。媽媽後來問他：「時鐘在哪裡？」「爸爸的照片在哪裡？」安德魯向右看，媽媽看起來對他非常滿意。到了該離開的時間，他們送我到門口，安德魯充滿深情對我說了再見後，第一次在我離去時哭了。

安德魯精力充沛，愉快地和哥哥互動，男孩子氣的玩具吸引

著他；玩具貨車不在了並未使他絕望，他內在似乎已有內化的玩具貨車，使他的遊戲持續維持原有好的品質；他內在有個父親，使他不至於卡在與母親的親密關係裡。在觀察過程中，觀察者在某個時刻對安德魯來說有了父親的功能，或說在那個時刻，觀察者使安德魯想起了父親，「滴答」聲提醒了他時間來來去去，不再是無止盡地在一起。觀察者離去，又於假期後返回，或許給了他機會去處理失而復得的經驗。他愈來愈有能力面對結束。新能力的發展使他能度過斷奶的痛苦，同時在他與母親的關係裡，展開新的可能，母親和安德魯都對他們新的關係感到非常滿意。兩週後，媽媽一見到觀察者便告知，安德魯踏出他個人的第一步了。

蘿莎（Rosa）是一對年輕夫婦的第二個小孩。父親從事的是技術方面的藍領工作，母親生了第一個小孩之後就待在家裡。他們的公寓雖小卻很溫馨，不過他們希望最近能搬到大一點的房子。父母親是回教徒，不過並未歸屬任何傳統社群。第一個孩子是艾瑪（Emma），母親生她時二十歲。蘿莎出生時，艾瑪二十二個月大。如母親所計畫的，她的第二個小孩是在他們小小的臥房兼起居室出生的。母親談起生產經驗時提到，比起生艾瑪時，生蘿莎比較快，不過也比較痛。蘿莎出生時重 3.6 公斤；比預產期晚了八天。蘿莎出生後第六天，觀察者第一次進行觀察，媽媽提到雖然她打算還要生，但第二胎又是女孩讓她很失望；她原本希望這一胎是男孩。我在後來的觀察中得知媽媽自己是老二，上有一個姊姊，下有一個弟弟。

第六天的觀察

以下摘錄的紀錄初步描繪了蘿莎剛出生的模樣，同時呈現她如何表達自己，並對周遭的人產生影響。

> 我在場觀察十五分鐘後，嬰兒開始發出小小的聲音，一開始斷斷續續，後來吸吮和咕噥聲漸漸增加。她在嬰兒床裡移動時，發出輕脆的聲響。聽起來好像在與人談話。艾瑪拾起一個光著身子的嬰兒娃娃。嬰兒的

「談話」漸漸變成輕微的哭聲，媽媽問道：「是她吃奶的時間了嗎？我不記得了，她的哭聲聽起來像是要吃奶了，對不對？」媽媽走向小床，艾瑪則把她的娃娃丟在地上。媽媽把嬰兒抱起來交給我，她說：「妳要不要抱抱她？」我抱了蘿莎幾分鐘。當媽媽抱起她時，她就不再哭了。她的眼睛閉著，臉微微皺起。我很驚訝我抱著她時，感受不到她的任何情緒。

我把她交還給媽媽，媽媽坐在床上，盤起腿來，然後把嬰兒放在她腿上。她把乳房放進蘿莎嘴裡，蘿莎開始用力吸著；她的身體靜止不動。幾分鐘後，媽媽說蘿莎睡著了。媽媽讓她坐起來靠在媽媽左臂上，輕輕拍著她的背。蘿莎的頭沒得支撐，斜向一邊。過了一會兒，媽媽讓蘿莎坐在她大腿中央面對著她。我看不見蘿莎的臉，隨即媽媽就說：「她一整天都想要大便，臉就變成像這樣。」媽媽模仿蘿莎的表情。蘿莎放了屁。

媽媽把蘿莎抱到嬰兒床邊，讓她躺下。蘿莎的眼睛睜得大大地，看起來很滿足的樣子，我覺得她好像要微笑了。媽媽幫她把尿布解開，邊說著：「終於大出來了。」艾瑪傾身靠向小床，把手放在蘿莎臉上。蘿莎的眼睛移到艾瑪的方向，然後又轉而望向媽媽。就在媽媽拿開她的尿布時，蘿莎解了更多黃色的便便在嬰兒床的床單上。媽媽說：「這下要洗更多了。比起上回照顧艾瑪，我這次洗得比較多，不過那是因為我讓蘿莎喝水，喝水讓大小便更容易些。」

稍後，媽媽暫時離開房間，艾瑪坐在雙人床上，利

用枕頭作支撐，抱著蘿莎。當媽媽從廚房回到房間繼續餵奶時，艾瑪不肯放開蘿莎。後來媽媽建議她拿杜狗（電視節目「神奇旋轉木馬」〔譯註：1970 年代開始的木偶劇，每天 5 分鐘，甚受歡迎〕裡那隻玩具狗）給我看，她才放開蘿莎。我還是沒見到杜狗，因為艾瑪只注意著蘿莎占住媽媽。

媽媽餵蘿莎時，艾瑪在床上跳來跳去，有好幾次撞到她們。媽媽伸手保護嬰兒，免得艾瑪撞到蘿莎，不過有幾次情況還是很驚險。

媽媽又問我想不想抱一抱蘿莎，她把嬰兒遞給我。蘿莎在我手中顯得很滿意的樣子，她閉著眼；不過，我注意到她並沒有依偎在我懷裡，她靜靜躺著不動。

和媽媽談了一會兒話之後，是我該走的時候了。我準備好要離開，媽媽起身。她把手放在肚子上說：「幾天前，我還感覺到有人在我肚子裡踢著，現在我看著這個房間，心裡想，她這會兒是在外頭了。現在我要做的是把她養大。說真的，我覺得有點難過。」

從一開始，蘿莎展現出她有讓別人了解她的能力，透過她的加入互動與創造「談話」，媽媽可以清楚了解她的需要。我在這篇報告裡希望呈現她一歲前表達能力的發展，包括她在不同發展階段所使用的方法及內容。我試著呈現在何種情境下，她如何使用「語言發展前的訊號」（pre-verbal signals），包括身體訊號、字句及象徵遊戲，來表達自己。

蘿莎特殊的存有及溝通方式是在與母親、姊姊的親密關係裡

漸漸成形的。她一出生，艾瑪就已經在那裡，這是環境裡不可改
137 變的部分。在這第一次觀察裡，母親提到她給嬰兒喝水以幫助她
排便，她還鼓勵艾瑪當杜狗的媽咪或朋友（她則是蘿莎的），來
協助她擔起大姊姊的角色，這些細微的動作讓我感受到母親對嬰
兒的敏銳認同。日後的觀察資料更細微地顯示出，母親如何想盡
辦法要提供兩個孩子足夠的空間。她一再邀請觀察者抱嬰兒，也
許顯示她希望每個人都開心，都被納入其中，好像任何被排除
在外的感覺都會帶來痛苦。艾瑪難以容忍母親和嬰兒在一起的處
境，也是可以理解的。蘿莎些微遲緩的身體動作可能是剛剛離開
母胎的嬰兒都會有的現象，一種尚未完全進到這個世界的狀態，
可能是（相較於其清楚的溝通及強勁的吸吮）一種對外在世界小
心謹慎的態度，其中包括艾瑪無法預期的干預。

二十一天大的觀察

　　這次觀察，母親的一位孕婦朋友及其十五個月大的女兒也在
場。我一到，母親就請艾瑪抱一下蘿莎。過了一會兒，看見大人
們還在談話，艾瑪受不了，開始把嬰兒推開。

　　　　蘿莎開始嗚咽起來，媽媽立刻過來，把她放到床
　　上。媽媽看著她，把手放在她的肚子上說：「妳快要長
　　成一個小胖妞了！」媽媽解開她左邊的乳房，她將蘿莎
　　抱在左臂彎裡，用右手扶著乳房。蘿莎橫躺在媽媽腿
　　上，緊靠著媽媽的身體；她的右手在媽媽乳房下，她
　　的左手握住媽媽右手的一根手指。蘿莎平穩地吸了四到
　　五分鐘的奶後，媽媽將她抱倚在肩上，輕輕拍著她的背

說：「她還是個乖寶寶！」幾分鐘後，她讓蘿莎坐在她腿上面對著她。蘿莎很快打了嗝。媽媽問我要不要抱抱嬰兒，並把她交給我（這樣的邀請還是讓我有些驚訝）。我接過蘿莎，將她抱倚在肩上。我立刻注意到她和我兩週前抱她時不太一樣：她的身體傳遞著感情，雖然她還是沒有依偎著我。幾分鐘後，蘿莎繼續看著我的眼睛，但把兩手放在我胸前，使勁把自己撐離我的身體。我說：「妳大概比較喜歡坐在我腿上吧。」我讓她坐在腿上面對我後，她顯然比較滿意。她張著眼和嘴，然後她打了哈欠，開始嗚咽起來。

接下來是媽媽的朋友接手抱著蘿莎，然後蘿莎被放進搖籃裡，艾瑪非常用力地搖著搖籃。

蘿莎靜靜地躺了五分鐘；她張著眼，右手遮住鼻子和左手。媽媽問蘿莎是不是睡著了。她說：「現在不能餵她，因為她下一餐應該是五點。」過了幾分鐘，媽媽發現蘿莎還醒著，她把手指放進蘿莎嘴裡，蘿莎吸吮起來，媽媽抱起她並說：「她想吃。」當媽媽把乳房準備好，蘿莎立刻含住吸起來。媽媽說：「有時候她喜歡乾吸。」兩個媽媽開始談起孩子出生後很關鍵的前兩個星期，她們都很擔心自己沒有足夠的奶水可以繼續餵母奶。媽媽說：「如果那個時候我沒有每三個小時餵一次奶，奶水就開始退了。晚上，如果蘿莎開始哭，我的乳房就開始微微刺痛起來。」

138

　　媽媽抱起蘿莎，讓她打嗝，並說：「我最討厭抱她
打嗝，每次都要花很久的時間。」

　　從一開始，蘿莎就能很有效地表達自己的需要；透過她的口
語表達，她讓別人意識到她的存在，並溝通她想吃奶的需要。她
藉由身體的力道，讓我知道她不喜歡我抱她的方式。她藉由雙眼
去衡量周遭環境，並辨別其不同。她應用不同聲音的能力，與區
辨母親、艾瑪及觀察者的觀察力，特別讓觀察者驚訝。基本上，
蘿莎是個心滿意足的嬰兒。不過，旁人倒是經驗到一些痛苦的情
緒。當蘿莎把自己推離觀察者身體時，觀察者有些微受傷的感
覺；媽媽則感傷於蘿莎已經離開她的肚子；艾瑪則努力要在這已
變動的家庭新結構裡，找到自己的位置。在這第一次觀察裡，母
親和嬰兒都還在處理生產的創傷，並調整身體彼此分離後，兩人
之間的空間距離。

　　第三週裡，蘿莎有顯著的發展，她更深地貼近母親的身體，
並將手扶住乳房，同時握住母親的手指。稍後，蘿莎用右手包住
鼻子和左手的姿態，可能是在再創與乳房、乳頭接觸的經驗。相
較於母親和蘿莎之間的親近和甜蜜，觀察者與蘿莎的關係則是一
個對照：她把自己推離觀察者的肩頭。這個一週大時還不太能做
什麼的嬰兒已經擁有不容忽視的力量；蘿莎也許藉由投射其經驗
中痛苦的成分（特別是被拒絕的感覺），來保護自己的安適感。

第二個月

　　這段時期，出現三個主題：母親對其體重、建立餵食習慣的

憂慮,以及艾瑪對嬰兒的強烈注意。

第五週的觀察

　　艾瑪坐在床上,把一個畫在紙上的嬰兒放進鋪著棉花的火柴盒裡。她讓我看她在做什麼,不過當媽媽端著咖啡過來,她就放棄她的遊戲,爬下床。

　　媽媽告訴我,她這個禮拜開始節食了。她覺得六十五公斤的體重對於一個身高只有一百四十七公分的人來說,太多了些。她注意到她丈夫比較有力氣陪艾瑪,她很容易就累了。我問她是不是一直有體重的問題。媽媽說,這問題是從她十歲開始,她覺得沒有人愛她,就漸漸開始偷偷吃東西。蘿莎開始動起來,發出細微的嗚嗚聲。媽媽說:「她要醒過來了,她還是個乖寶寶。」我問到蘿莎的睡眠狀況,媽媽說,她們似乎發展出一種「按需要餵食」及「按時餵時」的混雜模式。有一晚,蘿莎一覺睡到天亮,但隔晚,她則每三個小時醒來一次。媽媽說有時候餵完奶後,蘿莎的臉會發青,她覺得,這可能是因為她的奶水愈來愈豐富的緣故。這次觀察從頭到尾,蘿莎沒有醒來,也沒再發出其他聲音。

第六週的觀察

　　媽媽把我介紹給她姊姊。蘿莎躺在媽媽腿上,她閉著眼,我覺得她看起來長大了許多。她穿了件灰色針織

上衣和海藍色長褲，看起像個男孩。蘿莎還在睡。媽媽告訴我，艾瑪咬了蘿莎的臉。她還提到她丈夫擔心她是否有足夠的奶水餵蘿莎。

媽媽抱起蘿莎，準備餵奶。蘿莎貼近乳房，她一邊規律吸著，一邊用手輕觸著乳房。餵完奶後，蘿莎的臉紅紅的，媽媽說她大概是大便了。蘿莎很快就打了嗝。

媽媽在幫她換尿布時，蘿莎動著手腳彷彿在運動似地，並看著媽媽。媽媽說蘿莎的腿肥肥的。她把乾淨的尿布放上，邊說著：「現在妳要是把它搞髒了，我可不會再換新的給妳。」

媽媽把蘿莎抱給我。我感覺到蘿莎的真實及「活生生的」。她看著艾瑪，表情很認真，幾乎有點皺著眉。我對她說話，她嘟起嘴來。我覺得她在模仿我嘴巴的動作。她的嘴和眼有著笑意。

我把她抱在我肩上，她開始嗚咽起來。我改變姿勢讓她坐在我腿上，她一開始很滿意，不過很快變得睡眼惺忪、不安起來。媽媽抱了她，給她奶喝，她規律地吸了五分鐘。

媽媽告訴我，她的體重下降至六十公斤了。她很高興蘿莎愈來愈有反應；她其實不太喜歡小嬰兒。她說助產士說蘿莎的體重剛好。

140　　媽媽關切著自己的體重，她認為自己有豐富的奶水足以滋養蘿莎，但可能太營養了（她喝了臉都發青了），她提到蘿莎的肥腿，顯示她對自己及嬰兒的觀感交織在一起。此種部分認同的混

淆排除了與父親的關係，媽媽提到父親擔心她沒有足夠的奶水時，似乎認為，這擔心表達了對母嬰關係的些微敵意；這認同也排除了艾瑪，她咬蘿莎的臉這舉動似乎是對母嬰之間特殊親密關係的強烈抗議。然而，當蘿莎在母親眼裡成了她不喜歡的部分（肥肥的腿），蘿莎便面臨被拒絕的危險——母親威脅蘿莎如果在她換尿布時當場搞髒它，她將不再換新的給她。當媽媽說，她「還是個乖寶寶」時，明顯可以感受到「不是乖寶寶」的意念存在。

七週大的觀察

　　觀察的前半個小時，蘿莎在睡覺。她的手擺在她的鼻子和嘴上，不過稍後便移開，只剩下一根手指靠在臉上。之後，蘿莎把手又放回臉上，看起來她的拇指就放在她的嘴巴裡。有好幾次，她微微張開了眼。蘿莎靜靜不動及滿足的神情令我驚訝。就在她醒來之前，蘿莎用手把身體撐起來，身子轉向另一邊，然後立刻又轉回來。

　　媽媽說她前一晚沒睡好；蘿莎一夜沒怎麼睡，清晨四點，她餵了她，然後讓她跟媽媽一起繼續躺。六點，媽媽問蘿莎醒了沒，她回以說話聲。藉著透進來的黯淡街燈，媽媽看見蘿莎在笑。

　　蘿莎吃奶的時間是下午兩點。時間到時，媽媽走到小床邊和蘿莎說話，幾分鐘後，媽媽把她身上的毯子拿開。媽媽對蘿莎說，很抱歉把她叫醒，蘿莎慢慢地、緩

緩地動起來。媽媽靜靜等她醒來，然後抱起她，讓她面朝外。蘿莎張開眼，兩眼惺忪。媽媽站了一會兒後，開始準備餵奶。蘿莎依偎著乳房，開始吸奶，吸了約五分鐘。

　　艾瑪和我靠近媽媽和嬰兒。艾瑪拾起一個十公分的哨子，笑著，然後吹了哨子。艾瑪粗手粗腳地把哨子塞進媽媽嘴裡，然後又塞進我嘴裡，她又笑了。她玩一玩就不玩了，然後她吐口水在我身上，她媽媽輕聲訓斥她。不過這似乎引發她另一個攻擊。艾瑪打了我一巴掌，然後緊靠著我坐在地板上，身子靠著我的腿。然後她起身去拿了個黃色軟鴨子：她躺在地板上，兩手抱著鴨子，嘴裡咬著鴨子的扁嘴。接著，她走到廚房去，找了個奶瓶，作勢要把奶灑出來，然後她開始吸起奶瓶的奶嘴。蘿莎繼續吸著奶，不過也漸漸睡去。媽媽決定在蘿莎吸另一邊乳房前，先幫她換尿布。就在蘿莎躺在床上時，艾瑪也爬到床上躺下，把臉擺在蘿莎身旁：蘿莎明顯地緊張起來。媽媽注意到了，便要艾瑪下床。艾瑪接著用手指戳蘿莎的屁股。艾瑪想在我面前抱嬰兒，不過就在她貼近蘿莎的時候，她要人把蘿莎抱走。我抱過蘿莎，讓她面對我坐在我腿上。她很專注地看進我眼睛裡，當我對她說話時，她似笑非笑。她閉著眼，就在睡眠中，嘴角浮現一抹笑，然後她張開眼。這情況重複了幾次。當艾瑪進到她視線內，她皺起眉頭，並舔著她的唇。

141

在這次觀察裡，蘿莎顯得比以前要更整合，不僅透過母親，也透過她自己。母親覺得蘿莎愈來愈有反應，她提到清晨時蘿莎對她「說話」並微笑。觀察者能清楚看見她們身體上的親密，同時也能感受到蘿莎身體肌肉張力比較堅實。這是第一次，當乳頭及乳房不在身邊時，蘿莎把鼻子及拇指當作替代品來安撫自己。

艾瑪顯然想要有個嬰兒（火柴盒裡的嬰兒），也想要成為嬰兒（吸嬰兒奶瓶），她對母親和蘿莎自成一體有著愛恨交織的矛盾，而這些因素對母嬰關係造成何種影響，目前並不清楚。當艾瑪靠近時，蘿莎顯露不安的情緒，觀察中也可見艾瑪企圖打擾並破壞蘿莎與母親的授乳關係。艾瑪一靠近，蘿莎便舔脣並皺眉。她在安撫自己並試著減輕焦慮嗎？母親描述她讓蘿莎跟她一起睡在大床上，也暗示了蘿莎對父母關係可能的影響，在她的描述裡，父親並未被提及。夜裡餵奶自然免掉了艾瑪在場的打擾，母親和蘿莎顯然很享受這樣的平靜（蘿莎的微笑）。

斷奶及玩耍

以下的長期觀察紀錄呈現斷奶的過程及玩耍能力的精緻化，其中一些內容顯然與斷奶經驗有關。這些內容也從心理層面說明了蘿莎體重太輕的問題。一歲時，她的體重只有六公斤，理想標準應是十公斤。

二十週大的觀察

蘿莎趴著，頭抬得高高地。她盯著我端詳許久，表

情認真，非常專注地看著我。接下來的十分鐘，蘿莎似乎非常愉悅地在發現自己的身體。我感受到她由內而外體驗著；以新的方式運用並控制著自己的身體。雖然她處在專注自我的狀態，卻也很意識到我的存在，並掌握著我的注意力。她發出「談話式」的聲音。我對她說，她好像很高興讓我知道她的能力。蘿莎笑了，發出更多清晰的字音。似乎她愈來愈能操控她的舌頭，而不只是咿咿啊啊。蘿莎漸漸靜下來，並專注於自己，不過仍繼續吸引著我的注意。約有二十分鐘，她連續地說話，間隔著幾次靜默。有幾次，她顯得有些不舒服。

稍後，我將蘿莎抱坐在我腿上，她玩著自己的手：她兩手分開，手指指著她的衣服。然後她兩手手指交錯，一起放進嘴裡。這樣的程序重複了好幾次，不過有時候，她只把拇指放進嘴裡。蘿莎也試著在感受自己的腳，樂於嘗試擺出站立的姿勢。

十五分鐘後，我注意到她先是凝視著我的毛衣，然後漸漸專注地看著我的左乳。沒多久，她開始哭起來。我知道她中午吃過了稀飯，不過，我不知道她吃過奶了沒。媽媽接著說，她餵了蘿莎一邊的奶，既然她開始吃固體食物了，就不一定吃另一邊的奶。媽媽抱起蘿莎，讓她吸左邊的乳房，蘿莎平穩地吸了十分鐘後，在媽媽懷裡睡著了。媽媽說蘿莎咬了幾次乳頭，她的牙齒挺利的。媽媽沒有叫出聲來，因為她覺得叫了，蘿莎反而咬得更凶。

當媽媽將蘿莎放進嬰兒床時，她哭了起來。這是新

觀察到的現象，好像她希望有人抱著她。媽媽把手指放進蘿莎嘴裡，然後讓我看手指上的咬痕，蘿莎繼續哭著，不過哭得並不嚴重。

第二十一週的觀察

我坐在地上，蘿莎的小床旁。蘿莎側躺著，盯著我看，臉上沒有笑容。我覺得她似乎想要弄清楚我是誰。

媽媽談起，有個朋友的十四個月大的孩子上星期死了，是被蘋果噎死的。

蘿莎身上蓋著被，她把緞被一角拉進自己嘴裡，然後哭起來。媽媽抱她起來，應艾瑪的要求，媽媽把蘿莎放進艾瑪的玩具車裡。蘿莎臉色發白、全身緊繃，她的眼睛「瞪得像銅鈴一樣」，她看起來既害怕又警戒。艾瑪鬧著要媽媽注意她，最後媽媽便把蘿莎交給我。蘿莎坐在我腿上，兩腳頂著我的肚子。她看看我，然後看看媽媽。蘿莎把兩手握在一起，然後把兩根拇指都放進嘴裡，接著把左手拇指放在右手拇指和食指之間。她經常轉頭去看媽媽。

媽媽告訴我，蘿莎現在一天吃三次固體食物。蘿莎哭了，我覺得她想讓媽媽抱。媽媽抱了她，不過沒餵她奶。蘿莎打開嘴，媽媽告訴她，沒東西可吃了。

媽媽把蘿莎放在地上，她趴著，眼睛盯著一隻泰迪熊，媽媽則在一旁讀故事書給艾瑪聽。

媽媽對朋友小孩的死訊感到非常憂慮，關於這件意

143

外在本次訪視中談了很多。

第二十三週的觀察

蘿莎坐在嬰兒彈跳帶裡，好像比較舒服。她現在可以發出一些吐音，還加以變化發出清晰的聲音；我可以聽到她清楚發出 B 的音。蘿莎在吐出一些字音時，流著口水，媽媽認為那可能表示她要長更多牙了。蘿莎盯著那橡膠磨牙環看，不過，大部分的時間她四處走動，並不斷發出聲音吸引著我們的注意。

媽媽餵她喝奶瓶裡的水（有助於排便，因為她自從開始吃固體食物，排便就有點困難），艾瑪想要扶瓶子。然而蘿莎自己兩手拿著瓶子，媽媽扶著瓶子讓她可以喝到水。艾瑪每隔幾分鐘就把瓶子拿去放進冰箱。

我抱著蘿莎，她調整成站姿，站在我腿上。她充滿活力，不過不太緊張，她的動作有著身體的親密接觸。她捧了我的左乳房好幾次，並第一次碰了我的臉。

當媽媽讓我看他們新房子的裝潢設計圖時，兩個孩子同時變得像洩了氣的皮球。

第三十週的觀察

這是放了三週假期後的第二次觀察。媽媽告訴我，這個禮拜她走到哪，蘿莎就跟到哪，爬得可快著呢：她不喜歡離媽媽太遠。媽媽也注意到，蘿莎比艾瑪容易緊

張。例如，她不能忍受吸塵器的聲音，所以媽媽沒辦法好好打掃家裡。

　　蘿莎剛睡醒，艾瑪不肯讓出高腳椅，媽媽只好抱著蘿莎餵她吃。媽媽不確定蘿莎喜不喜歡素食餐。然而蘿莎迫不及待一口吃掉湯匙裡的食物。艾瑪還是不肯從高腳椅上下來，而且還弄得一團亂惹惱媽媽。

　　等媽媽餵完蘿莎，艾瑪從高腳椅上爬下來，我看得心驚膽跳，艾瑪則老神在在。媽媽把蘿莎放在這把椅子裡，艾瑪立刻爬上去，想擠進去和蘿莎一起坐。蘿莎坐在高椅上，看起來個頭雖小，但神情長大不少；她靜靜坐著，細細研究著我的臉。然後媽媽過來，邊笑邊摸著蘿莎的臉頰。蘿莎開始輕聲笑了起來。

144

　　稍後，在客廳裡，蘿莎自己坐了起來，把地板上好幾個玩具拿起來吸一吸。媽媽說蘿莎現在會站了，她應該表演一下。媽媽把她的手放在三輪車的座椅上，蘿莎站起來，與三輪車成六十度角，她弓著背，屁股往外翹。艾瑪過來把車子推走。媽媽鼓勵蘿莎去推坐在嬰兒學步車裡的艾瑪，不過蘿莎更喜歡玩散置地上的玩具。

　　媽媽離開房間，蘿莎立刻跟上。她一開始用爬的，然後變成手往前爬，身子在後頭拖著。

第三十一週的觀察

　　接下來這週，蘿莎爬得非常好了。媽媽告訴我，她和先生上個星期有兩天讓艾瑪禁食，因為她的一些行為

令他們很不高興。他們這麼做是為了她好。媽媽說得好像這是調教小孩人格發展的尋常處理方式。

第三十二週的觀察

蘿莎坐在高腳椅上，看起來很舒服，她坐得更挺且更有自信。（艾瑪不在房間裡。）媽媽把湯匙沾了蜜，敲敲托盤，再放進蘿莎嘴裡，她立刻吸吮起來。她發出更多聲音，像在與人說話。蘿莎把湯匙丟到地上，媽媽撿起來。蘿莎拿著湯匙玩了幾分鐘後，再把它丟到地上。媽媽不理她，她彎身去看地上的湯匙，媽媽還是不理她。蘿莎開始吸起手來，有個片刻把拇指放進嘴裡吸。她漸漸滑下高腳椅，我以為她就要滑到地板上去，媽媽注意了了，抱她坐好，給她玩具茶壺的蓋子，蘿莎立刻把它放進嘴裡。

媽媽說，她這個星期注意到蘿莎說話能力的發展。她開始發「達達」的音，而且有自己說哈囉的方式。媽媽也注意到，蘿莎對音樂特別有興趣；她會隨著收音機裡傳出的古典音樂搖擺。

第三十五週的觀察

我到時，蘿莎剛睡醒。她趴在地上做出爬的姿勢，然後站起來，微笑。艾瑪摸著蘿莎的頭，然後爬進嬰兒

床。媽媽邊說蘿莎需要一個搖籃，邊抱起她來。艾瑪留
在嬰兒床裡，跳上跳下。媽媽把蘿莎放在客廳地板中
間，蘿莎爬到我身邊，用手輕輕摸著我的臉。接著她把
拇指放在我脣上，彈撥了一會兒。然後她坐在我旁邊的
地板上玩著。偶爾，蘿莎會站起來，專心看著我的嘴，
有一次她摸了摸我的鼻子。

145

　　蘿莎玩著有長把手的鈴鼓。她重複將把手上大大的
結放進嘴裡，有一次，她試著想把它放進我嘴裡。

第四十一週的觀察

　　蘿莎坐在地上，自己拿著奶瓶吸著，非常專心地
吸；她用兩手拿著奶瓶，穩穩地吸著。

　　媽媽告訴我，蘿莎咳了很久，這週她帶她去看家庭
醫師，因為她很擔心蘿莎一直咳個不停，還有體重太
輕。她擔心好幾個月了，一直不知道該怎麼辦。她也提
到蘿莎從高腳椅跌下來，跌得不輕。她好幾個小時就靜
悄悄地，讓媽媽以為她「完蛋了」。媽媽在談這事時，
只是平淡地描述事實。

　　艾瑪在廁所叫媽媽幫忙擦屁股。蘿莎放下奶瓶，很
快跟著媽媽到廁所去。當她們三個人都回來時，蘿莎把
奶瓶拿起來，不過艾瑪很快就把它搶走。她拿著奶瓶躺
到沙發上，身上蓋著墊子，躺在那兒半個小時，好像窩
在床上似地。蘿莎爬到沙發上，沒有意思要拿回她的奶
瓶。她拿了艾瑪先前給我的畫，捏擠、吸吮著。媽媽試

著吸引蘿莎玩學步車，沒成功。蘿莎站在媽媽腿旁，想爬上去。她爬不上去，哭了，最後媽媽抱她起來，讓蘿莎面對她站在她腿上。蘿莎拉扯媽媽的頭髮時微笑著。媽媽把蘿莎放下來，同樣的事又重來一次。這回，媽媽告訴艾瑪把奶瓶給蘿莎。艾瑪沒有反應。媽媽再次把蘿莎放到地板上，這次，她把一條裙子蓋在蘿莎頭上；一開始蘿莎有點驚嚇，不過這很快就變成一個遊戲，蘿莎把裙子拉下來，媽媽說：「喵！」蘿莎笑得很開心。

斷奶過程引發的情緒

蘿莎五個月大時，開始斷奶，十個半月大時，完成斷奶。一開始媽媽讓她吃固體食物，只讓她在中午時吸一次奶，然後再漸漸斷掉中午的母奶。這個改變的過程，蘿莎有時候會咬奶頭，媽媽如果叫痛，她會咬得更用力。同一個時期還出現另一個現象是，媽媽若將蘿莎放進嬰兒床，她會哭著要人抱。蘿莎七個月大時，她已經爬得非常熟練，並跟在媽媽後頭到處爬。媽媽觀察到她很怕吸塵器。當然這可能與這個時期蘿莎花很多時間待在地板上有關。也許她的「容易緊張」與她自身的「施虐衝動」（sadistic impulses）有關聯：她是否害怕吸塵器會把她吸進集塵袋裡，就像她咬著乳頭，幻想自己吞吃了它一樣？此外，這個階段的觀察還包括第一次聽到父母親「讓艾瑪禁食」。禁食似乎是父母親用來去除不良行為、讓孩子變「好孩子」的方法。令觀察者感到驚訝的是，後來媽媽說，蘿莎斷奶的最後階段（從早上到晚上都不讓她吸乳房）正好是媽媽三十天的齋戒期（伊斯蘭教的

146

齋月）。媽媽說，這個月她努力讓自己「不要有不好的想法」。
同一個時期，媽媽也在擔心醫院給蘿莎做的檢查結果，他們懷疑
蘿莎有乳糜瀉；後來證實蘿莎體重太輕並不是因為這個疾病。媽
媽似乎覺得進食有可能是一種有害的活動（媽媽提到的兩件事：
小時候偷吃東西來安慰自己、因吃蘋果而噎死的小孩），這樣的
擔心特別呈現在她的孩子對食物的焦慮——蘿莎對離她而去的乳
房的憤怒、艾瑪對媽媽餵蘿莎吃奶的明顯忌妒及干擾，兩者對媽
媽來說都不好處理。

　　值得注意的是，觀察者也對沒注意到蘿莎體重沒增加一事感
到自責及憂慮。有相當長的一段時期，斷奶的痛苦無法得到應得
的注意和考慮。對母親乳房及母嬰兩人關係的攻擊（特別是艾瑪
的干擾）未得到涵容，置蘿莎於非常真實的危險中，當母親無法
在其心智空間裡包容並調節其愛恨交織的矛盾，這情緒便以身心
症狀呈現。

思考及溝通的發展

　　追溯蘿莎五至十個月大之間的思考發展，可見其溝通能力漸
漸精緻化的歷程。七天大時，蘿莎便以「會和人說話」的能力令
人印象深刻。接下來六個月的「語言發展前期」的口語活動，漸
漸發展至發出「噗」音，「控制操弄她的舌頭」、「更清晰的聲
音」（五個月大）、「更清晰精緻的吐音」（快六個月大時）。
七個半月大時，她開始發出「達達」音，並有「哈囉」的口形，
「她與人聊天似地發出更多聲音」。

　　蘿莎玩的遊戲也愈來愈精緻化，並呈現她漸漸發展出整合的

能力，及分辨內、外在現實的能力。例如，第五個月時，當她玩著手、手指及拇指時，它所喚起的情感顯然指向乳房及乳頭，表示她已有象徵性的表徵能力。我們可以猜測當她探索自己的胸膛，找不到乳房，然後將兩手手指交織在一起時，她創造了一個想像的乳房及乳頭，暫時舒緩了她的焦慮（因真實的乳房及她啃咬的乳頭不在身邊而有的焦慮）：「她先是凝視著我的毛衣，然後漸漸專注地看著我的左乳。沒多久，她開始哭起來。」她為這縈繞心中的缺席客體創造出不同的面貌；含在嘴裡令人滿足的乳頭，以夾在拇指和食指之間的另一根拇指代表；接著是沾了蜜的湯匙，她把它丟掉，媽媽再幫她撿回來。這個時候，蘿莎把鈴鼓把手上的「結」（knob）含進嘴裡，還想把它放進我嘴裡時，她心裡所想的，似乎是和音樂有關，只要一扭「開關」（Knob），收音機裡就傳出美妙的音樂。也許她現在能夠指稱「達達」的對象，也與她所感受到的母親生命力有關。此外，蘿莎對父母之間的關係愈來愈有興趣。

　　蘿莎天生有承受強烈情感的能力，及相當多的思考能力；本觀察紀錄呈現了這些特質如何影響蘿莎的家庭經驗，以及她如何適應其家庭生活。母親的人格特質，特別是她個人的某些焦慮在許多重要細節上都影響著她照顧孩子的方式。令人深思的是，母親暫時還沒有能力看見造成其焦慮的原因。艾瑪的嫉妒及需求似乎喚醒了蘿莎的警覺，也讓她一出生就得學著因應與姊姊分享母親的處境。這個因素或許影響著蘿莎遊戲中呈現的深思及認真。這份紀錄沒有什麼機會觀察到父親在這個家庭裡的角色及地位；然而，在心理層面上觀察者本身有時發揮了父親的功能，而她內在被喚引的一些感覺，也許也反映了這個家庭的某些情緒模式。

【第八章】哈利 148

　　我透過全國助產協會規畫的產前課程與母親連繫。她很樂意和她的嬰兒哈利（Harry）一起接受觀察。他是她第二個小孩；哈利出生時，她第一個孩子喬治（George）才兩歲。父母兩人都大學畢業，母親本身說英文，離開自己的國家到英國來求學。

第二十六天的觀察

　　這對夫妻的家坐落於綠蔭街道上隱蔽的位置，是獨棟的大房子。前院的鐵門不好開，而院子裡那條活蹦亂跳的拉布拉多犬又讓我走到前門一路困難重重。

　　幫傭幫我開了門，並告訴我媽媽在樓上，她帶我到客廳等候，然後去通知媽媽。

　　媽媽下樓來，雖然她有著豐滿的乳房和還未消褪的小腹，但她人看起來很瘦小、弱不禁風，像個孩子。她直直的長髮披散著，蒼白的臉上，眼睛顯得特別大。她熱切地笑著跟我打招呼，並告訴我，其他人在午睡，她則小睡了四十分鐘。她邀請我和她一起喝杯咖啡，於是我跟著她到廚房。看起來，小孩都不在。她說她剛剛瞄了一眼，小嬰兒有快醒來的跡象，等一下就要餵奶了。她告訴我，早上六點嬰兒醒來的時候，她餵了他；十一點時，則是她把他叫醒，餵奶。

她說這個孩子很乖，晚上睡得很久，她很喜歡，因為半夜兩點、清晨六點餵奶很累。喬治就不一樣，他沒辦法睡整晚，一直到他五個月大，情況才改變。他餵奶前後都哭得厲害，她每四個小時有兩個小時是在餵奶。她告訴我，這個嬰兒叫哈利，他是個很容易餓的嬰兒。餵完奶把他放下後，他會稍稍哭一下，不過不會哭很久。幫傭把喬治帶進來，他看起來很睏的樣子。媽媽說他平常很好動。這段時間，那條狗都在一旁繞來繞去。

媽媽問及我正在做的研究，和我的工作。她提到研究有時候會持續很長的時間。她說，白天她都在樓上餵奶，問我要不要上去。她談及她的學位及她後來做個人助理的工作。她說：「那很像是保母。」

149 　嬰兒在父母臥房，睡在窗戶旁的嬰兒床裡，旁邊有個暖器。他的頭上方擺了隻絨毛動物。臥房裡亂糟糟的，到處是嬰兒的用品。哈利趴著睡，頭朝著牆，兩手舉至頭旁，手握拳。他還在睡。他的頭和臉紅紅的，深色頭髮茂密。媽媽把毯子拉好。我注意到哈利把兩腿縮進身體。她把兩隻手放在哈利的背上，輕輕搖他，讓他醒來。他動了一下，移動了兩手，但沒有張開眼睛。媽媽停下來夾起她的頭髮，好方便餵奶。她還準備了尿片放在床上。她說，如果哈利自己不醒的話，她會叫醒他；又說，今天早上十一點那次餵奶，哈利其實沒有完全醒。她抱起哈利。他的頭往後仰，身體則維持原狀。她說，他還沒辦法控制自己的頭。她把他放在床上換尿布的墊子上，並告訴我，他醒著的時候，她換了小床的

床單。哈利伸展四肢，哭了起來。他的頭轉向一邊，眼睛還沒完全打開。媽媽很快且熟練地換了他的尿布。尿布移開時，他大聲哭著。她對他說：「很冷，對不對？」

媽媽解釋道，嬰兒晚了十一天還沒生，她被帶到醫院去催生，結果一到醫院，她就開始要生了。經過十四個小時，醫院的人告訴她，如果要保住孩子，就得剖腹，因為嬰兒難產，生不下來。嬰兒的鼻子被擠壓得很厲害，他的頭被向後扯，所以現在他很難控制他的頭。她說，兩個兒子的生日應該是同一個月份，不過這個嬰兒晚到了。她原本期待生個女兒。醫生要她不要變太大、太重，因為她個頭兒很小。她盛讚醫院對她的處置，說一開始一片混亂，不過後來就愈來愈好，比生喬治的那家醫院好多了，那家醫院只有醫療處置還可以，其他就不怎麼樣——她被麻醉到根本不記得生產過程。她不想再經歷一次那樣的經驗，所以她連絡了全國助產協會，參加他們的課程。他們推薦這家醫院。

她抱起嬰兒，讓他倚在她肩頭。他把手臂和腿縮進身子。她坐在床上準備餵奶，背靠著牆，腿往前伸，咖啡和面紙就在她的左手邊。她建議我坐到床上或靠床尾的椅子上。我選了椅子坐，雖然坐在這裡無法有很好的觀察角度。（若要有好的觀察視野，我會選坐在他們旁邊。）她拉起毛衣，給哈利右邊的乳房。他伸展四肢，打起哈欠，然後重新縮起四肢。媽媽發出聲音鼓勵他吸奶：「來啊！來啊！」他轉過頭去，找到了乳房。他用

力吸吮，還發出聲音。媽媽露出痛苦的表情，並說他真的吸得很用力，她的乳頭很痛，得擦乳膏，雖然她以前餵喬治都沒有問題。她原本想，哈利也許會漸漸知道他不必這麼用力吸，不過他還是一直吸得這麼用力。我問媽媽，哈利是不是從頭到尾都吸得這麼用力。她說不是，不過，他從來沒像喬治那樣吸著吸著就睡著了——即使他打盹了，也會在她要把放他進小床前醒來。

150　　　哈利繼續吸奶，他原本用力縮起來的腿漸漸伸展開來。他貼近媽媽身體的那隻手臂舉起來並彎曲，但沒有碰到乳房。吸奶時，他的拳頭漸漸鬆開，看起來放鬆不少，且吸得比較平靜。約莫五分鐘後，他鬆開乳頭，發出像打嗝的聲音（不是真的打嗝），用鼻子摩擦著乳房。媽媽說，他已經開始會這樣跟她玩，鬆開乳頭，然後自己再找到它；有時候他找不到，媽媽就把乳頭送進他嘴裡。她再把乳頭放進他嘴裡。他先是吸得很用力，發出一些聲音，然後漸漸平穩下來。這段過程中，媽媽一邊啜飲著咖啡，一邊和我聊天，並不時低頭看看哈利。她看起來很放鬆，而且很自在地讓哈利慢慢來。他又放掉乳頭，有點呼吸急促的樣子。媽媽問他是不是要打嗝，並讓他坐起來。他大聲地打了嗝，並吐了些奶。她笑出聲來，說她兩個兒子都不太文雅。她抱起他，讓他倚在肩頭，拍著他的背。他打了更多嗝。他仰頭向後去看她，然後頭又落回她身上。他又再次蜷縮起來。她讓他躺在她懷裡，把右邊的乳房給他，他安靜地吸了一陣子。我看不見他的手。他的腳靜靜不動，只偶爾踢幾

下。

　　媽媽說，她盡量不嚴守時間，而且補充瓶餵，雖然他奶瓶的奶吸得不多。她說，自從她從醫院回來，她就不知道他到底喝多少奶。哈利繼續安靜地吸著奶。他幾乎沒有任何動靜，我心想他可能睡著了。媽媽告訴哈利，她覺得他已經吸夠了。她讓他坐起來，拍他打嗝。他的頭微微晃著，很快地打了嗝。她再把他抱倚在肩頭。他蜷縮成一團，靜靜不動。媽媽將他抱躺向左邊乳房，一陣猶豫後，他再次激烈吸吮起來。這次，她沒有圈住他讓他貼緊她身子。他的腿向外斜伸。過了一會兒，她把他的身子轉過來貼近她的身體，圈住他。

　　媽媽告訴我，外婆這次沒空來，上回生喬治時，她來了。外婆建議她請個保母，不過她不太想，因為她已經決定要自己帶小孩，只是需要「另一雙手」幫忙。後來他們就雇了個人幫忙家務。她說喬治和艾格妮斯（Agnes）相處得比和她還好。早上餵奶的時候比較麻煩，因為艾格妮斯不在，而喬治總是在她餵奶的時候吵著要東西。我問她是不是在英格蘭長大的，她告訴我她的出生地，她到英國是來念書的。她談到她上的兩門課，她上其中一門課時，就把孩子留給艾格妮斯；上另一門課時，則把孩子留在托兒所，她說那個托兒所非常棒。她說她很喜歡出門，不過她還沒跟哈利一起出過門，因為她的肚子還很痛，沒辦法推嬰兒車。哈利靜靜地吸著奶，看起來平靜而放鬆，幾乎沒怎麼動。

　　她說她想去教幼兒，可是她先生潑她冷水說，她的

聲音像蚊子一樣小，怎麼教小孩。她繼續說，他們買了有大花園的房子給她，可是現在空在那兒，她先是被一個幼兒綁住，後來又懷孕了。她笑著補充說，她還以為照顧小孩只需要一顆皮球和一條鍊子，就會很成功的。

151　　她回頭談起瓶餵的事：她在想，每天晚上固定讓哈利吸一次奶瓶，因為她不想再像以前親餵喬治那樣，有被綁住的感覺。她沒有讓喬治吸奶瓶，結果斷奶很困難。她親餵母奶餵到喬治九個月大，這讓她覺得被綁住了。喬治六週大時，她曾把他託給鄰居，結果他尖叫不止。她希望可以把哈利託給別人帶一下，所以，她得知道要給他預留多少奶。

　　哈利再次鬆開乳頭。媽媽抱起他，讓他倚著她的左肩。這回，他一直把腿伸得直直地，頂住媽媽的肚子。她說，這樣讓她很不舒服，便把他抱高一點。他尖聲長叫，媽媽說：「哦，不要在我耳邊叫。」狗跳進來。她對牠大叫，要牠出去。她對狗大叫時，哈利嗚嗚哭起來。（餵奶過程，喬治也在一旁又吼又叫，但哈利似乎並未注意。）媽媽讓哈利躺下再吸奶，他靜靜地吸著。

　　媽媽又回頭談用奶瓶餵奶的事。她提到全國助產協會某些成員所持的理想主義，她們認為根本不能考慮奶瓶。她覺得這非常不切實際，她從喬治身上學到，你得做你能掌握的事。她繼續說，當喬治第一次願意吸奶瓶時，她深感他背叛了她，「我覺得他接下來就要離家去結婚了。」她嘲笑自己的這個想法。她告訴我，生產完頭兩天，因為傷口等等情況，她沒辦法親自餵哈

利母奶。護理師抱他到她床邊，用奶瓶餵他。第三天，他們認為她應該試試看。她說她不介意。她想辦法餵母乳，靠著枕頭支持，嬰兒躺在她身旁。她說當時她沮喪極了，很像她當初生完喬治後的感覺，覺得非常疲倦，甚至得吃鎮定劑。她提到其他剖腹產的小孩都放到保溫箱去了，只有哈利一出生就大哭，所以不需要待在保溫箱。

　　遠處傳來樂團的音樂聲。媽媽對哈利說：「聽，有音樂哦！」哈利停止吸吮，發出咯咯聲。她抱他起來，拍他打嗝。她說：「我想你是吃夠了。」並讓他面對著她坐。看著他，她說：「哦，你還要。」便讓哈利再吸奶。他吸了一會兒就停下來。她把乳房拿開，拿起他的手放在他肚子上說：「好飽，好飽。」她再把乳房放進他嘴裡，他又吸了一陣。她說：「小豬仔。」他吸了一會兒後，哭了起來。她抱他坐在腿上，說：「好了，好了，現在你肚子痛了，是不是啊？」（餵奶前後約餵了一個小時。）他嗚嗚哭起來。她站起來，抱著他在房間裡邊走邊拍他的背。他立刻安靜下來。她告訴我：「我想如果我抱他起來走走，他就不哭了的話，應該情況不是太壞。帶第二個小孩，你比較不會那麼緊張。」她又走了一會兒，然後說大概可以把孩子放下來了。她停下來，還抱著他。她一直站著，他靜靜地沒動，貼近媽媽的身體，一隻手臂舉起來，抓著她的衣領。她還站著的時候，他張大眼睛四處看，目光短暫在我身上停留了一下。

媽媽讓他趴著躺在嬰兒床裡。她說他不會馬上哭。
他喜歡有人在旁邊，只要聽見她在旁邊的聲音，他就不
會哭。哈利好幾次抬起頭來，又放下，張著眼睛。媽媽
說，喬治在這個年紀時，脖子的肌肉比較強壯，因為脾
氣不好，常大叫的關係。我說我該離開了。我們下樓，
互道再見。媽媽問我對今天的觀察滿不滿意，我告訴她
我很滿意，並再次謝謝她。我離開的時候，嬰兒一直沒
哭。

本次觀察呈現哈利早年生命裡兩個對比的現象：一是他睡眠
時間很長，甚至很難醒來吃奶，好像對外界沒什麼興趣的樣子；
另一部分則是他的渴望。他吸奶的樣子似乎顯明他精力旺盛，媽
媽對此有深刻體驗：他經歷那麼漫長而困難的生產過程卻不需被
送進保溫箱。

從觀察中也可發現，當哈利不專心吸奶時，媽媽藉由說話、
溫柔撫摸他，及鼓勵他，來幫助他吸奶。媽媽允許他自己決定要
吸多少，不夠就讓他再吸，直到他夠了為止。

這個家接待觀察者的方式，及允許觀察者觀察餵奶過程，顯
示母親對於與嬰兒建立關係很有自信。

不過，也有其他線索顯示她可能有的壓力。她的家人不在身
邊。母親提到生完兩個小孩都有憂鬱的情況，而她先生說她講話
像蚊子一樣，好像她弱不禁風，沒有辦法當個老師。生哈利的過
程大概很令人失望，特別是她本來希望這次生產經驗比上次生喬
治好——因為她會意識清醒地經驗並記住整個過程。她把這個界
定為她想要有一個比較自然的生產（Trowll 1982）。

　　雖然她看來漸漸從生產經驗中恢復，餵母乳也很順利，但仍可見母親的不安。

　　媽媽和哈利才剛剛建立授乳關係，她就已經在想斷奶的事。會不會醫院人員感覺到媽媽不太想開始餵母乳，便施了點壓力讓她早點開始？母親似乎並未覺察到這點，雖然她談到前一次授乳經驗，她覺得被喬治綁住，對此她還有氣。就如她所描述，授母乳讓她覺得自己動彈不得，而餵奶瓶意味著完全分離。她以很理性的口氣談論如何在親自餵乳及以奶瓶餵乳之間找到平衡，也許她發現，很難在授母乳的親密中找到平衡。

　　雖然母親在觀察過程中所說，指明了她的一些困難，但觀察者最深刻的感受是，這是個很有自信的母親，細心、溫柔關照她的嬰兒。

　　母親似乎很能處理餵奶中的干擾，並允許「不確定」存在 153 （即，不知道怎麼了），知道怎樣會減輕哈利的壓力。哈利沒吃飽，她能再讓他吸奶，也顯明她對乳房提供的奶量有自信，以及她相信自己有能力與他重新聯結，並提供撫慰。同時，觀察者注意到哈利的哭聲有種特殊的內涵。他的哭聲聽起來很薄弱、尖細，好像他不能放膽大哭。這哭聲與有時觀察者抱著他，他所發出的強烈憤怒非常不同：他會把頭向後仰，脖子拱起來，並大叫。

第七週的觀察

　　早上十一點時，我如約打電話給媽媽安排觀察時間。她說哈利八點吃過奶了，現在正在哭，但她不想這

個時候餵他。他現在每四到六個小時吃一次奶，也就是
十二點到下午兩點之間要餵奶。最後，觀察時間約定在
十二點。

我到時，哈利正大聲哭著。媽媽說她在等我，因為
沒有其他人可以幫我開門。她走進廚房，出來時兩手各
端了一杯咖啡。我說，很抱歉讓她為了我延遲餵奶。她
說她不擔心這個，餵奶之前，她還有好多事要做。

我們往樓上走，一進房間，哈利就不哭了。媽媽走
向嬰兒床，一直和他說著話。「很不公平，對不對？」
「這媽媽真糟糕。」「快了，快了。」她把哈利抱起
來，放到床尾的墊子上，很快把他的尿布換了。她談到
他長大的情況。這個星期哈利去做了六週大的檢查，他
現在重約六公斤。她說，她一直和全國助產協會的媽
媽們有聯絡，她們會一起喝咖啡；有個媽媽很擔心，因
醫院的人告訴她，她那三個月大的嬰兒重六公斤，太重
了。媽媽說，哈利六週大就重六公斤了。她說她只餵他
母乳，有時候餵奶瓶，不曾給他吃任何穀類食物；哈
利看起來個頭大，並不胖。他一出生就比喬治重 0.2 公
斤，現在則比喬治六週大時重 0.7 公斤。她將此歸因於
他比喬治安靜的緣故。

哈利兩眼惺忪地望向我。他已經不哭了，不過嘴巴
張開、闔上地動著。媽媽談起他們去醫院的事，說那醫
生很沒同情心。醫生問她哈利躺著的時候，頭是不是一
直擺同一邊。媽媽說是，可是他都趴著，不常躺著。醫
生告訴她，要轉他的頭，不然他的頭型會歪一邊。

　　媽媽說，醫生這樣說讓她很生氣，氣過之後，她就一直很擔心他的頭型。她告訴我她仔細檢查過了，沒看見有什麼不良後果。她補充說，接下來這星期要去看家庭醫師，她會請她檢查一下哈利的頭。這診所的醫生對喬治很有幫助，之前她帶喬治去做兩歲的檢查。她繼續說，她懷孕時都去讓她的家庭醫生做檢查，那時她就想，這樣比較好，因為這醫生已經認識妳了，然後還會從一開始就認識妳的小孩。

　　邊說著話時，媽媽抱起哈利，坐到她慣常餵他的位置。在她準備著要餵他時，他發出興奮的聲音，揮動手臂，盯著媽媽的臉看。她把左乳放進他嘴裡，他立刻開始吸起來，吸得很用力，發出一些聲音。他持續穩定地吸吮著，手臂和腿靜靜不動，如此好一會兒。然後吸奶的節奏改變，吸吮漸漸變成一陣一陣的，手腳漸漸動起來。最後，他鬆開乳頭，身子住後退，哭了起來。媽媽讓他坐起來，他立刻打了嗝。他坐了一會兒，似乎有點恍惚。他的頭往前點著。媽媽抱起他，讓他倚在她肩頭，然後拍著他的背。他揮動雙手表示抗議。她放他躺下，給他同一只奶。他靜靜吸著，沒再有其他動作，直到她告訴他，她認為應該夠了，便把他抱離乳房。他沒有抗拒。

　　她讓他坐在腿上，拍他打嗝。他打了嗝，也吐了不少奶。她告訴我，哈利生病的時候，喬治怎麼哭，哈利怎麼受不了。她也提到電視節目「遊戲學校」（Play School）有個片段，有隻狗跑進水塘裡去叼樹枝，然後

154

247

她聽見廚房裡傳來喬治的哭聲，她過去看怎麼回事，他尖叫哭著：「狗在水裡。」她說，他不能忍受看見任何有生命的東西跳進水裡。她說話的時候，哈利把頭向後仰看她的臉。他坐了好一會兒，在她的手臂彎裡盯著她看。他沒什麼動，她笑著看他，鼓勵他也對她笑。她對我說，他還沒辦法決定要不要笑。

從媽媽開始餵奶，喬治就在自己的小床裡自言自語，這個時候，他開始間斷地嗚咽起來。哈利還盯著媽媽的臉看，媽媽把他換個邊，讓他吸右邊的乳房。他立刻開始吸起來，靜靜地吸了好一會兒。他停了下來，媽媽說：「你肚子裡有空氣哦。」便讓他坐起來，讓他打嗝。他立刻打了幾個嗝。媽媽告訴我，前一週他肚子裡太多空氣的問題這週一開始就沒了，而且哈利前晚七點半吃的奶，一直到半夜一點或一點半才再吃奶，然後就是今天早上七點還是八點。她很高興地說，希望很快就可以不必在半夜起來餵奶了。

哈利坐在媽媽腿上時，他四處張望著。他先是望向嬰兒床上方的大窗戶，然後再轉向床邊的小窗戶，兩邊都沒有看很久。最後，他的目光停駐在床邊檯燈的暗影。媽媽確定他是盯著燈影看。那是個喇叭狀的燈罩，燈是亮著的，光在收束的頂部投射出不同的暗影。媽媽對哈利說：「那是不是你見過最漂亮的燈啊？」他仍專心盯著燈看，並未因媽媽的聲音而分心。媽媽告訴我，她有時候把他放在火爐前的地板上，翻開一本雜誌給他看，他盯著雜誌上一個女人的臉。她說，她覺得哈利大

概以為那是她，或至少以為那是個像媽咪一樣的人。媽媽把哈利的臉轉回對著她的乳房。我幾乎聽不到他吸奶的聲音，他看起來有點睏。

　　這時，爸爸帶著狗進來。他對我說著話，狗靠近我，他們叫牠離開。這樣重複了好幾次。我完全無法專心注意哈利。喬治在另一個房間發出尖銳的哭聲。媽媽要爸爸去照料他。她開玩笑地對我說：「亮出大槍。」（譯註：叫爸爸去處理的意思）爸爸離開，她高聲叫他，要他要去照料喬治，不過他沒聽到。媽媽把哈利移開她的乳房，讓他坐起來，很快地說：「我得去看看，和喬治說一下話。」他把哈利放在墊子上，讓他趴著，然後離開房間。我聽見她厲聲對喬治說話，威脅他，然後聲音漸漸減弱。

　　哈利開心地發出咯咯的聲音，把他的頭和肩膀往後推高。他四處看著，然後望著我，再越過我左肩，望著陽光在牆上映照出的圖案。稍後，他的目光離開牆，睜大眼盯著窗。媽媽回來，告訴我，喬治情緒不好，因為他把一些小墊子丟到地上，自己又撿不回來。她坐到床邊，哈利的目光立刻離開窗，轉向看著她。他吐了不少奶。她說：「我正想問你還要不要奶，看起來你喝太多了，都流出來了。」哈利仍抬著頭和肩，發出尖細的聲音，好像要哭了。媽媽抱他起來，又坐回床上，讓他坐在她懷中，搖著他。他貼近媽媽的身體，看起來想睡覺的樣子，當媽媽輕轉檯燈的時候，吸引了他的注意，他開始盯著燈看，不過沒有先前專注的樣了。媽媽說：

155

「哦，你又看到你的燈啦！」她告訴他，她要把他放回床上，讓他睡一會兒。她發出打呼聲逗他，又搖著他。她走到他的小床邊，正要把他放進去，他就張大了眼睛，看了她一眼。他打了哈欠，躺在小床裡，他把頭和肩抬高一些，看向我。媽媽說：「你要表演給我們看你會什麼，對不對？」他四處張望，然後躺下，他的眼睛還張得大大地。他開始嗚咽起來，媽媽說：「這樣哭沒有用哦！你知道我不會理你的。」她離開房間，哈利哭聲漸大，他的腿踢著，他的手緊抓著床單。他的頭漸漸變紅。媽媽回來一下，然後我們倆一起離開。

　　本次觀察呈現母親和哈利的關係有了顯著的轉變，它也說明母親與哈利在一起及不在一起時，她對他不同的態度。當他們不在一起時，她似乎完全把他排除在外，對他的苦惱不太在意，專心於自己要做的事。一旦他們在一起，她立刻能感受他的感覺，知道他的需要。這也呼應她對餵喬治母奶和奶瓶的看法，兩個例子都顯示，媽媽的經驗非常兩極化。

　　這並非單一事件。事情的發展已經形成一種模式。有時候觀察者一到，媽媽便提到哈利已經哭了一個小時左右。這個變化有點難以理解。她並不是有意要放著不管，讓哈利一直哭；大部分的情況是，她並沒有注意到她自己在做什麼。觀察至今，並未清楚呈現與這情況有關的因素。媽媽延遲餵奶並不一定是為了觀察者，然而此種強烈的對比一再出現，確實令人深思。

　　雖然有漫長的等待，但當媽媽將乳房給哈利，他立刻就接受了。接下來有一段時間，原本吸奶的節奏變了，哈利退離乳房，

發出哭聲。這或許是因為肚子裡有空氣造成的不舒服，但也有可能是先前漫長等待的不適及壓力，又回來干擾了他。他花極長的時間凝視著母親的臉，彷彿在與她重新連結，也許在嘗試理解她的狀態。有些時候，他專注於檯燈更甚於母親或她的聲音。母親注意到他的注意力附著在檯燈上。

本次觀察也呈現媽媽在教養喬治時明顯遇到的困難。第一個月的觀察，他彷彿不在家似地；家裡很少有他在的跡象，好像沒有兩歲幼兒在其中活動。有證據顯示，母親覺得她與喬治的關係是種彼此破壞。她渴望與第二個兒子有和諧甜蜜的關係，這可能使她不自覺將喬治及他的「火爆性格」排除在外，因為擔憂他的這些特質會壞事。

接下來是哈利九週大時的觀察，觀察者注意到一個整體性的變化：母親與哈利的接觸變得比較表面。當然她還是非常溫柔體貼，但她和他的連結好像比較少，例如，她會沒注意到餵奶時哈利的不適。她好像退進自己的世界裡面。我感受到她希望我和她談話的壓力、她的寂寞和孤單，雖然她常提到一些社交活動。她也常提到她的家人，以及住在異國的經驗。此外，他丈夫的工作顯然意味著他經常不在家。

觀察者注意到的改變是，媽媽和哈利實際上**在一起**時，她對待他的態度如同他們不在一起。在觀察中，她提到她去參加婚禮，把哈利託給鄰居照顧。媽媽感慨地說，他開始吸奶瓶，情況非常好。

也許，在她很高興哈利這麼快就適應奶瓶的同時，她也感受到被拒絕，而這拒絕引發她的退縮，並加深她的寂寞和孤單感。這些矛盾的情感可能讓她非常苦惱。

157　　當哈利十一週大時，觀察者第一次看見他咬母親的乳頭，她立刻身子一縮。這事發生在母親餵奶沒有注意他的時候。三週後，觀察者再次觀察到他咬母親的乳頭，然後在吸奶時抬眼蒐尋母親的臉。這次，媽媽威脅要讓他斷奶。這次是發生在愉快的餵奶過程中，雖然喬治在一旁干擾。然而，同一次餵奶時，媽媽提到她把貨品丟到忽視她的售貨小姐面前。這似乎清楚暗示著她的控制感在崩解中。

快十四週的觀察

　　哈利規律吸著奶，身體靜靜不動，然後舉起他朝外的手臂，用手探索著。他把手放在媽媽乳房下方，手指圈成杯狀，偶爾動一動。他的腿靜靜沒動。快結束餵奶前，媽媽尖聲一叫：「唉哦！」把乳頭往後縮。喬治出現，看著媽媽和哈利。媽媽說：「真是不乖。」不過她帶著笑意看著哈利，用手指逗弄著他的臉頰，他也笑了。他們微笑望著彼此一會兒，然後再開始餵奶。

　　我們無法知道，哈利重複咬母親的乳頭，是否在回應母親近來有些沉浸在自己的世界裡，或是它導致母親退縮至自己的世界。媽媽提到哈利已經可以接受奶瓶，這早熟的獨立或說是為了適應母親不再那麼全心全意在他身上，可能導致母親憂鬱，或是母親的憂鬱使哈利這麼早接受奶瓶。關鍵是，母親是否能看見這些痛苦的經驗，並想一想這些感覺，或者他們就繼續對彼此微笑，一起假裝什麼事都沒有發生。這也會讓母親及嬰兒都有些困

惑。

快二十一週大的觀察

哈利吸奶吸了五分鐘後，把頭向後仰，望向在他正後方的窗戶。媽媽說：「糟糕了，又要大便了。」（餵奶時，若哈利不專心吸奶，就是在大便了。不過，這次並未出現大便時通常會有的躁動。）

媽媽用手輕輕把他的頭撥回來，不過他還是盯著窗戶看。她試著把他的頭抬起來，他不願意。她把他往她的乳房摟緊一點，但他還是把身子向後仰。當他的臉靠近乳房時，他開始吸起奶來。他含住乳頭，看來其實很想繼續吃奶。他繼續吸了一段時間，但漸漸不想吸了。他的頭向後仰，盯著窗戶看。媽媽好幾次輕輕捧他的頭，把它調整到吸奶的位置，他還是繼續凝視著窗子。她非常突然地把他抱起來坐在她腿上。他的臉一陣白，嘴脣一陣青，好像受了驚嚇似地。

母親和嬰兒之間的拉扯持續至觀察結束。他的堅持讓我驚訝。在餵乳結束前，我觀察到：

他平靜地吸了十分鐘的奶後，把頭向後仰，盯著身後的窗戶看。媽媽把他的頭扳回來吸奶。他吸了幾分鐘後，又仰頭去看窗。媽媽再度很突然地把他抱起來坐著，並說她覺得他不是很餓，她不想強迫他。他坐在她

膝蓋上，打了嗝，神情有點恍惚，心不在焉的樣子。不過，看起來沒有前一次被突然打斷時那麼驚嚇。

餵奶初期，若哈利的需求對母親來說清楚而明確，她便能夠敏銳地抓到他的需求。這個時候，哈利的需求和餵奶時的愉悅感，支持了她對自己是個好母親的認同（比起沒在餵奶的時候）。母親以此種方式依賴哈利來判斷自己是否是好母親。隨著哈利的成長，開始出現一些無法避免的變化，此時的主題是誰來承受這些變化帶來的痛苦──走向斷奶的痛苦。母親和哈利最初的關係中，母親的「自我理想化」（self-idealisation）阻隔了她覺察嬰兒的需求，看來其實是她尚未準備好承受斷奶的痛苦，雖然她從第一次觀察就開始提斷奶的事。

哈利在吸奶中途轉開頭，似乎是對餵奶的改變，及開始斷奶的回應。以下的觀察呈現他對第一次吃固體食物的反應。

第十八週大的觀察

媽媽彎身在哈利面前，從馬克杯裡舀出六、七湯匙的食物餵他。他都吃了，不過並無樂在其中的熱情，他吸吮著湯匙，發出嘖嘖聲。他看起來並無愉悅的表情，並將兩手緊握在胸前……最後兩湯匙，他用力吸著湯匙，並把它含在嘴裡好一會兒。媽媽餵他時，邊對他說話，他偶爾抬眼望她的臉，但她的臉上沒有表情。當馬克杯空了，她用溼布擦他的臉，然後離開幾分鐘；他一動不動地坐在椅子上，接著媽媽抱著他，我們一起到客

廳去。

這次觀察的後半段，媽媽餵完母奶，幫他打嗝之後：　　159

> 媽媽讓哈利趴在大毛巾上，把玩具放在他的頭旁邊，圍成一圈，是他伸手可拿到的地方。他把頭抬起來一下，把腿抬起來又伸直。媽媽對他說話時，他抬起身子看她。他似乎不是那麼舒服。沒有笑聲，也沒有任何其他愉悅的聲音。媽媽尖聲說著話，搖動著一些玩具。他把頭轉向聲音來源，打了嗝，有兩回輕微地吐了奶。之後，他變得比較有精神，開始伸手去拿玩具。媽媽告訴我，他最近開始會動手拿玩具，把它放進嘴裡吸。是我該離開的時候了，我有些不情願地離開，心裡掛念著哈利能不能再活潑起來。

在這次觀察中，哈利似乎喪失了一些自然率真，變得有點憂鬱。這現象多半出現在他對新食物的反應，他好像一點也不喜歡吃這些東西。他面無表情，而且吃完後，身體一動也不動。母親授乳之後，他似乎得藉由打嗝及吐奶，把一些不愉快、不舒服的感覺排除掉，而這些感覺或許與新的飲食有關。除去了這些感覺，他才能自在地玩。直到觀察者離開，他的情緒還有些低落。

然而，飲食的改變也帶來新的發展，並刺激他的好奇心。他在尋找外在的（藉由「盯著哥哥玩的遊戲看、在他背後望著他」表達出來）及內在的其他滿足（表現在他凝視窗戶的動作上）。後者是他長久以來進食之後會有的習慣，在其中，他消化吸奶的

經驗，重新營造它，並在心理上仰賴它。二十週大的觀察發現，他好像硬被母親拉出這樣的心理運作歷程。這樣的想像空間被打斷了，他被迫面對一個自覺被拒的憤怒母親。最後，當他的凝視終於被打斷時，他對外在世界的探索似乎也中斷了。母親很難消化斷奶引起的痛苦情緒，嬰兒的發展讓她有被剝奪了什麼的感覺，使她無法享受嬰兒的進步會有的快樂。

　　從這個時候，哈利對乳房漸漸失去興趣。他似乎在兩種態度之間擺盪：想讓自己斷奶的渴望，及想控制乳房、使它歸自己所有的渴求。前者是比較主要的，因為他對周遭環境的興趣、探索新事物的愉悅，以及控制自己身體的滿足感，支持了這個渴望。這可視為一種自然的發展，但有其特殊的內涵，因為其漸增的獨立對母親而言太過痛苦，她很難親近漸漸獨立的他。

160

第二十八週的觀察

　　　媽媽抱著哈利下樓來。她站在門邊，把哈利換個方向面對我，讓我可以看到他。他張著大眼盯著我看，眼神非常專注。媽媽把他放到椅子上。他轉過頭來繼續凝視著我。他身子向前傾，繼續專心盯著我看……媽媽蹲在他面前，準備餵他吃東西。他轉向媽媽，表情完全改變。原本沒有任何表情的臉馬上笑開來，臉的線條變得柔和，立刻有了生氣。媽媽要他背靠著椅背，才好餵他吃東西，並動手調整他的坐姿。他皺起眉來，不高興地低頭向下看。他繼續皺著眉，直到媽媽遞給他第一湯匙食物。他吃得很開心……有時候顯得有點興奮，在椅子

上動來動去，揮動手臂，並發出咕咕的聲音。媽媽警告他，我們會有昨天那樣「嚴重的體罰（媽媽用手心拍打了他）」：「一有東西吃，你就太興奮。」他好幾次興奮地在椅子上搖晃，每次媽媽都暫停一下，警告他「好了」，然後等他停下來再餵。

　　在這次觀察中，哈利緊張地看著觀察者。面對母親，則顯得非常高興、興奮，立刻對她微笑，柔和地望著她。哈利也許藉由這個方式把對立的感覺分開來。媽媽發現自己有點難以面對哈利漸漸發展出來的獨立，以及外在事物帶給他的樂趣更甚於她和她的乳房。面對媽媽難以忍受兩人之間分隔為兩個個體，哈利的反應似乎在告訴她，她是好的，也是他所渴求的。藉此，他同時諒解媽媽，也避免她可能有的報復，像是當她在餵他吃東西前調整他的坐姿，他生氣，皺起眉頭，但卻向下看，而不是看她。可能在他眼中，媽媽太脆弱、太危險，不能承受他的怒氣。

　　在餵食過程中，他們兩人之間的距離比餵母乳要遠，對哈利而言，失去乳房反而增進其發展。他發現其背脊已可以支撐上半身；他的坐姿，及他抗拒媽媽把他調整成比較懶骨頭的坐法，都顯示他已感受到自己的力量。對母親而言，哈利已經比較獨立的事實，似乎意味著他們兩人已完全分離，而他再也不需要她了。她無法忍受他對食物的興奮，反而顯出敵意、嚴厲的樣子。此時，她似乎不太鼓勵他進一步的發展。

161 結論

　　雖然母親在談論自己的感覺時，還滿開放的，不過仍有些時候，她會覺得自己「很有能力」，向自己及他人傳遞她「什麼都知道」的訊息。此種心理歷程在第一次觀察時就出現了，當時她談到其他全國助產協會成員把事情理想化，她說她知道「你得做你能掌握的事」。她也提到帶第二個小孩就比較容易了。她對自己的能力的信賴，似乎以相信「別人做不到」為基礎，「別人」包括其他全國助產協會的成員，及第一次當母親的她。觀察者在場，讓她可以呈現好母親的形象，更有助於支持她的信念，同時她也用觀察者來讓這幅畫面更圓滿，因此，她更能處理整個狀況。然而，觀察者也目睹許多母嬰之間困難的時刻，感受到情緒突然轉變的張力。

　　觀察者發現，在母親的脆弱對她自己造成影響後，她便無法注意到，有些時候，有許多線索指明她與嬰兒之間的困難，這也說明了脆弱及無能的感覺存在於某處。現在回頭看，哈利出生後最初幾個星期無法放聲大哭的現象，也許與他感受到母親無法處理他的憤怒及痛苦有關。雖然觀察者覺察到母親會讓哈利一個人哭很久，但當時她並未真的理解其意義，一直認為這個媽媽是個很關注小孩的母親。觀察者忽略了母嬰關係中痛苦的部分，或沒有意識到這些情況，或許因為母親本身也避開這些部分，而使得忽略的現象更加嚴重。後來，這些感覺又再次衝擊著母親，觀察者對哈利五個月大時的觀察內容的吃驚顯示母親及觀察者的注意力確實是減損了。

　　在整個觀察歷程中，餵食哈利的頻率這麼高，也是值得注意

的現象。觀察者到訪的時間或許是原因之一，不過，也可能母親控制了餵食的時間，她希望讓觀察者知道，對她來說，餵食時與嬰兒的協商是非常關鍵的部分。她可能極希望在帶第二個小孩時，可以更適當地滿足母親和嬰兒的需要，並強烈想要修正以前養育喬治時所犯的一些錯。幾乎所有的母親和嬰兒都會覺得斷奶是很不容易的歷程，而哈利和他母親則是其中極端的例子。哈利內在發展、分離的壓力，與母親渴望與小孩建立親暱依賴關係的需求，彼此衝突且帶來痛苦。

本觀察描繪了某些第一章提到的有問題的「反移情反應」，同時，也反映觀察者如何不自覺被吸進這個家庭的心理問題中。母親需要第三者來調節她與孩子的關係，但忙碌而經常缺席的父親無法滿足這個需要，其他家族成員也不能代替，有趣的是，在第一年的觀察中，觀察者似乎也不能發揮協助者的角色。 162

在哈利一歲至兩歲之間，這個家的狀況惡化。母親最後完全無法承受，經過一段時間的藥物控制，並在觀察者中止觀察後不久，尋求心理治療。後來幾年，母親仍持續與觀察者保持聯絡，當她或孩子有困難時，她會向觀察者尋求協助。

【第九章】**史提文** 163

　　史提文（Steven）的父母年約三十歲出頭，他們結婚四年後有了第一個小孩，凱倫（Karen）。史提文出生時，大女兒約三歲。父親從事建築業，母親自從凱倫出生後就不再工作。她以前是個店員、收銀員，很喜歡她的工作。父母雙方的父母親都出生在偏遠的鄉村。母親在都市長大；父親則是長大後才來到大城市，他的口音非常明顯。

　　他們住在一間租來的公寓閣樓，舊維多利亞式房子的頂樓，入口及樓梯看起來有些破舊。公寓整理得一塵不染、井然有序；前後距離很長，走道陰暗。嬰兒在父母房間睡了幾個星期，後來則和姊姊一起睡。這公寓沒有中央暖氣空調，冬天會又溼又冷，夏天則很熱，日照很強。

　　媽媽在中午十二點半到醫院，孩子在下午三點出生。關於生產的過程，我知道的不多，媽媽形容它非常容易又正常，四天後，她就出院了。她一直很遺憾自己太早出院，因為有個實習護理師問她想不想成為「個案研究」的對象，結果她太早出院，沒機會了。後來，我與家訪護理師到她家，徵求她接受觀察的意願時，她非常樂意且歡迎。這態度與先前想成為「個案研究」對象有關。她還告訴我，嬰兒要出生，她先生很緊張，有點不知所措。那天他請假在家，完全無法專心看報或看電視。

　　我第一次拜訪的隔週，嬰兒四週大，母親就斷奶。後來我才知道，在那個時候，母親的一個好朋友過世了。家訪護理師在的

261

那回，媽媽與她討論斷奶的問題，她提到嬰兒前一晚沒睡好。她看著睡著的嬰兒說：「你現在比較好了，對不對？現在不是晚上，不過你一點也不在意，對不對？」總之她已經開始讓嬰兒偶爾吸奶瓶了，她覺得自己真的沒辦法給他足夠的奶，媽媽補充說，不管怎樣還是得給他斷奶，因為他的餵奶時間和他姊姊的作息有衝突——她得送女兒去幼兒園，還要接她回來。餵母乳有困難，因為凱倫需要很多注意力。每當她開始餵嬰兒吃奶，女兒要不就吵著要人幫她穿褲子，要不就吵著要上廁所。即使讓她看她喜歡的電視節目「遊戲學校」也沒辦法治她，意思是她也不會不吵不鬧。

隔週去見她是我第一次完整的觀察，母親告訴我，她最要好的朋友過世了，再過幾天，她就要去參加她的葬禮。在同一段話裡，她提到她先生尚未給孩子報戶口，她對嬰兒說：「你的名字會是史提文，知道嗎？」她顯得有些悲傷，有點距離，同時，凝望著手臂彎裡的嬰兒，時不時說他一點也不在乎。

第四週的觀察

史提文（躺在嬰兒床裡）開始動。他的頭摩擦著床墊，好像頭癢的樣子，他皺起眉頭，嘴裡的奶嘴掉了出來。他的臉變紅，發出輕微的、不舒服的聲音。他幾乎把自己的身體撐起來，轉動一下，又躺回去，向左側躺，開始哭起來。他從喉嚨深處持續發出這哭聲，哭得上氣不接下氣。他的媽媽讓他哭了幾分鐘後告訴我，他可能又餓了；他兩個小時前才吃過奶。她邊把他抱起

來，邊告訴我，他要人抱，就像他姊姊一樣。她把他身上的毯子包緊一點，讓他靠在她胸前，然後將他抱離胸前，看著他。他抬頭盯著燈看，看了一會兒；他的臉漸漸不再那麼紅，哭聲也停了。他張開嘴，好像需要大口吸氣。她把他抱在手臂彎裡，握住他的手，說他的手很冷……史提文現在在他的小床裡規律地吸著奶嘴，然後突然停住，一動也不動。媽媽正說著，他可能一直很冷，又說今天是凱倫的生日，然後提到她朋友的喪禮在下星期四，他們會在那天去幫史提文報戶口。她說真是奇妙，嬰兒在哪裡都能睡。「在他們的小豬窩」，就像她的育嬰書上說的，「畢竟他們曾在水裡和一些亂七八糟的東西游了九個月！」她說沒小孩以前，她不想要小孩，也不喜歡小孩。「不過有了小孩後，就不一樣了，妳漸漸學著了解他們，也從他們身上學習。」……

　　稍後，在客廳裡，嬰兒在小床裡睡著了，不過他似乎還一直動來動去；他的眼閉著，但眼球動著，右手舉到臉頰時太用力，好像他無法控制似地。媽媽從廚房回來後，他的眼球似乎動得更頻繁。她深情地看著他和他的奶嘴，說「塑膠奶嘴」（dummy）是個不好的字眼，她比較喜歡老式的說法「安撫奶嘴」（comforter），因為後者比較貼切。她告訴我嬰兒什麼都吸，手、人、奶嘴。凱倫很靠近弟弟時說：「他在吃我。」她提到結婚前，她表親的小孩斷奶斷得太突然，好像因此有點問題。嬰兒常常轉頭找奶頭，她太難為情，先生在時，她都不抱她的嬰兒。

165

在這第一次正式觀察裡，媽媽提到斷奶斷得太突然的小孩會有問題，而就在這個時候，她自己的小孩也在一個星期裡，面對突然斷奶的處境。她心裡想著的，全是他什麼東西都想吃的渴望、他很冷，以及他需要一個老式的安撫物。我後來漸漸了解她獨特的說話方式：聲調平淡、事實陳述，好像她對嬰兒的需要了然於心，也知道怎麼提供這些需要。不過，其中仍蘊含著其他意義。這意義似乎與突然斷奶帶來的結果所引發的焦慮有關，它意味著她不喜歡餵母乳，或對餵母乳感到難為情。她的悲傷也許與她不再哺乳有關，或因為她失去最好的朋友。在本次觀察一開始，她提到我不會想要看一個睡著的嬰兒，又說嬰兒要幾個月大以後才比較好玩；我認為她談的是，要專注於這麼幼小而脆弱的生命是很困難的，也許她希望我這個觀察者除了觀察史提文外，也對她有興趣。（她想當「個案研究」的對象。）那次觀察結束時，凱倫從樓下鄰居那兒回來。那天是她的生日，她和媽媽似乎都很期待一起慶祝。媽媽告訴我，她前幾天不斷問：「我的生日是哪一天？」她們興奮地期待著，這是她和媽媽要兩個人一起享受的事。

接著，我將聚焦於後來的觀察中，與這第一次觀察有關的內容，試著呈現並探討母親與嬰兒以何種方式創造適配，融進彼此的形狀裡。

史提文已經被描述為「乖孩子」，媽媽說他「不在乎」，奶嘴就可以安撫他。他已經可以一覺到天亮，很少抗議什麼，很少哭，學會容忍媽媽來來去去。姊姊要求很多注意，而他對此似乎很有耐心，總是靜靜等待，對於自己能得到多少注意力並不那麼在意。

　　接下來所節錄的內容，包括他如何發展出包容自己的方法。吃奶的時候，可以看見他也漸漸變得對奶瓶有感情，不過這種感情不同於母親餵奶時他對母親這個人的依附。

　　她則滿心想著他對她特殊的情感，他的第一個微笑對她而言 166 是多麼稀罕，而別人是多麼容易就見到他的笑容。她常提到，他只「全心注意他的奶瓶」，卻顯然不注意她。她發現到這個現象有點攪擾她，但並未繼續好奇下去。她溫柔而熟練地照顧他，擔憂著他的健康，並常常抱怨她很累。

　　媽媽的焦慮圍繞著嬰兒身體的狀況，擔心他會冷，不知道他是餓了還是累了（見上文），但嬰兒則除了要奶瓶時會有較大的反應，其他時候很少有強烈的反應。他很少哭，也很少抗議什麼，很容易將注意力向內，只專心自己的活動，不管媽媽在不在。他會對人笑，但大部分的時候，他很少表現出任何強烈的情緒。

　　後來，約莫五週後，有了新的發展。媽媽幫他換尿布成了非常特別的時刻，且常被提及；　與餵奶時的冷淡和疏遠有極大的反差。

　　以下是六週大的餵奶觀察：

六週大的觀察

　　　嬰兒在媽媽臂彎裡，很安靜，一動不動。我坐在他們旁邊的沙發上，不過因為凱倫在旁邊吵，跳上跳下，說話，讓我很難觀察餵奶的情形。相反地，嬰兒看起來睡眼惺忪，他的眼睛眨著，幾乎是閉上了，兩手臂橫放

在肚子上。媽媽把奶瓶取走後，沒辦法讓他打嗝。凱倫一直要我接住她的橡皮環，再丟給她，還在一旁跳舞。當媽媽再把奶瓶給他吸，這個一動不動、睡眼惺忪的嬰兒規律地吸著奶瓶，盯著外頭看，並不看媽媽……

　　嬰兒坐在彈跳椅裡，媽媽帶凱倫去泡咖啡，他面朝門，靜靜的，只有他的手輕微動著。大約十分鐘後，他手部的動作漸漸明顯，看起來他好像想掙脫什麼。凱倫回來，騎坐在沙發上，告訴我：「我在學校會自己穿內褲。」她翻個筋斗，秀出她的內褲，然後騎在小凳子上。電視如常開著。嬰兒繼續動著他的手，發出小小的呢喃聲。媽媽回來，凱倫從後頭靠近彈跳椅，推了嬰兒的頭一下。媽媽警告她不可以，她繼續做，嬰兒笑著。媽媽和凱倫也笑了。媽媽告訴我，星期四她去參加喪禮，很不好受。同時，她翻開一本育嬰書，讓我看裡面對六週大嬰兒的描述。凱倫的遊戲有些喧鬧，媽媽警告她不要再這樣，還把她抓到媽媽腿上打了幾下。她立刻跳開去轉電視頻道。嬰兒躺在那揮動他的手臂，輕輕踢著腳，玩著他嘴裡的舌頭，用舌頭頂他的嘴唇。凱倫老是要我注意她，最後我把幾枝彩色筆給她玩。

167

　　這次觀察結束後，我感到自己完全無法負荷的感覺，不知道要怎麼把握機會持續而不中斷地觀察嬰兒。凱倫不停動來動去，要求這、要求那，不只讓她媽媽很生氣，也讓我憤怒。相較於她，嬰兒似乎就對什麼都沒有興趣，沒什麼要求，甚至有能力照顧自己的感覺。接下來那週，我觀察到餵奶結束時的情況。

七週大的觀察

　　我到時，媽媽正在餵奶。媽媽問我好不好，然後立刻替我回答：「很冷。」她顯然是感冒了。嬰兒在媽媽手臂彎裡，規律地吸著奶，吸得很快，閉著眼，有點呼吸不過來的樣子。我無法繼續觀察他，因為凱倫（像上週一樣）在我身邊跑來跑去，要我看她在幼兒園做的一座塔。她把它推到我眼前，像個望遠鏡似的，只不過另一邊是封起來的。我什麼也看不見！媽媽說凱倫今天很壞。等我得空看嬰兒時，我看見他望向我的方向，但是越過我，盯著牆，也可能是盯著映照在天花板上的燈光看，他緩緩眨著眼，靜靜的。凱倫想要媽媽陪她玩，嬰兒打了嗝，媽媽說他是個乖孩子，今天一整天都在笑，也尿了尿。媽媽要凱倫跟她一起去泡咖啡，然後問我要不要抱嬰兒。她替我圍了圍裙，因為他可能吐奶，我感到盛情難卻。他似乎有些不安，手和腿都靜止不動，他的視線越過我肩膀。他的舌頭在嘴裡動著，把嘴唇附近的皮膚向外推，他的舌頭在嘴唇附近動著。他盯著我看時，我注意到自己不安的感覺升高，然而我並不清楚那是什麼。他的呼吸快而淺，他突然打了寒顫，我覺得他在向我右邊乳房靠。他似乎在定睛凝視，而非只是看著；他的手臂明顯撫過我右邊乳房，撫過他左邊臉頰，然後又撫過我的乳房。他重複這個動作好幾次，突然很用力地碰我的手臂，然後突然用力拉他自己的耳朵。現在，他愈來愈不安，掙扎著、踢著，他皺起眉來，從喉

嚨深處發出些微聲音。

　　媽媽回來了，把他抱過去，問他乖不乖，問他會不會為她笑一個。躺在她腿上，他似乎比較專心，他持續動著手臂，專注地看著她，發出些微聲響。她要他笑一個給她看，她語帶渴望卻不可得的情緒說，他整天都在笑，不過他很少對她笑，倒是很容易對外婆笑。她繼續說著話，也看著他，他對她笑了，她把他抱起來，親吻他的嘴，他的眼睛有了睡意。媽媽抱著他，要凱倫跟弟弟要一個微笑，凱倫低聲吼幾聲。寶寶專注凝視著媽媽，拉著自己身上的毛衣。媽媽開始談到他們到診所去做檢查，史提文尿在醫師身上，媽媽談到這，很開心地笑著。醫師拿兩個紅球在他面前移動，檢查他的眼睛。「我早該告訴她，她不了解他，他可是一次可以尿差不多四、五百毫克，嗯，看起來像是四、五百毫克！」媽媽問凱倫記不記得這事，凱倫也笑了。她把嬰兒抱得很緊，又親了他的嘴一次，然後把他抱在身側。他的頭垂向一邊，她說：「我知道……」就停下來。然後，很突然地，她說嬰兒累了，並問他前一次睡是什麼時候。然後是一陣沉默，我感覺她突然想不起來，或是瞬間什麼也沒法兒想。她很快回過神來，說她要給他換尿布，便抱他到臥房去。

　　這個時候，嬰兒還沒正式報戶口。有種一切尚未歸定位的氣氛，同時母親也好像有許多事情要做，有許多事耗去她的時間和精力。她顯然有很多事要做，例如，給我泡杯咖啡總是非常重要

的事。我不能說不要；她決心要照顧每一個人，以她特別的方式。當她以她的方式照顧別人的需要時，她便沒什麼時間與空間接觸自己的感覺。

嬰兒似乎也有他特別的因應方式，即專注於自身。不論在嬰兒床裡，或吸奶後在媽媽懷裡，他都很少與人有目光接觸。他的舌頭在嘴裡發揮奶嘴的功用，奶嘴幾分鐘前還在他嘴裡。他發出輕微的聲音，既不是哭，也不是叫，似乎顯示他並沒有什麼不舒服，同時也顯示他讓自己與外界保持距離的方式。媽媽不在時，將他留給我，他的不安確實升高，彷彿他原本的方法——用舌頭填滿嘴巴，不去注意空下來的空間（不在的母親）——不再發揮效用。他好像也告訴我，他注意到了乳房，想要與餵乳的母親有所接觸與連結；他不只碰了乳房，也很快碰自己的臉頰，拉拉自己的耳朵，彷彿將需要和挫折都轉向自己。他似乎不會用強烈的方式來溝通他的感覺，當需要得不到滿足時，他好像也未表現出因失望而有的痛苦。

我提到母親與自身痛苦或消沉的情感只做短暫的接觸。她無法與自己的感覺共處，也可能使她必須與嬰兒保持一段距離，特別是在以奶瓶餵乳的微妙關係裡。她提到的去看醫師時發生的事，蘊含著一個問題，倘若母親沒那麼疏離，嬰兒沒那麼「乖」，也許母嬰之間可以發展出不一樣的回應和溝通方式。母親和凱倫對嬰兒尿尿在醫師身上這麼開心，似乎也意味著很高興他為他們展現憤怒。母親口裡的嬰兒確實是個反應強烈的小孩。我們或許可以猜測他心中有些憤怒，使用他的小便做為武器，抗議別人對他做的事（兩顆紅球在他面前閃）。他在我懷裡，也用同樣的方式探索著（可能是與乳房及餵奶有關），他可能在告訴 169

醫師，他不喜歡有東西在他眼前動來動去，他用小便來和這個在發展測驗中想得到他的反應的人溝通。也可能是某個痛苦記憶在他心中被攪起。

母親的話「我知道……」沒說完，好像在她要告訴觀察者什麼時，她心裡也有些攪擾她的事，這些攪擾的感覺浮現又消退。她沒有辦法追溯這些感覺，去看看是什麼在攪擾她，去了解她自己的心理狀態，並將這些感覺放在她與嬰兒的關係脈絡中來思考。她的「知道」（knowing）（即能夠感受這些強烈的情緒經驗，並加以思考）漸漸消散，她又回到原來那個以疲累面貌與嬰兒聯結的母親，需要換個新的尿布。

幾週後，觀察者原本看似隨機的一些事件漸漸形成一個模式。例如，嬰兒吃奶的方式有其穩定的樣貌。他總是一動不動，只有在奶瓶被抽走的時候會稍微抗議一下，而通常媽媽把奶瓶拿走是因為他太用力吸，把奶嘴的部分吸得扁扁的。吸奶時，他很少注視母親，他常常睡眼惺忪的樣子，眼皮下垂。他對奶瓶有強烈的依附，他的手愈來愈常握住母親拿著奶瓶的手。凱倫一直有很多要求，而母親會提到凱倫把嬰兒用品用完了，像是洗髮精、嬰兒餅乾。只要可能，特別是在客廳裡，她會在觀察時間裡玩很多跟媽媽有關的遊戲——尤其是「買」衣服和香菸。（這個時期，母親開始每週到附近的二手店給自己買衣服，她展示買來的衣服給我看。這個時期，她抽菸抽得也很凶）。凱倫常常拿著我的手提包，探看裡面的內容，她從我的手提包裡找到很多鋼筆和鉛筆，要求我讓她玩。

十月到聖誕節之間，這家人都在生病。嬰兒幾乎每週都會有支氣管感染。母親自己也常感冒，有兩次還得了腸胃型流行性感

冒。她常常很罪疚（這是她用的詞），因為嬰兒有尿布疹（嬰兒似乎常得尿布疹），而她覺得嬰兒看病的診所和她自己的醫生都幫不了忙。她一直在找尿布疹的原因，擔心是不是她用的尿布有問題，還是她用來幫他清潔的毛巾或使用的水和洗滌劑刺激了他的皮膚。她告訴我，有一天早上，她發現嬰兒胸前有血跡，可是嬰兒卻完全沒有不舒服的表現。他身上的疹子常蔓延到腿上、胸前。焦慮及焦慮的症狀（如果那就是焦慮的症狀）似乎很清楚地表現在身體上。

媽媽把磨碎的嬰兒餅乾放進牛奶裡餵他，她不只一次提到診所的人說，這個年紀的嬰兒這樣太重了。她說她才不管這些，他餓得很，她就餵他，就這麼簡單。有些時候，他才剛剛吃過奶，又不斷把衣服、手指、玩具等等，放進嘴裡，媽媽會跟他說：「你不可能還餓啊，你才剛剛吃過。」她非常同意凱倫說的，她靠近弟弟的時候，他在「吃」她，他也常常咬奶嘴／安撫物；她有時會在他換過尿布後，把奶嘴放在他嘴裡，直到他安靜下來。她好像需要把他填滿，「安撫」或讓他安靜下來，而他有時候也會用自己的舌頭來安撫自己。她心裡似乎只有用食物來填滿他一途，好像想不到他可能會有其他的需要——一些並不容易溝通的需要，而她似乎無能與他一起或代表他探索或發展溝通的方式。

母親確實也否認她自己的需要。例如，幾週後，我雖然知道她很期待我到訪，但她從不在意我是否遲到，或得改拜訪時間。然而，我逐漸明白，當我改變原來的規律，她接著便會常提到她的家人怎麼樣讓她失望、把**她的**東西都用光了，或是告訴我，即使我按原來的時間來，**她**也會必須跟**我**換時間！她的憤怒被放置在他人身上，令她失望的對象也在她無法觸及的某處。

170

約莫十一週大的觀察

　　聖誕節前一週，我到他們家，提到我來是因為我的重感冒好多了。媽媽歡迎我進門，對我說他們全都感冒了。

　　嬰兒睡在他的小床裡，側躺，臉色淡紅，嘴巴微微張開，身子不動。媽媽告訴我，感冒讓他幾乎沒辦法呼吸，她早上會帶他去看醫生。醫生先前已經開了盤尼西林，他吃了之後吐了奶，她決定不給他吃了。她離開去泡咖啡，凱倫進進出出，開開關關地玩著我的手提包。嬰兒有了動靜，他的臉皺起來，把手在胸前握起來，他的臉放鬆下來，舌頭在緊閉的嘴唇間伸進伸出。他有點呼吸困難的樣子，然後臉又皺起來。他的臉漲紅起來，好像就要哭了──但沒有發出任何聲音。他平靜下來，漲紅的臉恢復原來的膚色，他踢腳的動作增加；揮動手臂好像在掙扎著什麼。媽媽進來，解開他的嬰兒帽，把他抱起來，說：「小可憐。」她抱著他，拿了他的圍兜和奶瓶，走到火爐旁她餵奶時慣常坐的椅子上坐下來。媽媽用棉花擦拭他的眼睛，他動著，揮著手，轉過臉，發出埋怨的聲音。她說：「你要你的奶瓶，對不對啊？給你奶瓶，你就會舒服啦！」他吸得很快，只有在吸氣時才停下來，他的腳規律踢著，兩手臂靜靜放在肚子上。有一片刻，媽媽將奶瓶拿開，他發出聲音抗議著，她說他把奶嘴都吸扁了，她用手把奶嘴調回原來的形狀。他再次用力吸吮著，她說他吸奶瓶時老是這樣。他

171

吸著奶時，媽媽和我說話，也和凱倫說話。她和我閒聊著，問我聖誕節要怎麼過，然後回到明天要帶嬰兒去看醫生的事。史提文的感冒今天才發作，他的支氣管很容易發炎。凱倫直到兩歲才使用盤尼西林。她邊說話邊交握十指，說她又得了腸胃型感冒，兩週內第二次，又說自從生了老二，她就得吃補品了。門鈴響，她把嬰兒交給我抱。媽媽回來，把奶餵完。媽媽的手抱著他的腰，他把手放在媽媽手臂上。他的呼吸有些不順，打了兩次嗝，媽媽把他抱在右手彎裡，他在媽媽臂彎中看著媽媽，及屋內四周。他把手抬到嘴巴附近，開始吸起自己的手指，他嘴邊還留有牛奶。他揮動著手臂，踢著腳。他的舌頭在兩唇之間動著，眼睛很有精神，然後他注意到媽媽的手，便用兩手去碰它、拉一下皮膚，然後碰他自己的拇指、食指和中指。

本次觀察後半：

　　嬰兒躺在換尿布的墊子上，墊子在床上，他向上望著媽媽，眼睛閃著光，手臂和腿動著。凱倫給我看一張圖，上頭有聖誕老公公和一棟房子。媽媽離開去拿溫暖、乾淨的衣服時，嬰兒轉頭看著我們。她走回來，伸手搔他的肚子逗他，他看著她，笑出聲音來。媽媽對著他說話，他微笑著，他的舌頭還在嘴裡伸進伸出。他把拳頭塞進嘴裡，媽媽問他在幹嘛，他才剛吃過啊！他繼續吸著，也吸吮他自己的毛衣，並持續看著媽媽，

微笑著。媽媽說，他現在很喜歡換尿布，只要一解開尿布，他就踢得很用力。她解開他的尿布，他果然用力踢起來，看著她，開心笑著。她拿髒尿布去丟，走回來時看著他說，這會兒他恐怕要噴在她身上了。他沒有尿。她說她要擦他的臉，他最討厭人家擦他的臉，不過現在比較接受了。他掙扎了一下，不過仍看起來精神奕奕，很愉悅的樣子。她對著他說話，輕摸他的臉頰，然後把他的屁股和生殖器擦乾淨。這次，她沒再提那一直都在的惱人尿布疹。她說他現在笑得很開心，不過，他總是把每天的第一個微笑給凱倫。媽媽說她給他奶瓶，這是他最期待的，可是凱倫老是能見到他第一個微笑：「真不公平。」他一直看著媽媽，繼續微笑著，媽媽為他擦爽身粉，他把自己的內衣拉起來。她溫柔把它拉好，說她不想看他毛茸茸的胸膛。她為他包好新尿布時，她說著：「現在又要把他包起來了。」聽起來好像很可惜的樣子。凱倫幫忙把藥膏拿來，他變得比較安靜。他好奇地看著媽媽的左手，媽媽在幫他換內衣，他仍繼續盯著她手看。媽媽把藥膏抹在他胸前，並按摩著，他好像很高興；然後媽媽溫柔地給他穿上乾淨的連身衣，他微笑著。

172　　相較於前半段的觀察，換尿布似乎讓母親與嬰兒的關係活躍起來。他們互相凝視、她溫柔且自信地撫摸著他，以及他的反應，都顯示他們非常享受。在這些親密的時刻，當母親離開時，嬰兒不想乖乖等待，而母親對於「又要把他包起來」（結束親

密的互動）顯得非常遺憾。想想先前等待凱倫的生日來到的情況，他們延宕這些時刻，好像要製造更多的期待。這些親密時刻結束時，母親和嬰兒都顯得遺憾、難過。通常嬰兒會強烈抗議，而母親會離開房間，把史提文交到我手上一段時間。我認為有些時候，她藉由離開現場來克服這些失落的感覺；有些時候，她無法承受親密互動結束時，嬰兒強烈或憤怒的抗議。有一回，結束了特別愉快的換尿布時間後，她立刻把他交給我，離開去準備奶瓶。他咬了我的前額和臉頰，力道之大使我痛得眼淚都流出來。

　　接下來，我要摘錄兩次嬰兒六個月大時的觀察，以便進一步說明。這兩次觀察，父親都在場，那是我第一次見到他。這次，嬰兒非常活潑。他十三週大時，就能做「伏地挺身」，換尿布時一直非常好動，很快就能翻滾、伸展，並抓取他想要的東西，即使東西不在他伸手可及之處。他非常喜歡洗澡，常常扭動身子，想趕快把自己泡進水裡，他在水裡很喜歡踢腳、潑水。母親和凱倫扶著他在水裡站著或跳舞，也非常享受。

二十四週大的觀察

　　　　男人在門邊迎接我，跟我握手，熱情地說：「我們終於見面啦！」我打過招呼後說，我希望他不介意我每週的觀察。他說他不在意，不過他以為我今天不會來——因為我應該知道他今晚會在家！

　　　　媽媽在幫史提文和凱倫洗澡，爸爸在門外看著他們，埋怨著天熱和滿地的落葉。凱倫在澡盆裡拿著一個粉色的搖擺玩偶逗史提文玩。嬰兒在澡盆裡把水潑出

來，用腳踢著玩具，當我進去時，他抬頭看我，對著
我開心地笑。在擦乾他之前，媽媽扶著他站在水裡「讓
他潑濺水」。他一邊把水濺出澡盆，一邊用左腳腳板來
回摩撥著他的右腳，看來心無旁騖，直到媽媽把他抱起
來，放在墊在她腿上的大毛巾。她用毛巾把他包起來，
再抱到臥房，把他放在床上，她擦乾他的身體，親親
他，對他說話。他靜靜躺著，看著她，笑著；媽媽對他
說，他真是個乖寶寶。她起身要去拿些東西，嬰兒立刻
向右邊轉身，然後翻過身去。媽媽說，他現在老是這樣
翻身，有時候幾乎要翻下床去。她把他翻回原來的位
置，要我注意他，然後離開。他伸出手去拿了東西，放
在他自己臉上，發出和人聊天似的聲音，笑著，顯得非
常愉快。他開始想要翻身，正好媽媽回來，把新的尿片
放在他屁股下。他立刻翻了身，把尿布弄翻了，媽媽笑
出聲來，把他的身子翻回來，她抱起他在懷裡搖，要他
不要動。她放他躺回床上，他看著媽媽，然後又翻身，
抓住了他的尿布。媽媽把尿布放到他拿不到的地方。他
很努力要伸手去拿，終於抓住了尿布的一角，馬上把它
放進嘴裡。媽媽說，他很喜歡這樣，沒東西可抓的時
候，就抓尿片。他把手臂向外伸，微笑著，動著手指，
看著媽媽。她正要握住他的腳，好幫他擦乾屁股和生殖
器，還要幫他擦乳液。結果他抓住了自己的腳，企圖把
腳塞進嘴裡。媽媽發現他下巴有兩點吐出來的奶，便對
他說：「你看，這就是啃腳丫子的結果。」我未曾看過
他真的把腳放進嘴裡。他開始從喉嚨深處發出像引擎一

樣的聲音，通常他發出這種聲音之後，大概就是吃奶前的哭泣。不過當媽媽抓住他的腳，擦乾他的屁股和生殖器，並抹上乳液後，他的引擎聲變成咯咯的笑聲。我說他好像很喜歡這樣，媽媽說，他最愛人家搔他的小雞雞癢。她把尿布包好，邊玩邊幫他把連身衣套上他的手、他的腿，他一直笑著。然後她讓他趴著，好把連身衣拉好，他把臉埋進床舖裡，幾乎是在吃它的樣子，還發出微微的低吼聲。媽媽談到前幾天他差一點就跌下床去，她伸手去抓住他，差一點抓住他的小雞雞！如果他開始會爬，把手指放進插座裡，他的小手就會挨打，如果你方法用得好，小小的體罰是沒什麼關係的。她翻過他的身，親吻他，而他發出低沉的聲音，好像要哭了。她很快把他交給我抱，告訴我們她要去泡咖啡，雖然我說不泡也沒關係，她還是堅持我和他「聊聊天」，她還得去泡奶（也泡咖啡）。爸爸和凱倫進來，爸爸已幫凱倫洗過澡了。他舉起拳來假裝和史提文打拳的樣子，史提文的手臂伸向他；爸爸說，他在想這孩子將來會不會代表英格蘭打橄欖球，或是打高爾夫球。他把注意力轉到穿著衛生衣和長褲的凱倫身上，他把她拋到床上去。她要爸爸再做一次。史提文則望著在床上跳來跳去的凱倫。

二十六週大的觀察

爸爸把他從圈住他的低欄裡抱出來，放他坐在他膝上，面對著他。嬰兒咯咯笑著，四處看著，把他的手

指塞進嘴裡。爸爸把他的手指拿出來，要他不要吃手指頭——嬰兒堅持把手指放進嘴裡。媽媽給我一杯雪莉酒，然後把圈住嬰兒的柵欄拿開。爸爸把史提文放在地上，讓他躺著，他立刻翻成趴著，用手把自己的身體撐起來，看著電視。然後當別人把柵欄拿開，他注意到他的奶瓶。他媽媽抱起他，把他和奶瓶一起交給爸爸。他喝得非常快，盯著前方看，靜靜躺著，兩手環握著奶瓶。他吸奶的速度漸漸慢了下來，奶瓶掉了，爸爸沒注意到。媽媽告訴爸爸：「你讓奶瓶掉了。」他好像比較有興趣看電視。她繼續說：「奶瓶要左右上下動一動，把它拿開。」他照做，嬰兒伸手想拿回來，奶嘴放進他嘴裡後，他吸的速度變慢，漸漸睡著了。媽媽認為，他這麼累是因為昨天夏日時間結束了，時鐘往後挪一小時的關係。星期六在教會為他舉行命名禮拜，他一直嘰嘰咕咕，然後他們又去參加一場時間很長的慶祝會，喝了不少酒。昨天他們全家都很晚睡。媽媽要爸爸幫史提文打嗝，他看起來很睏，爸爸拍著他的背。他的舌頭在嘴裡動來動去，他還吸吮著他的手指；爸爸再度想阻止他，但還是沒有成功。他轉臉看向爸爸的時候，突然又有精神起來，媽媽要我幫他們拍張全家福照。

這個家裡動個不停的氛圍似乎被嬰兒吸納進去。媽媽來來去去，爸爸和姊姊也是。他躺在床時，抬起身子，翻轉成趴著的姿勢，支撐起自己的身體，抬頭看電視。媽媽在為他換尿布時，他沒有一刻是靜靜不動的，只有在嘴裡吸著奶瓶時，他才安靜下

來。在家裡，說話的時候比較少，倒是有許多大家動來動去的時刻。媽媽在爸爸餵史提文時提供的指導語：「奶瓶要左右上下動一動。」似乎也是這個家生活的指導語——要隨時動著。持續不停的活動導致留白的空間很少。

　　缺乏空間或安靜的片刻，似乎是母親忽略自身焦慮的方法，包括對嬰兒、對他能否存活，及對自己的焦慮。史提文很少要求什麼。他很少刺激母親探問或思考他的內在心智狀態；他比較會退縮，回到自己內在或注意自己的手指、腳指和舌頭。他從未全心挑戰或刺激母親「抱持」（holding）他的能力（在其心智狀態中包容他，並能在想像上理解他的經驗）。他在換尿布及洗澡的主動參與、樂在其中有兩個目的：不停地動讓他沒有空間注意母親（心及身）在或不在的影響，或是區分「奶瓶的奶嘴」和「自己的舌頭」之間的不同。他當然也發現，母親在幫他換尿布及洗澡時的活力及注意力。他們在當中享受著彼此的喜樂與親密接觸，這顯然與這個家庭彼此建立關聯的方式是一致的。

結論

　　我所描述的這個家彼此建立關係的方式，值得做進一步的討論。我想說明的是，嬰兒如何適應一個忙碌的母親，她因著自己的憂鬱，而無法理想地在心智狀態及情緒上涵容自己的孩子。他的適應之道是，減少要求，並發展出自我滿足的代替方案，有時完全靠自己，有時則藉由人在心不在的母親來滿足某些需要。他整體而言乖巧而順從的行為讓他媽媽不必為他操心；然而，他身體的病痛使他呼吸不順，皮膚發疹。他母親非常憂慮，甚至擔心

175

他是不是能活下來。她為他擦藥，帶他去看醫生。一個小小的行為模式漸漸成形，一種相對滿足的妥協。她很高興能照顧他生理上的需求，就像她照顧別人一樣。他讓她這麼做，她從幫他換尿布及洗澡當中，感受到自己的能力，也享受其中的樂趣。這兩個活動他都非常喜歡。這令人舒適的妥協，或嬰兒適應母親良好的照顧能力，也許可視為快樂的巧合。我認為它確實是的。不過，我要談一談，當嬰兒在沒在洗澡也沒換尿布的時候，我身為觀察者的個人經驗。他在客廳裡，靜靜地，無精打彩地跟他自己在一起時，我發現自己有時候會感到很不舒服、很不安，很希望趕快給他找些新樂趣，換個新活動。也許有人認為，這是我將自身的無聊投射給史提文，因為他躺在那裡很少露出不快樂的樣子，或者這只是我對他有限的機會感到失望的感覺。沒有人逗他或是搖他時，他確實缺乏率真活潑的表現，對周遭環境沒什麼興趣。但我寧願考慮另一種可能，即我的感覺確實也反映了嬰兒與母親的關係裡，未得到刺激與發展的部分。有些無趣、沮喪的部分似乎可以在日常遊戲與談話中發現，當嬰兒與母親享受在洗澡和換尿布的快樂時光時，同時也否認或排除了無聊、無趣，而洗澡及換尿布時的快樂則愈來愈重要。

【第十章】奧利佛

在一般情況下，嬰兒出生後，母嬰之間即存在溫柔的親密，同時他們學習漸漸認識真實的彼此。家庭裡的其他成員，包括嬰兒的父親及嬰兒的手足，也必須適應此新關係。家庭中每個人都得調適新角色。在我們的社會中，嬰兒出生後頭幾天或幾個星期，父親的功能比較是保護母親和嬰兒這個新組合，同時也照顧母親；通常，其他女性家族成員也可能負起照顧母親的責任。這段時期不只對嬰兒的手足來說很難捱，對父親也是。在適應他的新角色之前，父親很容易感受到被拒絕、被排除在外，好像自己是多餘的。他可能經常表現得像個面對父母親密關係的孩子。現今社會仍強烈認為，生產及早期教養是女人的工作，這樣的社會氣氛其實只有些微改變。

我所觀察的家庭仍保有這類傳統看法，因此，面對我這個對嬰兒發展有興趣的男性觀察者，這個家庭除了要面對嬰兒誕生帶來的衝擊外，還得特別適應我；而我猜想，若我是個女性觀察者，他們所需做的調適必然不同。我同時也感受到，因為這個嬰兒是家中第一個男孩，父親顯得特別脆弱，且覺得自己有責任保護他的家人，而採取一種防衛攻擊的姿態；我以另一個男人的身分進到他的世界，更突顯了他的這些感覺。我的出現也提供他一個機會，把這些難以處理的情感聚焦在我身上。

母親到醫院四十八小時後，奧利佛（Oliver）在順產中出生。他有個姊姊蘇珊（Susan），比奧利佛大一歲半。父親從事

軍職。奧利佛十天大時，我透過家訪家訪護理師認識了這家人。
訪視員介紹我為修習「兒童發展」的學生。媽媽給我的印象是溫
暖、踏實、敏感，同時我立刻面對父親的懷疑、敵意和焦慮。他
見面說的第一句話是：「哦，就是你要來調查我的接班人。」他
對我很有敵意，並對所有與心理學有關的東西嗤之以鼻，不過，
違背了想保護兒子的渴望，他說他「保留讓觀察者參與他兒子成
長過程的權利」。此外，他還提到我的種族背景「迫使他重回他
的分類系統」，他的反應讓我提出他可以改變決定，不接受我的
觀察的建議。母親立刻介入，說：「如果他真的不喜歡你來觀
察，你早就被踢到門外去了。」她要我不要在意父親的反應，因
為「他就是這樣，對人很不客氣」。父親告訴我，除了英國人之
外，他反對任何事，而「時至今日，這些人也所剩不多」。我終
於體會到這是父親歡迎我的方式，以一種表達負向情感的形式顯
露出來，儘管他自己不自覺。這現象或許也反映了奧利佛出生後
所面對的家庭環境。

　　我認為，新生兒的誕生「迫使他們全家」開始新的「分類處
理」，他們全都得重新整合、重新界定自己的新角色，以調適
面對新成員的加入。父親有時候顯得很易怒，好像極易感到被威
脅，然而有時他又對自己的兒子感到非常自豪。母親得適應有個
兒子的新身分，父母兩人則都在調適家裡有兩個小孩的新生活。
蘇珊必須「長大」，做個「大」姊姊，這常讓她很痛苦。她顯得
有點不知所措、悲傷，還有些埋怨。我認為，父親對家中新加入
的男性有許多負向情感，他不願承認這些感受，並將它們置於他
與我的關係裡。提起他兒子，他非常自豪且父愛十足，然而他在
潛意識裡，可能覺得將敵意及恨意向我表達，以拉開這些負向感

177

覺與嬰兒的距離，會比較安全。

　　在觀察的一年裡，父親經常要奉派至不同的地方，每個地方待幾個星期。因離家不在，可能引發與嫉妒有關的潛意識幻想，讓他很痛苦，因而強化了他對我的懷疑。他會用開玩笑的方式表達他很擔心他不在家的時候，我去觀察母親和奧利佛。有好幾次，他在我觀察的時間回家，他向我們道歉說：「不好意思，打擾了你們的和樂融融。」他有種被排除在外的感覺。他對我的敵意和懷疑通常以拿我「開玩笑」的方式表達。

　　有一次，蘇珊放了屁。父親立刻說：「說『對不起』。」母親反對說：「保羅，你這樣會讓她不好意思。」母親的反應讓父親有點下不了台，他說他希望我在「上風處」，蘇珊放屁時就會面對我。在同一次觀察裡，我觀看媽媽給奧利佛換尿布時，他對我說：「你什麼都看見了，對不對？」媽媽把奧利佛放進浴盆裡，在洗澡的時候，蘇珊拉住他的陰莖。媽媽阻止她，說：「那是奧利佛的尾巴，不要拉。」父親看見了，指涉著我，低吼著說：「蘇珊，不可以這樣——他會很痛苦。」稍後，我要離開，母親要我自己離開，他們就不送我，父親接著說：「不要偷那些 178 銀器。」

　　彷彿所有痛苦、羞愧、不想要的壞感受，都被置放在我身上。在父親眼中，似乎我和嬰兒是一樣的，因為我們倆都是男性；不過，同時父親也在展示他的雄性認同、同性競爭，及感到自己身上有什麼會被偷走的威脅。那被偷走的可能是他在這個家裡先前的地位，即家中唯一的男性。而我——不是奧利佛——應該為此負責。

　　只要我在，而家中另有訪客，父親就會介紹我為「NSPCC

（National Society for Prevention Cruelty to Children，從事兒童保護工作的民間組織）派來的那個男人」。或許是他對我的不苟同及懷疑，使他覺得我好像在監視他。另一次，父親下班回來，便把奧利佛放在他肩上跨步行進。

奧利佛緊張地笑著。父親說：「看來你不太想玩，不過你很高興見到你爹。」母親在一旁說：「他根本沒感覺——他甚至沒注意到你什麼時候離開的。」父親開始埋怨有股大蒜味，並說那一定是我鬍後水的味道。他轉向我，開始告訴我他的獵槍保了險——以免萬一哪天不小心射中別人。他說，如果我有興趣，找一天他想讓我看看他那把可以裝十二發子彈的獵槍，或是媽媽可以拿給我看，等「哪天，你和她一起在樓上的時候」。

母親說，奧利佛對父親不在家「根本沒感覺」，必然刺激了父親對我的競爭感，好像這句話意味著他是多餘的，或是已被排除在外。

和以前一樣，我又得為父親有此感受負責，有趣的是，父親再次以聞到怪味道來表達他的感覺。這或許表示在父親的想像中，奧利佛是好的、有人要的寶寶，而他是沒人要的，隨時要被外放的。他將我視為爭奪母親的男性競爭者，想殺掉我的感覺完全顯露在外。母親的態度更加深父親的想法和願望；像是當他對我態度粗暴時，母親會要我不要理他。這無助於修飾父親脆弱的情感，也無助於奧利佛感受父親對他的愛。不過，也許是因為罪疚感，同時也希望父親能參與奧利佛的生活，母親有時候會比較以正向的方式，和奧利佛談他的父親。她似乎認為，奧利佛和父親應該要相處得很好。例如，媽媽微笑著，低著聲音跟奧利佛說：「我最喜歡我爸哦。」她告訴我，奧利佛聽到父親的聲音，

會四處看。從我早先的觀察來看，奧利佛還不太能區分父親及其他人，反倒是母親的臉和她的同在，對他來說是獨特的。彷彿這是奧利佛唯一真正滿足的關係。他很容易被她安慰，也對她很有反應，他望著她時，會和她聊天、對她微笑，還會發出咯咯笑聲。媽媽也常提到，他是多麼快樂的小男孩。他會主動搜尋母親的聲音，盯著她看，並四處觀看，找尋與母親有關的所有線索。

父親一開始就表達的不安，及母親對男性角色的傳統看法，使我很難觀察授乳過程。我得在外面等父親請我進去。不過，父親在一開始，也和我做了一些聯盟，他很高興我在場，常要求我要注意他，很開心地向我展示他做的電子鐘，校準至百萬分之一秒。這屋子有一大堆這樣的時鐘，我認為，這些時鐘也顯明父親渴望精準，以及他無法忍受任何不能量化的東西。他希望讓我知道，他有能力製造一些東西，他與母親是不同的，他也和我觀察的對象——這家中的另一位男性——爭奪我的注意力，而在這些想望的背後有著脆弱與孤單。

在觀察進行的第一個月裡，大部分的時間，我都與蘇珊在一起（還有父親，若他也在），之後，父親對我的猜疑漸漸淡去，信任漸增，偶爾會提議，要我進另一個房間去看母親授乳。他似乎意識到，這部分對我應該很重要，現在的他比較放心讓我做這部分的觀察。母親很不好意思在我面前授乳，所以第一次，我幾乎什麼也觀察不到，除了因為她坐的位置，還包括父親可能基於保護母嬰之間的親密，不時與我談他的電子鐘，使我無法專心注意母親和嬰兒。奧利佛的餵奶時間一開始就有非常精準的時間表。母親用親餵和奶瓶交替著餵他。即使他顯然想要的是乳房，而不是奶瓶，母親也不允許，她說他一個小時前才吃過母乳。不

過，母親漸漸不再那麼嚴格遵守這嚴謹的餵奶時間表，因為奧利佛不肯完全遵守它。母親改變成順應奧利佛的要求餵奶，雖然她還是較常給他奶瓶。母親告訴我，奧利佛很不喜歡含奶瓶的奶嘴，她用奶瓶餵他時，他會把自己的手指頭也放進嘴裡；而用乳房餵他時，並沒有這樣的問題——雖然我無法觀察到整個乳房，通常媽媽只會露出乳頭來餵他。母親以奶瓶餵他時，會換手抱他，換手時會幫他打嗝，姿勢彷彿親餵一樣。當母親漸漸不再那麼害羞後，我觀察到親餵的次數增加。不過，她親餵的時候會一直和我說話。

180 第十二週的觀察

> 奧利佛用力吸著乳房，身體一動也不動。他含著奶頭，頭向外轉，好像忘了奶頭還在他嘴裡。這一拉，扯痛了媽媽，她開玩笑地說，如果他再這樣的話，他會給他「大杯子和吸管」。餵完奶後，奧利佛用一隻手抓住另一拳，很用力地吸起他的指關節。

也許在他的感覺裡，奶頭和嘴巴是一體的，他彷彿不覺得乳房與他有別，反而像是他的一部分。吸吮指關節好像證實他認為他擁有乳頭，他可以在需要時，隨時吸吮它。這與餵奶之前，奧利佛醒來後發現母親不在，所引起的強烈憤怒有關。接著，儘管他吸吮自己的關節、手指和其他身體部位，也無法真的滿足他。對他來說，想到自己依賴著另外一個人，或自己並未擁有母親所擁有的一切，似乎都很難忍受。

第二十週的觀察

　　後來當媽媽餵奧利佛固體食物時，他想要抓杯子和食物；當湯匙離開他的嘴巴，他便嗚咽起來。母親對我說：「每次湯匙離開他的嘴巴時，他就以為什麼都沒有了。」他在吞嚥食物時，用左手拍著大腿，右手畫著圈圈，手指和腳趾張開、闔上。在表達他想吃的時候，他的手會靜止不動，用他的聲音嗚咽起來，並張開嘴。當看見杯子空了時，他傷心地哭了起來。不過，當他看見媽媽為他準備的奶瓶，他開始興奮起來，並用手指去碰奶嘴，看著奶瓶，用手上下摸著它，感覺它。他伸展他的手臂，推開了奶瓶，並檢查著奶瓶。

　　母親的觀點清楚說明了奧利佛的行為。比起湯匙，奶瓶比較不會引發他的焦慮，可能因為他可以控制吃的速度，同時可以感受到食物的來源。我猜想他感受到的神奇感。他的手指和腳趾轉著圈圈、縮起來，是否營造著沒有間隔的持續感？

　　這個家似乎沒有人心裡有空想一想三個人的關係。關係裡的第三者無法避免會讓人覺得是個威脅與干擾。例如，我注意到，約莫四個月大時，奧利佛開始會在見到我時，用手擋住自己，然後露出不安的微笑。這個樣子可能與蘇珊在和他玩時表現出來的矛盾有關，她會想抱著「搖他」；有時候他微笑並樂在其中，但有些時候，蘇珊的這個舉動會驚嚇他。有時候一見到她，他便用手遮住自己的臉，表情顯得沮喪，並嗚咽起來，身體扭來扭去。通常他用手遮住自己的臉時，會吸吮他的手。

181

第二十二週的觀察

　　媽媽用湯匙餵奧利佛，在食物送進他嘴裡之前，他哭著，顯然不能忍受任何間隔。然後媽媽餵他母乳。吸奶時，他緊抓住媽媽的手指。父親進來，奧利佛拉扯乳頭，轉頭去看是誰。他回頭繼續吸奶。突然，他停下來，嘴裡仍含著乳頭，然後看著我。他回頭繼續吸奶，很快又扯著奶頭轉向別處。他抓住母親的手，把她的針織衫推開，讓乳房露出來。奧利佛看看我又看看媽媽，在看媽媽時，含住自己下脣，看我時就鬆開脣。然後他回頭看著媽媽，並開始吸吮他自己的上衣。母親離開房間，奧利佛看見了，開始哭起來，吸自己的毛衣吸得更激烈，好像要藉此安撫自己。然後他看看我，眼神裡帶有責備，好像我應該為這痛苦的情況負責。此時，母親回來，回應奧利佛對我的情緒，她對我說：「怎麼？你踹了他嗎？」母親抱起奧利佛，他立刻不再哭。她把奧利佛交給父親抱，再三保證奧利佛不會咬他。父親把奧利佛放在腿上搖，他開始咬奧利佛的肚子，奧利佛似乎很享受。蘇珊開始在椅子上跳來跳去，母親突然出聲訓斥她，並從椅子上拿起墊子丟向蘇珊，打到她的臉。

　　這個過程描述了奧利佛感受到他與乳房的關係被中斷與干擾。父親無法保護餵奶關係的親密，他和蘇珊（或甚至我，還有那件毛衣）一樣，可能被嬰兒感受成強行侵入吃奶過程的異物。藉由看著母親時的吸吮動作，奧利佛似乎在區分母親與我。母親

告訴父親，奧利佛不會咬他——不會像咬她乳頭那樣咬他；反倒是父親，扮演起咬人的嘴巴。敵意與憤怒在家庭成員之間流轉，企圖推開這些不被接受的情緒，這是所有的家庭偶爾會有的現象。在此脈絡下，母親「開玩笑地」問我是不是踹了奧利佛，好像她的敵意停駐在我身上。然後，當母親用墊子打中蘇珊時，輪到蘇珊接收了這部分情緒。

第二十三週的觀察

　　母親在餵乳時和我聊天。在我回應母親時，奧利佛鬆開乳頭，抬頭看我，母親把他的臉撥回去吸奶。他吸了一會兒，又抬頭看我。他把乳頭含在嘴裡，不過嘴唇沒有含緊，然後看著我。母親替奧利佛表達他的感覺，她說：「只有他啊！快點吸吧！」好像奧利佛覺得我是個入侵者。奧利佛繼續吸著，再次抬頭看我，很容易分心。母親有點不高興，她說：「別再鬧了，奧利佛，吃你的飯！」奧利佛躺在那裡，不吸了。母親抱起他，拍他的背幫他打嗝，然後讓他繼續吸奶。

　　奧利佛愈吸愈用力，並開始扯開媽媽的上衣，緊抓住它。他再次停止吸奶，懷疑地看著我。母親把乳頭放進他嘴裡，奧利佛繼續吸，但是突然開始用力推開母親，並含住乳頭拉扯它，彷彿很粗魯地要扯掉它。母親因痛阻止他，不過他繼續做。媽媽有點不好意思地解釋著奧利佛的舉動。她抓住奧利佛的手，不讓他再推她的胸部。他緊抓住她的手指，繼續吸奶。過了一會兒，媽

182

媽讓奧利佛坐起來，他四處張望了幾秒鐘。

在這段觀察中，奧利佛心裡只想著兩個乳頭，以及那雙望著他吸奶的眼睛。這對乳頭和眼睛令他困惑，而奧利佛對乳頭的敵意似乎與我在一旁觀看，使他感到被侵犯，有直接的關聯。他停下吸奶的動作，好幾次盯著我，好像要用他的目光將我推開，把我送走，好讓他可以繼續吃奶。他所感受到的是，我這雙觀察著他的眼睛似乎並不是對他有興趣，而是充滿敵意與威脅。它讓我想起父親第一次見面，便說我是要來調查他的接班人，或是「開玩笑地」介紹我為 NSPCC 派來的監察員。乳頭與有敵意的眼睛在奧利佛心中混淆在一起，所以試圖攻擊它。他也許想獨自擁有乳頭，且能在想要的時候，就可以繼續他與乳房不被干擾的關係，不允許任何人介入。然而我認為有趣的是，奧利佛的原始反應與父親在我開始觀察奧利佛時對我的防衛攻擊，是如此相像。

在這個家中，雄性特徵似乎以這種攻擊的姿態突顯出來。他們無法思考三人關係，與母親的重要兩人關係則充滿競爭和忌妒。

有一次，奧利佛在吸母乳時，父親戴上金剛面具，父親說過奧利佛很怕這面具。他邊叫奧利佛的名字，邊把面具戴上。奧利佛轉過頭來，突然愣住。他看起來非常不安，不過立刻回頭面向母親，繼續吸奶。父親說：「奧利佛做事情的優先順序可是很清楚。」這事之後，父親與奧利佛玩，他搔他的腳，玩他的腳趾頭，又搔他的腳，然後咬他的肚子。奧利佛露出嫌惡的表情，把頭轉開。父親很傷心地說：「媽咪做的時候，你就很高興。」

在此，父親似乎變成了令奧利佛害怕的咬人、侵犯人的凶殘

怪獸。又是很複雜的感覺。從奧利佛的觀點，父親現在是粗暴會
咬人的嘴巴，而他自己成了受到攻擊的乳房。父親想取悅奧利佛
的心意，一直受到他潛意識裡的競爭與忌妒阻擾。底層的信念
是，只有母親能夠真正滿足嬰兒，並沒有一個位置是留給好父親
的。

　　奧利佛六個月時斷奶，情況有些驚險：整個斷奶的過程顯
示，在他出生時，父母親就決定好斷奶的時間。雖然日期早就這
樣決定了，奧利佛顯然沒有多少心理準備。然而，母親說，他對
奶瓶比對乳房有興趣，而且不再親餵後，反而鬆了口氣似地，好
像吸母乳不是什麼愉快的經驗，而且吸奶瓶讓他比較有控制感。

　　在斷奶後的那次觀察中，他似乎以象徵的方式，把他對乳
房、斷奶及競爭的感覺表達出來。此種象徵及把他的情緒「玩出
來」（演出來）的能力，對他很重要且很有幫助。

第二十六週的觀察

　　　　他躺在白色的塑膠盒旁邊，慢慢地把盒裡的玩具清
　　空，然後吸起那個盒子。他在玩具堆裡發現一艘玩具
　　船，也把它拿到嘴裡吸。他用嘴巴拉扯這艘船，他的動
　　作看起來就像他想掏空乳房、拉扯母親乳頭的樣子。稍
　　後，當媽媽抱住奧利佛時，蘇珊在和父親玩，把同一個
　　白色塑膠盒放在頭上。奧利佛生氣起來，在媽媽懷裡扭
　　動，想掙脫出來，父親很得意地說：「奧利佛要給蘇珊
　　好看囉。」奧利佛見到父親和我的時候，把手抬起來做
　　出保護自己的動作。爸爸和媽媽同時談起奧利佛對陌生

人突然害羞起來，他們推他在街上走時，只要有人經過
他的嬰兒車，他就抬手保護自己。

我猜想，奧利佛自己對乳房的粗暴，可能也多少激起他內在
的恐懼及威脅感。為了除去心中的敵意，他經常將敵意置放於其
他人身上。然而，這敵意似乎總會回到他身上。在這次事件中，
奧利佛感受到蘇珊得到「盒子乳房」做為獎賞。父母談起他的敵
意時，語氣中帶有自豪，我想他們認為這是他陽剛之氣的表現，
即使他可能害怕別人，覺得別人可能會攻擊他。這個家對蘇珊的
女性特質，及她的情感，則採取另一種態度。

184　　我第一次到訪，要開始我的觀察時，媽媽告訴我，生奧利佛
的過程比蘇珊容易；他也比蘇珊容易餵又容易照顧。他們很難接
受蘇珊對奧利佛的出生有情緒反應，對於蘇珊的痛苦和沮喪（當
母親餵奧利佛母乳時，這些情緒很清楚表現出來），他們傾向於
以生理因素來解釋。他們會說她是累了，或是因為長牙齒。有意
思的是，父親反而比較能夠看見蘇珊的這些情緒，有一回他說：
「這些天，蘇珊忌妒得臉都綠了，需要人家注意她。」母親接著
說，那是因為她身體不舒服。父親體貼地補上一句：「也許。」
父母親似乎很高興有個兒子，母親很開心自己有個「帶把兒」的
兒子。母親告訴我，她一直忘記奧利佛還只是小男孩，他躺在
地上時，她總是很小心地遮住他的陰莖。她說奧利佛常對著她撒
尿。她說這話時，表面上是在談她的不悅，然而她似乎偷偷地享
受著。父親則警告我要小心奧利佛，因為「他的陰莖立正起來，
可以把尿撒到屋頂。」父親接下來說的話，顯明了他內在與兒子
陰莖的「嬰兒式競爭」（infantile rivalry），他說：「如果你想和

小男生比賽看誰尿牆尿得高，千萬不要！小男生絕對贏。」他接著向我解釋這論點的生理學原因。當父親在和我說話時，奧利佛尿在媽媽身上。父親恭喜他達成目標。母親說，奧利佛似乎特別喜歡尿在她身上。這也顯示母親自己對此事樂在其中。蘇珊似乎感受到父母親非常歡喜奧利佛是男生，有一次，奧利佛在洗澡時，她拉了他的陰莖。媽媽要她輕一點，因為奧利佛是個男生。父親嘲笑地說，等奧利佛十六歲的時候，他可能會記得姊姊拉了他的陰莖。父親告訴我，他很害怕女兒有一天會帶著男朋友回家（她現在才十八個月大），彷彿他希望自己是他女兒生命中唯一的男人。

　　過一會兒，母親在她床上餵奧利佛吃奶，蘇珊變得非常焦慮。她開始翻一本雜誌，找到嬰兒的圖片，指著說：「安娜，安娜。」媽媽說：「妳是說奧利佛。」蘇珊找到一張圖片，用它吸引了媽媽的注意力，好像在說：「這裡，看看我，這是個**小女生**，不是奧利佛。」父親彎身湊向媽媽、蘇珊和奧利佛，想把雜誌拿過去。蘇珊把它拉開。父親嚴肅地要她把雜誌放回去。媽媽說，如果蘇珊知道爸爸不會把雜誌搶走，她就會放回去。這話讓父親很不好意思。

　　和蘇珊一樣，父親似乎感受到被排除在外的痛苦，不過，他要蘇珊承受所有因母嬰親密關係而引發的被剝奪感。母親似乎覺察到，父親把這些感覺全加諸在蘇珊身上。

　　蘇珊經常處在不安、無精打采、淚眼汪汪的狀態。我覺得她有些憂鬱。母親注意到她的不快樂，她認為那是因為蘇珊在長牙，或是累了。餵蘇珊時，母親顯露出對食物的嫌惡，不過還是繼續餵她吃。他們不允許蘇珊直接表達她的敵意；這似乎是一種

185

對男性的特別保護。例如，有一次，蘇珊藉由遊戲想表達她的感受，她把娃娃放在奧利佛的高椅上，媽媽要她把娃娃拿出來。她很生氣地把娃娃全丟到地上。媽媽對她說：「溫柔一點。」

當蘇珊哀哀地要求父母的注意，母親會「開她玩笑」，說：「我們應該拿妳去換別的小孩，一個有捲髮的黑小孩應該不錯。」我認為這話與稍早父親對外僑的看法有關。有時候，他們覺得蘇珊就像是令人討厭的外僑小孩，毫無價值，沒有陰莖，比起她弟弟就一文不值。母親曾說：「你得花很長的時間才會搞清楚蘇珊是男生還是女生，不過呢，奧利佛一看就知道是男生。」有一回，母親在生蘇珊的氣，同時又很愛憐地逗弄著奧利佛，她說：「有時候我很懷疑我怎麼可能不瘋掉呢。」顯然她指的是奧利佛是那個讓她不瘋掉的人，因為她接著就談到奧利佛是個多麼快樂、體貼又滿足的小孩。

父親喜歡和奧利佛玩激烈的肢體遊戲，有時候奧利佛也很喜歡玩。父親對奧利佛說：「你我溝通良好——對你就不必客氣啦——你喜歡激烈的遊戲。」他繼續告訴我，奧利佛喜歡看他做的時鐘和示波器，頗有「乃父之風」，父親很得意。不過，如我先前提到的，奧利佛愈來愈不喜歡這種激烈的遊戲，特別是父親咬他肚子的動作。不過父親告訴我：「他是我的驕傲和喜樂之源，我的兒——有一天，他會是我孫子的父親。」這段話相較於父親談到蘇珊將來的男朋友時流露出的情感，很有意思。

一直到蘇珊真的打了奧利佛之後，父親才說他們之間有了「忌妒的問題」。父親問蘇珊為什麼打奧利佛，她回答：「因為爹地抱他。」他們終於意識到蘇珊的忌妒和敵意，這情形與父親經常將自己的負向感覺置放在我身上很像，父母親對奧利佛的忌

妒、貪心和壞脾氣非常包容，有時甚至很欣賞，認為那是男孩子應該有的表現。相較起來，他們經常忽略蘇珊的情緒。母親經常很歡喜地對奧利佛說：「你啊，貪心又沒耐性，真是標準的男生。」

我認為，父母很難接受男性特質的其他面向。好像「男性」就「鐵定」是這樣或那樣，就像時鐘一樣準確；而「女性」則等同於一些不確定的、看不見的特質。這很像嬰兒期區分乳頭與乳房的經驗——前者堅實，而後者柔軟。許多情緒似乎被視為女性的一部分，當它們出現時，經常被否認掉，而將它歸咎於「可見的」生理因素。牙會繼續長一段很長的時間，而它恐怕會一直被視為蘇珊不快樂的原因。 186

結論

我相信我對嬰兒及情緒那麼有興趣，會被他們視為怪異及太女性化，並使父親因為無法將我歸類，而不知道怎麼與我互動。

一開始，我在這個家的位置很不穩，不過他們給我一個觀察的空間，並很和善地接待我。父親和母親熱烈地接待新生兒，也想這樣待我，只不過這願望常被潛意識裡冒出來的敵意及競爭干擾。這個家庭特殊的環境及價值觀引發一些極端的情況，特別是父親。倘若嬰兒是個女孩，我不知道男性觀察者是否仍會引發同樣的反應。我認為這觀察有用之處，在於我提供了一處所在，讓父親可以安置其敵意、忌妒，及被母嬰關係排除在外的感受。對父親來說，能夠不被這些感覺擊倒，非常重要；它同時又保護了奧利佛免於受這些情緒的巨大衝擊。

【第十一章】**傑佛瑞** 187

　　傑佛瑞（Jeffrey）是家中老二，父母皆三十歲出頭。他出生時，哥哥彼得（Peter）四歲。這對夫妻結婚後就搬到離家鄉有段距離的地方，離開了他們從小生長的鄉村，及藍領階級的大家庭。

　　父母希望給孩子一個舒適且安全的家庭環境，所以夫妻倆都有全職的工作。他們很努力工作，買了一間位於住宅區的房子，家裡總是打掃得乾乾淨淨、明亮、舒適，很好客。

　　彼得出生後幾週，母親便重回職場，繼續原來那個要求頗多的工作。這次，她為了生傑佛瑞，再次離開工作，並留在家裡直到傑佛瑞五個月大。回去工作對她來說有些困難，她提到，她發現自己喜歡待在家裡，也很享受有傑佛瑞作伴。她告訴我：「我認識的女人都是為了錢而工作，不是為了自己的職涯。」她很喜歡她的工作，不過她更希望能經營一個家，她也擔起所有養育的責任及家務。

　　傑佛瑞的父親選擇改變工作形態，好讓自己白天可以常待在家裡和家人在一起。他很安靜、害羞，顯然很喜歡和太太、小孩在一起。彼得是個活潑、愛說話的小孩，常常動來動去。大部分的時候，他對弟弟很溫柔，而父母親對於他的行為有嚴格的規範，在這樣的情況下，他們還滿能包容他的忌妒。

　　母親和善且好客，不過我也總能感受到她對隱私的看重。她不會向我吐露個人私事，也不談任何家庭私密。雖然她也問候我

297

的家人及生活，但清楚讓我知道她並不要我談個人生活史，她很滿意我告訴她的個人資料：我是學生，來做觀察，並思考傑佛瑞的成長歷程。她有時會利用我到訪的時候，讓自己停下家務喘口氣，坐下來觀察或陪陪傑佛瑞。

188　　傑佛瑞在家裡出生。他體重較重，媽媽很高興生產一切順利。她告訴我，「整個過程感覺都很好」，可是她從來沒有告訴我生產的細節。現在回頭看，我認為這是我在這個家遇見的第一個「保留」。在這個親密但不展露的家庭，傑佛瑞漸漸找到自己的位置：一個足夠安全、讓他平安度過嬰兒期種種困難（特別是母親重回職場一事）的地方。

　　我第一次到訪時，傑佛瑞三週大，母親告訴我，「我不是那種天生就愛親餵的媽媽；有些媽媽真的很享受親餵母乳。我則得不時看看時鐘：三分鐘對我來說好像十分鐘那麼久。」她發現親餵母乳有個困難，她不能測量奶的質和量。

第三週的觀察

　　　傑佛瑞靜靜躺著，非常放鬆，兩腿張開，眼睛閉著。他慢慢吸著奶，很長一段時間只是靜靜躺著。我看見他的圓臉和輕柔的頭髮。媽媽結束餵奶，很突然地把傑佛瑞抱坐起來，一隻手在他腋下。他向前傾身掛在她手臂上，看起來完全沒有力量支撐他自己的身體，他慢慢張開眼睛。母親拉拉他連身衣的足尖處，說他已經太大了，一號尺寸穿不下了。傑佛瑞向上望著我，想抬頭，他的眼睛專注地看著我。我很確定他意識到我的存

在，且知道我是個他不熟悉的人。幾分鐘後，母親讓他
吸另一只奶。她說，她可能得先幫他換尿布，好把他叫
醒。他閉上眼睛，含著乳頭，看來是在輕柔地吸奶。幾
分鐘後，媽媽讓他靠在她身上。他張開眼睛，盯著椅背
看。然後她讓他坐在她膝蓋上，他們倆互相凝視對方，
非常親密、柔和的凝視。在這幾分鐘的凝視，傑佛瑞的
神情非常愉悅。然後她再餵他另一只奶；這次，他緊抓
著她的上衣，身體其他部分則一動不動，十分放鬆。

　　傑佛瑞讓我印象最深刻的是，他還這麼小，卻能靜靜不動好
長一段時間，不過他的眼睛倒是經常動著，探看四周環境。我覺
得他雖然只是用眼睛在探索這個世界，卻能知道身邊有著不同的
人，家裡的人在身邊來來去去，他特別能覺察母親的動靜。

　　傑佛瑞是個很敏銳的嬰兒，平靜地讓自己置身在各種不同的
經驗裡，特別是餵食的經驗，接下來的經驗是清洗和換尿布。他
非常喜歡洗澡。

第四週的觀察

　　　母親把他放到墊子上，仍然抱著他。他一動不動，
四處看著，然後開始動起手臂和腿，一直到媽媽解開他
的尿布，他都不斷地動著。媽媽離開房間去拿水。他的
拇指非常接近嘴巴，還沒有放進去，他的手臂和腿並沒
有什麼動作，他望著四周的眼神顯得有些謹慎。媽媽在
他屁股上擦乳液時，他的腿用力但不積極地踢著，他彎

189

曲的腳則停放在陰莖上。媽媽很熟練地替他換上乾淨的
尿布。尿布換上後，他的臉皺起來，開始變紅，然後傷
心哭起來，發出嗚嗚的聲音。媽媽抱他起來，他立刻安
靜下來，開始四處張望。

　　傑佛瑞被放在墊子上的時候，整個身體一動不動，好像藉由
緊繃的肌肉來穩住自己。在碰觸到冷冰冰的地板，感受到空曠的
空間時，他似乎藉著緊繃的肌肉維持自己的完整感。接著他開始
四處看，好像想找個地方安置他的經驗。然後母親熟悉的手開始
清洗他的屁股，她的手撫摸並安撫了他，有了媽媽提供的確定感
後，他便能用力踢，並探索裸露下的自在。當母親離開他去拿
水，他把拇指當作乳房，希望藉由拇指來安撫自己。尿布換好、
清洗結束後，安撫的動作也停止了。傑佛瑞便哭了，一直到媽媽
抱起他來。

　　出生後頭幾週，在餵奶瓶的習慣建立之前，餵母乳的工作好
像整天不停歇。媽媽很不喜歡這個狀況。她提到，晚上也一樣，
傑佛瑞喜歡和她在一起，她「不知道該怎麼安撫他」。傑佛瑞兩
個月大時，她說：「傑佛瑞喜歡整個早上和我坐在一起，四處
看，吸收看到的一切，偶爾就吸吸手指。」我觀察到好幾次，當
母親要他繼續吸奶時，他怎麼樣地強烈拒絕，以及每次餵奶時間
太長，結果兩次餵奶之間的間隔時間非常短。這幾週，傑佛瑞成
功地把媽媽緊緊綁在身邊。

　　兩個月大時，「他的手緊握著她的食指，但過了一分鐘左
右，媽媽無意間把手指抽離了。傑佛瑞的手摸著她的上衣，然後
抓住她的衣服。他的眼睛還閉著。」

兩個半月後：「媽媽在餵傑佛瑞，他靜靜不動，閉著眼睛。媽媽跟我談著他的睡眠習慣。傑佛瑞停下吸吮的動作，抬眼看著媽媽。他的臉皺起來，漲紅，有點生氣的樣子。」

當他不能無時無刻占住母親時，我覺得他彷彿感受到自己可以透過眼睛控制她的行動，或他的家人。

第七週的觀察

190

餵了一陣奶後，母親把傑佛瑞放在嬰兒搖籃椅裡，然後開門出去，帶彼得去學校。傑佛瑞四處看著，他的手移到嘴邊，然後發出有點奇怪的喃喃聲。他看著那扇媽媽剛剛走出去的門，他的嘴動著，舌頭伸進伸出。他把一隻手放進嘴裡，吸著指關節。父親在他太太出去後，靜靜進來坐在他兒子旁邊陪他。媽媽回來後，繼續餵奶。傑佛瑞笨拙地含住乳頭，乳頭很快掉到嘴外，他轉離乳房。媽媽把乳頭送進他嘴裡。他張著眼，抬眼看著他媽媽，她低頭看他，他們四目交接。然後他開始吸吮，她說：「好了，別玩了，趕快吃。」他吸奶時張著眼，一隻腳畫著圈圈動著。他是否利用張開眼睛的方式，來留住媽媽在身邊，不准她再度消失？

第十二週的觀察

媽媽站起來，把傑佛瑞放進嬰兒椅。他看著她起身

走開。他看著她走出門，但臉上沒有特別的表情。他在椅子上玩著塑膠玩偶；不玩玩偶的時候，他就靜靜坐著。現在他抓住一個藍色的玩偶，一手握住他，兩眼專注地盯著它看。

思考及好奇感似乎比飢餓感還強烈。我的觀察紀錄中有許多描述傑佛中斷吸奶、四處觀看的情景。在他轉開頭的時候，媽媽經常把奶瓶留在他嘴裡。等他慢慢長大後，她常把傑佛瑞放在沙發上，坐在我旁邊，好讓他可以同時看見我和她，也許也讓他感受到他可以同時控制我們兩個，不然他就不吃奶。他的樣子讓人覺得，四處觀察就像奶一樣可以餵飽他，彷彿他可以透過眼睛把這個世界吃進來，並否認他對真正食物的需要。這樣的徵兆在六個星期大時就看出來了。

第六週的觀察

媽媽一走出房間，傑佛瑞的臉就開始皺起來。他的臉變紅，他的下骨向前突出，開始顫抖起來，不過他很快找到東西看著（好像什麼東西突然「吸引」了他的注意力），他的臉便放鬆下來。他這樣看了一會兒——他的嘴脣又向前伸，偶爾才小聲哭一下。然後他讓自己專注在某件東西上，很快地，他的臉就放鬆了，他會盯著這樣東西看一段時間。

191　　傑佛瑞三個月大時，媽媽一見到我就告訴我，她現在中午改

給傑佛瑞吸奶瓶了。他很快就接受了，不過吸奶瓶好像讓他吸進不少空氣，打了不少嗝。媽媽說，她還是讓傑佛瑞在清晨六點完整吃母乳，早上十一點和下午六點就只餵他一只乳房。在這次觀察中，傑佛瑞猛吸拇指，媽媽說他可能是餓了，不過他不肯吸媽媽的奶。我覺得傑佛瑞在早上十一點拒吸乳房（只餵一只乳房），可視為他在表達對媽媽留住乳房不給他的憤怒。在斷奶之前，傑佛瑞很享受吸吮並探索他的嘴巴，不過也許現在他吸手指（這動作一直持續到完全斷奶後）可能有另一層意義，是在壓抑他對母親的需求。這段時期，他經常被放在帆布嬰兒椅上，他的家人在他身邊來來去去。這段時期，我的紀錄經常提到他坐在椅子上，吸吮著他的拇指或手的某部分，或把舌頭在唇間進進出出，沿著嘴唇舔，有幾次則吸吮自己的舌頭。有時候，這些動作清楚與母親在面前有關，他會專注地盯著媽媽看，同時吸吮。遇見挫折後，他會兩手交握，彷彿要握住自己，緊緊攀住自己，同時吸吮著。斷奶後，他經常拿著一些小玩具又吸又咬。

　　傑佛瑞五個月大時，母親回去工作。這事靜靜地過去了。一個月前，她加快傑佛瑞斷奶的速度，所以他的進食形態突然改成一天三次固體食物，傍晚吸奶瓶，只剩下清晨一次親餵母乳。在我看來，這斷奶的過程似乎非常快，然而媽媽很高興「整個過程非常順利」。以下是傑佛瑞四個月大時，我對餵食過程的觀察。

第十六週的觀察

　　　　媽媽用一條小手巾綁著他，把他兩條胳臂束在身
　　側。她舀了滿滿一湯匙食物放進他嘴裡。傑佛瑞打開嘴

巴等著食物，同時看著我。媽媽又給他舀了一匙，他扭動身體，發出「哦哦」的抗議聲。媽媽說：「還太燙。」她邊重複說著「還太燙」，邊把另一湯匙食物放進傑佛瑞嘴裡。我後來才理解，她指的是放在桌子上那碗水裡的奶瓶，這奶瓶的位置在他身後，他其實看不見。不過，傑佛瑞扭著身體並不是在看那奶瓶，他盯著我看，現在，他扭得更用力些。媽媽說：「你要你的大拇哥嗎？」她把食物放下，鬆開他的手臂，然後繼續餵他。他沒有把大拇指放進嘴裡，倒是向後躺，吃得津津有味，不再扭動身體。他的嘴巴張開準備接收媽媽遞過來的食物；他的舌頭向前伸到兩唇之間，然後邊舔邊吸地把食物吞下去。媽媽用毛巾把他的臉擦乾淨，然後把他放在沙發上，然後去溫他的奶瓶。傑佛瑞一手握著毛巾，另一手完全放進嘴裡。媽媽回來，抱起他，讓他貼近她身體；傑佛瑞開始發出喃喃聲，看著奶瓶。當媽媽把奶瓶拿到他面前，他張大嘴，含住奶嘴。他用力吸著，發出一些聲響，鼻子的呼吸聲也變大，發出喘氣般的聲音。他的眼睛張著，往上看著媽媽。他的腳一動也不動；偶爾一隻腳會慢慢畫著圈圈。離媽媽較遠的那隻手沿著她的手移動到奶瓶附近；他把手指張開。媽媽低頭看著他，很長一段時間，四下一片靜寂，只有傑佛瑞吸奶吸得津津有味的聲音。

　　媽媽突然出聲問我假期的事。我回答媽媽的問題。傑佛瑞開始邊吸邊發出喃喃聲，抬起左手去碰媽媽的臉。她低頭看他，問：「怎麼了？你要我和你講話

嗎？」她開始細聲和他說話，聲調像唱歌一般，邊說邊搖著頭。傑佛瑞很認真地看著她，然後鬆掉奶嘴，開始對著她說起話來，他嘟起上脣，和她聊天，把手伸向她的臉。她把奶嘴再放進他嘴裡，他吸著，一直看著她。

　　傑佛瑞漸漸愈來愈放鬆，身體靜靜不動。他的眼睛漸漸闔上，停下吸吮的動作。「你快要睡著了，眼睛都打不開了！」媽媽移開奶嘴，讓他坐起來。傑佛瑞開始大聲哭起來；他的臉皺起來、漲紅，接著是一長串的大聲放屁。媽媽按摩他的背，她有點心不在焉地在他背上畫圈圈。她說：「哦？你還要嗎？」然後把奶嘴放進他的嘴裡。傑佛瑞含住了奶嘴，但吸了幾口後就把它推出來。媽媽讓他坐起來，按摩著他的背，他發出抗議，可是情況沒有好轉，媽媽變得更心不在焉，而傑佛瑞則變得更不舒服。她說：「我不知道你要什麼，我去拿墊子，給你換尿布。」

　　媽媽幫他換了尿布──尿布還很乾淨──傑佛瑞靜靜地讓媽媽換。

　　穿好衣服後，他躺在地上，媽媽給他一個「尿布別針」形狀的塑膠玩具。他看著玩具，過了一會兒，忽然伸出手來想抓它，第二隻手也開始伸出去抓時，就抓住了。他把別針玩具放進嘴裡，開始吸、舔、咬。媽媽離開房間，傑佛瑞看著她離開。他吸吮、啃咬玩具一段時間，後來他的右手卡在圍兜下面，圍兜翻起來遮住了他的臉。他開始漲紅臉，我幫他把圍兜拿開。他繼續咬著玩具，後來玩具從他手中掉了。我把它還給他。他拿住

玩具，並看著我，然後又開始吸這別針玩具，看著門的
方向。媽媽回來時帶了茶，她很快又離開，把茶端去給
爸爸。傑佛瑞看著她離開，他的臉變紅，開始大聲哭起
來，中間偶爾停下來咬一咬別針玩具。媽媽回來，傑佛
瑞立刻不哭了。她把他抱起來，和他說話，靠在他臉頰
旁吹氣。傑佛瑞看著，開始對著她發出各種聲音。

傑佛瑞的第一份玩具是這些小小的、各種形狀的塑膠玩具。
有別針形狀，還有人形和鳥形。母親每次幫他換尿布時，就把這
193 些玩具介紹給他，並放在他手裡。他會吸吮並啃咬這些玩具。這
些玩具似乎有抑制他對母親的需求的功用。當她離開他的視線
時，他會緊抓住這些玩具。我也感受到當他顯露出憤怒及攻擊
時，咬的動作會增加。

第二十週的觀察

媽媽在落地玻璃門外頭清洗窗戶。傑佛瑞看著她，
又看看我，重複地看媽媽和我；當我們四目交接時，他
會淺笑一下。然後他把手上拿著的鳥形玩具放回嘴裡，
繼續啃咬它。我感受到狀況有些不舒服，好像如果我不
和傑佛瑞說話，他會變得焦慮；傑佛瑞繼續咬著他手上
的鳥，並輪流看著我、他媽媽和哥哥。他叫出聲來，我
看他，他正在看我。過了一會兒，這事重複了一次。然
後他變得靜靜不動，只是咬著嘴裡的玩具。這樣過了
好一會兒，他把嘴裡的玩具拿出來，伸出手去，張開手

指，玩具因而掉在地上。然後他變得更安靜，他看著我們，漸漸陷入一種半夢半醒的狀態，把頭靠在椅背上。媽媽同我說話，我的注意力因而離開傑佛瑞。他大叫，我轉頭看他，他正看著我，嘴裡咬著爽身粉盒子的邊緣。

　　媽媽進來，緩緩幫他換著尿布。她向前傾身，越過傑佛瑞，趴在地上，指著什麼東西給彼得看，當時彼得在他們兩個人旁邊寫字。傑佛瑞抬頭看著她，伸出右手臂、張開手，碰她乳房附近，然後很開心地微笑，並笑出聲來。媽媽沒注意到他的反應，沒有表示什麼，她坐起來，繼續清潔他的屁股；傑佛瑞開始玩起他的手，兩手互擊發出聲響，又張開手心，兩手手心和手指相對。媽媽第二次向前傾身，傑佛瑞抬頭笑了，輕聲笑著。媽媽在處理彼得的事，沒有回應傑佛瑞。她給傑佛瑞包上乾淨的尿布，正包著的時候，傑佛瑞把兩根拇指放進嘴巴裡。他的動作有點粗魯，有一、兩次，拇指差一點戳到眼睛。等拇指送進嘴裡，沒含多久，又開始戳來戳去的動作。媽媽把他抱起來。

看來，有一些未被注意到的憤怒在流動著。

可能的聯結是母親重回職場所帶來的影響。在她重回工作前一天的觀察，傑佛瑞急著要抓住湯匙、自己餵自己，不過媽媽精神奕奕地餵他，他滿嘴食物，同時伸出手要抓湯匙。透過明快地餵食，媽媽讓嬰兒吃得又快又乾淨，這可能是為了減輕隔天就要離開他去上班的痛苦。她表現得好像是「別胡思亂想，提起精神

來做事，保持忙碌」。

194　　下一次觀察，我抵達時，傑佛瑞在睡覺，我正好目睹他做夢，好像是在回想令他滿足的吃奶經驗。

第二十一週的觀察

　　我們一起進到臥房時，媽媽一邊和我說著話，傑佛瑞張開一隻眼睛。看見這情況，媽媽停止說話。傑佛瑞慢慢閉上眼睛，開始吸吮他的拇指，吸了約四至五秒。媽媽看了他一會兒，然後留下我跟他獨處。他又吸吮拇指幾秒鐘，除此之外，沒有動靜。他的眼睛在眼皮下動著。他漸漸進入深度睡眠。他的吸吮降低為五至六秒鐘一次，並伴隨著相同速度的深呼吸。他的眼睛不再動，我看著他一動不動，睡了約莫二十分鐘。然後我聽到媽媽的聲音，好像是在講電話。傑佛瑞突然改變姿勢，用手臂把自己撐起來一點，那手臂便留在身側。他把臉埋進床單，在床單上摩擦著他的鼻子，臉向前，右臉頰向下，然後左右轉動約一、兩次，同時發出咕噥的聲響。接著，他摩擦著他的臉，好像要把臉埋得更深一些。他又睡著了。他沒有把拇指放回嘴裡，漸漸安靜下來，呼吸也平順了，他的拇指就在離嘴邊好幾公分的地方。

　　媽媽總是在餵奶或餵食之後，用毛巾擦拭傑佛瑞整個臉。同一次觀察的後半段：

　　傑佛瑞醒著，躺在放在地上的一把塑膠椅上。他四
處張望，然後看著我，微笑，再微笑。我感到我若不回
應他的微笑，會讓他不知所措，便也對他微笑。之後他
又對我微笑，然後向媽媽發出聲音，媽媽站在廚房走
道，他發出引她聊天的聲音。接著，他觀看著，然後興
奮地動起來，喚他哥哥，他哥哥在一旁跑來跑去，玩著
激烈的遊戲，發出很多聲音。他媽媽把彼得噓走，好把
傑佛瑞放在地上，並讓我看他已經快要能自己移動了。
他向下直直盯著地毯看，撐著自己的手臂，好幾次把
自己的身體撐高又放下。然後他抬起頭，四處張望；接
著，放下頭，他開始移動腳和膝蓋，推撐著地毯，但不
是很成功地把腳和膝蓋移到肚子下面，或抬高自己的屁
股。媽媽看著他，顯得非常高興，面帶微笑。然後她把
他抱起來的時候，談到他很強壯。

　　在這節摘錄中，我認為有許多線索指明，傑佛瑞找到方法因
應媽媽因工作好幾個小時不在身邊的情況，並在這樣的情況下繼
續他的成長與發展。他繼續努力發展他生理的能力，這部分一直
是他家人關注的焦點；他也藉此爭取家人的注意力。他對其他小
孩很有興趣，有時候甚至顯露出他早熟的好奇，特別是對他哥
哥；好像他認同了父親及哥哥，使他顯得像個小男孩，而不是個　195
還有很多需求的嬰兒。
　　媽媽開始上班後的幾週，傑佛瑞在各方面都長得非常快。我
所觀察的奶瓶餵奶時間仍是母親和兒子之間親密的時刻。他們發
展出極具個人特色的會話交流，包含各種嘴巴發出的聲音，非常

親密，儘管通常他們是很有距離地各在房間的不同角落。

傑佛瑞也持續展現自己，清楚表達自己的願望。母親回去上班一個月後：

第二十五週的觀察

> 傑佛瑞靜靜吸著奶瓶，他的手放在媽媽的上衣，五指張開。他的另一隻手放在她的手指上。彼得同我說話。傑佛瑞不想要奶瓶了，他把頭轉開。過了一會兒，媽媽說：「這樣啊，你想看。」她轉過他的身體好讓他看見我和彼得。他愉快地微笑，然後躺下來繼續吸奶，把我和彼得都放進他的視線裡。

好長一段時間，奶瓶一直是令人滿足且可以控制的經驗。傑佛瑞觸摸奶瓶，可以控制自己的吸奶狀況。有好幾次，我看見當奶流得太慢，他便咬著奶嘴。在母親回去上班後，傑佛瑞開始對杯子有興趣。在六個月大時，我意識到他經常注意著我喝飲料的杯子。我每次到訪觀察，媽媽都會為我泡一杯咖啡。在他的注視下，我覺得我好像在喝他的飲料。他常會模仿家人使用杯子的姿勢，有時用他的奶瓶，有時用空杯子。我認為，這反映了傑佛瑞對長大一事的個人探究，以及想要長大的願望；他也許希望自己是父親或彼得。他喝水的動作彷彿試著要體驗他人的經驗。我感受到我在喝他的飲料：他是否與我一起在體驗我的經驗？

第二十六週的觀察

媽媽坐在我旁邊的沙發上。傑佛瑞看著我，把手伸向我的咖啡杯。媽媽讓他奮力探向我這邊，因為我的杯子是空的，我便讓他拿走杯子。他試著要握穩它，然後往杯裡看。他把玩著杯子約莫十分鐘，然後對我露出他那乳臭未乾的得意笑容。

有幾個月，傑佛瑞一直玩著媽媽給他的那幾個塑膠玩具，他玩起「我丟你撿」的遊戲。我見他把東西掉在地上，然後從他的塑膠椅子側邊探出身子去看，然後撿起來。七個月大時，媽媽增加了好幾個比較柔軟的玩具給他，傑佛瑞把這些玩具拿起來後，會生動地和它們聊天，那樣子就像媽媽跟他聊天時一樣。這個時候，好像他「就是媽咪」，和他的玩具寶寶在一起。藉此，傑佛瑞體驗著與母親分離的主題，現在，他是掌控情況的母親，他可以控制玩具寶寶的「在」與「不在」。

第二十四週的觀察

傑佛瑞坐在他那把放在地上的硬塑膠椅。他拿出玩具狗，讓它從椅側掉出去，他等了一下，然後彎身去把它撿起來。他咬著玩具的頭，然後再讓它掉出去，玩具從他前面掉到地上。他等了一下，然後上半身從兩腿之間往前彎，左手伸出去要撿，但撿不到。他彎身向左，伸手出去找那玩具。這次，雖然他摸到玩具，但撿不起

311

來。試了幾次後，他抬頭看向媽媽，說：「啊！啊！」
媽媽回答：「你拿不到嗎？」媽媽過來幫他撿起來。傑
佛瑞漸漸興奮起來，顯得非常高興。他用力踢著腳，偶
爾就咬一咬玩具，有時對著我說話，有時則對著媽媽說
話。他咯咯笑著和我們聊天，顯得很快活、很開心的樣
子。媽媽離開去泡咖啡。傑佛瑞看著她離開房間。他看
不見媽媽之後，便把他的視線轉向我。他微笑，試著要
我和他說話。我回應了他。當媽媽回來時，傑佛瑞專注
地盯著杯子看。

一旦傑佛瑞可以移動自己（先是翻身，後是爬），他便開始
探索房間四周，摸摸門把、打開小櫥櫃的門。他帶著他的奶瓶
爬，奶瓶不時掉地上。我覺得那奶瓶對傑佛瑞而言彷彿是「代母
親」（pseudo-mother），是他可以扔下、丟掉、忘記的。他發現
他不需要母親隨時在旁邊，他已經不是那個小嬰兒了。在這些探
索中，傑佛瑞也呈現出他現在心裡想的父親及哥哥，並希望自己
可以像他們一樣。

第四十週的觀察

他轉向彼得的兒童腳踏牽引機，想辦法跪坐在那玩
具車旁邊。他推著它在房間裡繞，推的時候先傾身向
前，等到上半身不能再往前了，就用膝蓋走過去。他學
彼得發出「嗚嗚嗚」的聲音，然後往側邊看向我。

第四十四週的觀察

在他一歲前的後半期,還有其他有關「分類」、「檢視」、「選擇」、「觀看」及「丟棄」的遊戲。

> 傑佛瑞爬著,爬到一輛木製送牛奶的平板車旁坐定。他把瓶子一個一個拿出來,很仔細地看每一個瓶子,然後把瓶子放到一邊。等箱子空了,他用手搜尋箱子裡面,把裡面全部檢視一遍,然後再把瓶子一個一個放回去。

197

這段時期,我經常觀察到此類活動,彷彿傑佛瑞在這段時期最關切的主題是,弄清楚他生命裡的這些人,他們的來來去去,以及發展出藉由遊戲理解其憤怒和攻擊的方法。

第八十八週的觀察

> 媽媽拿了一個大紅蘋果進來,她咬下一塊,給傑佛瑞。他開心地接過蘋果,一邊在房間裡走來走去,邊流口水邊吃著那塊蘋果。過了一會兒,他回到媽媽膝前,把蘋果遞還給媽媽,她接過去,又給他,他嘰嘰咕咕地催著她,她便咬一口。這次,他接過蘋果,拿著它走來走去,然後來到我面前,把它遞給我。我接過來,再還給他。他拿了蘋果,開始吃,然後把蘋果留給我,自己跑去追貓。稍後,他要回他的蘋果,沒一會兒掉在地上。媽媽把它撿起來,把沾在上頭的毯毛拿下來,然

後拿到廚房去沖洗。傑佛瑞跟在後頭，伸出手要蘋果。
媽媽把蘋果舉到他拿不到的高度，小心檢查蘋果，傑佛
瑞突然哭起來了。他的下脣嘟起來，漲紅臉。媽媽低下
身，摟著他的肩膀，擦擦他的鼻子和嘴巴。他掙扎著。
她一把蘋果還給他，他就高興了，在客廳裡四處走動，
邊吃著手中的蘋果。他四處走，掉了蘋果，後來他用腳
踢它像在踢足球。

　　傑佛瑞在客廳裡的動作顯示他覺得一切都在他的掌控中，他
拿蘋果餵媽媽又餵我，好像很偉大的樣子。媽媽清洗掉在地上的
蘋果時，對於那可望而不可及、非他所能掌控的蘋果，傑佛瑞很
沮喪，也許他害怕蘋果就此一去不回。等他拿回蘋果，一切又回
到他的掌控，他可以隨自己的意思踢它、丟掉它。有時候，傑佛
瑞的脆弱顯而易見，他因應沮喪、壓力的平靜方式也顯露出來。
接下來摘錄他六個月大時的觀察。

第二十四週的觀察

　　餵食的過程短而快。媽媽站起來，說她要去拿他的
奶瓶，並告訴彼得跟她一起去，她要幫他清牙齒。他們
離開房間。傑佛瑞看著他們離開。媽媽離開房門時，順
手拉了門。我很害怕門會被關上。她離開時，傑佛瑞靜
坐著不動，把手放在大腿上。此刻，他的臉沒有變化，
不過他的右手開始在右大腿上動著；另一隻手沒動。他
的右手硬挺挺地在腰際，他的右手食指戳摑他的緊身褲

198

和小腿。他四處看，看向我的方向，最後注視著我，然後轉回去看門。他向後看我，給了我一個若有似無的微笑，接著有一次笑出聲來。我也對他笑。他望著門，然後轉回頭注視我，對我發出小聲而低沉如談天似的聲音，他的身體向椅子右側彎，他的右手和手指僵硬地在椅側及扶手的地方遊走著。

第三十二週的觀察

傑佛瑞八個月大時的觀察，彼得和他的幾個朋友都在。當時已是黃昏，傑佛瑞有些累。

媽媽讓傑佛瑞坐在沙發上，一旁有一堆等著要熨的衣服。傑佛瑞身子向前傾。他似乎在觀看屋子裡玩得興高采烈的孩子們。他身體向前向後搖，微笑著、搖晃著，非常興奮地享受四周熱鬧的氣氛。三個小孩決定要玩 Snap（譯註：一種紙牌遊戲，見到相同兩張牌時喊 Snap）。傑佛瑞漸漸安靜下來，陷入出神的狀態。他的左手開始在座位上遊走。沙發上的絲絨罩都拿掉了，可能是拿去洗，他的手摸著接縫，直到他找到了拉鏈。然後他仔細看了一會兒，把接縫的地方拉起來看，然後他又回到出神的樣子。過了一會兒，孩子們大吼「Snap」時，他嚇了一跳，興奮地看著，然後又漸漸安靜下來，又開始出神。其他的聲音好像不那麼干擾他。他心不在焉地伸手到那堆衣服，隨機拉出一件襯衫，把它拉到嘴邊，開始咬起衣領。媽媽拿了咖啡進來，把襯衫拿走。

他盯著我的杯子看，一直到我覺得不好意思喝那杯咖啡。媽媽給他一個玩具電話。他拿起話筒收話的部分咬起來。然後他拿起電話線咬一咬，再把它纏在手指間。過一會兒，他緩緩向側邊傾斜，拾起衣服堆裡的東西咬一咬。他漸漸安靜不動。然後他的臉突然漲紅起來，我聞出大便的味道。他繼續咬著衣服。媽媽把他的奶瓶帶進來。他依偎進媽媽的膝邊，熱切地打開嘴巴，眼睛張開，開始吸起奶瓶。他很放鬆，靜靜不動，看著奶瓶，很專心地沉浸在自己的世界，有點出神的樣子。他用兩手拿著奶瓶，並用手掌拍著奶瓶，顯得很滿足的樣子。

在日常生活瑣事裡，有一些小小的爭執，而傑佛瑞總是能夠找到與母親協商的妥協之道。

第二十週的觀察

傑佛瑞伸手要拿湯匙。媽媽讓他拿了，他把湯匙放進嘴裡，沒有弄髒嘴。她有點無奈地讓他自己餵，又舀了第二匙。等他慢慢不再那麼熱切要自己吃，她便接手，乾淨俐落地餵他。吃了幾口後，他抬起手，手心向外，好像在說「停」，然後他喝了幾口水。下一口食物塞滿嘴巴時，他把手指頭放進嘴裡吸，媽媽說：「對，用你那根常用的指頭。」他沒再吸。食物吞下去後，他就張著嘴等下一湯匙。媽媽拿了一瓶水果優格，傑佛瑞顯得要吃不吃的樣子。媽媽抱他坐在她膝上，試著用湯

199

匙餵他吃。他不要，堅持要自己吃。他們各讓一步。傑佛瑞自己餵，媽媽握著他的手引導他，好讓他吃得乾淨俐落。媽媽有點緊張不自在，好像很忍耐讓傑佛瑞自己餵食，而她硬梆梆的動作顯得有些滑稽。我發現自己在笑。她轉頭看我，看見我在笑，也忍不住笑起來，鬆了口氣地說：「我受不了一團亂，就是受不了。」她還是試著讓他自己餵。在吃優格的時候，傑佛瑞兩次要求媽媽幫他擦嘴巴和鼻子。

一旦傑佛瑞漸漸獨立，不那麼需要別人的協助或合作，他便能在人際關係裡，選擇並要求親密及關愛。

第五十二週的觀察

媽媽一抱起他，傑佛瑞就安靜下來，他依偎在媽媽的肩頭，他的手彎曲在胸前，沒有抱著媽媽，兩手交疊在前，一起依偎在媽媽懷裡。

結論

傑佛瑞生長在接納並愛他的環境。他的自信使他能夠表達自己，並深信他的家人會幫助他面對任何困難，只要他有要求，他們會幫助他。他的家給予他足夠的空間：不過分干涉，又有充分的關照，使傑佛瑞能夠自行選擇要靜靜地沉思、想像或是玩耍、探索；也就是說，他有足夠的空間讓他進行身體上或心理的探

索。他很有毅力，也很專心，能夠從頭到尾完成他想做的事。

傑佛瑞的家人很鼓勵他表現出「大男孩」的樣子，比較不給他機會呈現他嬰孩的那一面，包括感覺和行為。他們讚美他肢體動作能力的發展，總是有種要他快快長大的氛圍。每次他發展出新的能力，他們就開始想到下一個階段。例如，在他會爬後隔週，媽媽就去借了一部學步車。等他剛會走，隔週媽媽就買個便盆給他當玩具。至於傑佛瑞，他熱切地認同身邊的大人，想要長大、獨立，減少嬰兒般的需要，以及他對常不在身邊的母親的依賴。傑佛瑞也許吸收了母親的樣子，或仿效她在情緒上總維持些微的距離。授乳及他出生後需要她一直待在身邊，帶給她不少壓力和焦慮，這些因素或許與她情緒上與人保持距離有關。此外，媽媽不太能忍受「一團亂」，我認為，這不單指小嬰兒實際上會造成的混亂，也包括情緒方面的「混亂」。

傑佛瑞早期「希望媽媽任何時間只屬於他」的願望沒有得到滿足；不過這個家提供的環境品質，特別是媽媽的溫暖和包容、穩定和可信賴，及最重要的，她在鼓勵他長大、能與她分離的同時，也能將他放在心裡的能力，在在使傑佛瑞能穩固且安全地融入他的家，並發展出歸屬感。

附錄

【附錄一】參考書目

Abraham, K (1924) 'A Short Study of the Development of the Libido', in *Selected Papers on Psycho-Analysis*, London: Hogarth (1949) (Maresfield Reprints 1979)

Alvarez, A (1988) 'Beyond the Unpleasure Principle: Some Preconditions for Thinking Through Play', *Journal of Child Psychotherapy*, Vol. 14, No. 2

Bain, A & Barnett, L (1980) *The Design of a Day Care System in a Nursery Setting for Children under Five: Final Report*, Tavistock Institute of Human Relations, Doc. No. 2347

Barnett, L (1985) (film) *Sunday's Child: The Growth of Individuality 0-2 years* (120 mins, short version 60 mins), University of Exeter

Bentovim, A (1979) 'Child Development Research Findings and Psychoanalytic Theory: An Integrative Critique', in Schaffer, D & Dunn, J (eds) *The First Year of Life*, Chichester: Wiley

Bernstein, B (1977) 'The Sociology of Education: a Brief Account', in *Class, Codes and Control*, Vol. 3, London: Routledge & Kegan Paul

Bick, E (1964) 'Notes on Infant Observation in Psychoanalytic Training', *International Journal of Psycho-analysis*, Vol. 45.

Bick, E. (1968) 'The Experience of the Skin in Early Object Relations', *International Journal of Psychoanalysis*, Vol. 49

Bick, E (1987) 'The Experience of the Skin in Early Object Relations' (first publ. 1968), in Harris, M & Bick, E, *Collected Papers of Martha Harris and Esther Bick* (ed. Harris Williams, M), Perthshire: Clunie

Bion, W R (1962) *Learning from Experience*, London: Heinemann (Maresfield reprints 1988)

Bion, W R (1962a) 'A Theory of Thinking', *International Journal of Psychoanalysis*, Vol. 43

Bion, W R (1962b) *Learning from Experience*, London: Heinemann

Bion, W R (1963) 'Elements of Psycho-Analysis, London: Heinemann; also in Bion, W R *Seven Servants*, New York: Aronson

Bion, W R (1965) *Transformations*, London: Heinemann, also in *Seven Servants*, New York: Aronson

Bion, W R (1970) *Attention and Interpretation*, London: Tavistock; also in *Seven Servants*, New York: Aronson

Boston, M (1975) 'Recent Research in Developmental Psychology', *Journal of Child Psychotherapy*, Vol. 4, No. 1

Boston, M (1989, forthcoming) 'In Search of a Methodology of Evaluating Psychoanalytic Therapy with Children', *Journal of Child Psychotherapy*

Boston, M & Szur, R (1983) *Psychotherapy with Severely Deprived Children*, London: Routledge & Kegan Paul

Bower, T G R (1977) *A Primer of Infant Development*, San Francisco: Freeman

Bowlby, J (1969, 1973, 1980) *Attachment, Separation and Loss* (3 vols), Harmondsworth: Penguin Books.

Brazelton, T B, Tronick, E, Anderson, L H & Weise, S (1975) 'Early Mother-in-Law Reciprocity', in *Parent-Infant Interaction*, Ciba Foundation Symposium 33, Amsterdam: Elsevier

Bretherton, I & Waters, E (eds) (1985) *Growing Points of Attachment Theory and Research*, Monographs of the Society for Research in Child Development, Vol. 50, Nos. 1-2, Chicago: University of Chicago Press.

Brown, G W & Harris, T (1978) *Social Origins of Depression: a Study of Psychiatric Disorder in Women*, London: Tavistock

Bullowa, M (1979) *Before Speech*, Cambridge: CUP

Burgess, R G (ed) (1982) *Field Research: a Source Book and Field Manual*, London: Allen & Unwin

Burgess, R G (1984), *In the Field: an Introduction to Field Research*, London: Allen & Unwin

Carpenter, G (1975) 'Mother's Face and the Newborn', in R Lewin (ed) *Child Alive*, London: Temple Smith

Cranach, M von, *et al* (1979) *Human Ethology: Claims and Limits of a New Discipline*, Cambridge: CUP

Dandeker, C, Johnson, T, Ashworth, C (1984) *The Structure of Social Theory: Dilemmas and Strategies* (ch. 3 on subjectivism), London: Macmillan

Denzin, N K (1970) *The Research Act in Sociology*, Chicago: Aldine

Denzin, N K (ed) (1978) *Sociological Methods: a Sourcebook* (2nd ed.) London: McGraw Hill

Dunn, J (1977) *Distress and Comfort*, London: Fontana/Open Books

Dunn, J (1979) 'The First Year of Life: Continuities in Individual Differences', in Schaffer, D & Dunn, J, *The First Year of Life*, Chichester: Wiley

Dunn, J B & Richards, M P M (1977) 'Observations on the Developing Relationship between Mother and Baby in the Newborn', in Schaffer, H R (ed) *Studies in Mother-Infant Interaction*, London: Academic Press

Fairbairn, W R D (1952) *Psychoanalytic Studies of the Personality*, London: Tavistock/Routledge

Freud, S (1909) 'Analysis of a Phobia in a Five-year-old Boy', *Standard Edition*, Vol. 10, London: Hogarth (1955)

Freud, S (1911) 'Two Principles in Mental Functioning', *Standard Edition*, Vol. 12, London: Hogarth (1958)

Freud, S (1912a) 'The dynamics of transference', *Standard Edition*, Vol. 12, pp. 97-108

Freud, S (1912b) 'Recommendations to Physicians practising Psycho-analysis', *Standard Edition*, Vol. 12, pp. 109-20

Freud, S (1915) 'Remembering, Repeating and Working Through', *Standard Edition*, Vol. 14, pp. 121-45

Freud, S (1920) 'Beyond the Pleasure Principle', *Standard Edition*, Vol. 18, London: Hogarth (1955)

Geertz, C (1973) *The Interpretation of Cultures*, New York: Basic Books.

Geertz, C (1983) *Local Knowledge*, New York: Basic Books

Hargreaves, J (1967) *Social Relations in the Secondary School*, London: Routledge & Kegan Paul

Harré, R & Secord, P F (1972) *The Explanation of Social Behaviour*, Oxford: Blackwell

Harris, M (1978) 'Towards Learning from Experience', in Harris Williams, M (ed) *Collected Papers of Martha Harris and Esther Bick*, Perthshire: Clunie

Heimann, P (1950) 'On counter-transference', *International Journal of*

Psychoanalysis, Vol. 31, pp. 81-4

Henry, G (1974) 'Doubly-deprived', *Journal of Child Psychotherapy*, Vol. 3, No. 4

Hinde, R A (1982) 'Attachment: Some Conceptual and Biological Issues', in Murray Parkes, C & Stevenson-Hinde, J (eds) *The Place of Attachment in Human Behaviour*, London: Tavistock

Hinde, R & Stevenson-Hinde, J (1988) *Relationships within Families: Mutual Influences*, Oxford: Clarendon Press

Hinshelwood, R (1989) *A Dictionary of Kleinian Thought*, London: Free Association Books

Hopkins, B (1983) 'The Development of Early Non-verbal Communication: an Evaluation of its Meaning', *Journal of Child Psychology and Psychiatry*, Vol. 24, No. 1

Isaacs, S (1952) 'The Nature and Function of Phantasy', in Klein, M, Heinemann, P, Isaacs, S & Riviere, J (eds) *Developments in Psychoanalysis*, London: Hogarth

Kaye, K (1977) 'Towards the Origin of Dialogue', in Schaffer, H R (ed) *Studies in Mother-Infant Interaction*, London: Academic Press

Klaus, M H & Kennell, J H (1982) *Parent-Infant Bonding*, St Louis: Mosby

Klein, M (1921) 'The Development of a Child', in *Contributions to Psycho-analysis 1921-1945*, London: Hogarth (1950)

Klein, M (1928) 'Early Stages of the Oedipus Conflict', in *Contributions to Psycho-analysis 1921-45*, London: Hogarth (1950)

Klein, M (1946) 'Notes on Some Schizoid Mechanisms', in *The Writings of Melanie Klein*, Vol. 3, London: Hogarth (1975)

Klein, M (1948) 'On the Theory of Anxiety and Guilt', in *The Writings of Melanie Klein*, Vol. 3, London: Hogarth (1975)

Klein, M (1952a) 'Some Theoretical Conclusions Regarding the Emotional Life of the Infant', in Klein, M et al, *Developments in Psycho-analysis*, London: Hogarth

Klein, M (1952b) 'On Observing the Behaviour of Young Infants', In Klein, M et al, *Developments in Psycho-analysis*, London: Hogarth

Klein, M (1959) 'Our Adult World and its Roots in Infancy', in *The Writings of Melanie Klein*, Vol. 3, London: Hogarth (1975)

Laplanche, J & Pontalis, J B (1973) *The Language of Psychoanalysis*, London: Hogarth

Likierman, M (1988) 'Maternal Love and Positive Projective Identification', *Journal of Child Psychotherapy*, Vol. 14, No. 2

Liley, A W (1972) 'The Foetus as a Personality', *Australian and New Zealand Journal of Psychiatry*, Vol. 7, pp. 99-105

MacFarlane, J A (1975) 'Olfaction in the Development of Social Preference in the Human Neonate', in *Parent-Infant Interaction*, Ciba Foundation Symposium 33, Amsterdam: Elsevier

Mackay, D M (1972) 'Formal Analysis of Communicative Processes', *Non-verbal Communication* (ed. R A Hinde), Cambridge: CUP

Magagna, J (1987) 'Three Years of Infant Observation with M Bick', *Journal of Child Psychotherapy*, Vol. 13, No. 1

Main, M & Weston, D R (1982) 'Avoidance of the Attachment Figure in Infancy', in Murray Parkes, C & Stevenson-Hinde, J, *The Place of Attachment in Human Behaviour*, London: Tavistock

Meltzer, D (1978) *The Kleinian Development*, Perthshire: Clunie

Meltzer, D (1983) *Dream-Life*, Perthshire: Clunie

Meltzer, D (1988) *The Apprehension of Beauty*, Perthshire: Clunie
Meltzer, D et al (1975) *Explorations in Autism: a Psycho-Analytic Study*, Perthshire: Clunie
Meltzer, D & Harris Williams, M (1988) *The Apprehension of Beauty*, Perthshire: Clunie
Meltzoff, A N (1981) 'Imitation, Intermodal Co-ordination and Representation in Early Infancy', in Butterworth, G (ed) *Infancy and Epistemology: an Evaluation of Piaget's Theory*, Brighton: Harvester
Menzies Lyth, I (1988) *Containing Anxiety in Institutions: Selected Essays*, London: Free Association Books
Middleton, M P (1941) *The Nursing Couple*, London: Hamish Hamilton
Mills, M (1981) 'Individual Differences in the First Week of Life', in Christie, M J & Mallet, P, *Foundations of Psycho-somatics*, Chichester: Wiley
Mounoud, P & Vinter, A (1981) 'Representation and Sensorimotor Development', in Butterworth, G (ed) *Infancy and Epistemology: an Evaluation of Piaget's Theory*, Brighton: Harvester
Murray, L (1988) 'Effects of Post-natal Depression on Infant Development: Direct Studies of Early Mother-Infant Interactions', in Kumar, R & Brockington, I F (eds), *Motherhood and Mental Illness 2*, London: Wright
Murray Parkes, C & Stevenson-Hinde, J (eds) (1982) *The Place of Attachment in Human Behaviour*, London: Tavistock
O'Shaughnessy, E (1964) 'The Absent Object', *Journal of Child Psychotherapy*, Vol. 1, No. 2
O'Shaughnessy, E (1981) 'A Commemorative Essay on W R Bion's Theory of Thinking', *Journal of Child Psychotherapy*, Vol. 7, No. 2
Osofsky, J D & Danzger, B (1974) 'Relationships between Neonatal Characteristics and Mother-Infant Interactions', in *Developmental Psychology*, Vol. 10, pp. 124-30
Piontelli, A (1987) 'Infant Observation from Before Birth', *International Journal of Psychoanalysis*, Vol. 68, Part 4
Polanyi, M (1958) *Personal Knowledge: Towards a Post-Critical Philosophy*, London: Routledge & Kegan Paul
Popper, K R (1972) *Objective Knowledge*, Oxford: OUP
Pound, A (1982) 'Attachment and Maternal Depression', in Murray Parkes, C & Stevenson-Hinde, J (eds) *The Place of Attachment in Human Behaviour*, London: Tavistock
Richards, M P M (1979) 'Effects on Development of Medical Interventions and the Separation of Newborns from their Parents', in Schaffer, D & Dunn J (eds) *The First Year of Life*, Chichester: Wiley
Robertson, James (1953) *A Two Year Old Goes to Hospital*, Ipswich: Concord Films Council
Robertson, James & Joyce (1976) *Young Children in Brief Separation: Five Films*, Ipswich: Concord Films Council
Rosenfeld, H (1987) *Impasse and Interpretation*, London: Tavistock
Rustin, M E (1989, forthcoming) 'Clinical Research: the Strength of a Practitioner's Workshop as a New Model', *Journal of Child Psychotherapy*
Rustin, M J (1987) 'Psychoanalysis, Realism, and the new Sociology of Science', *Free Associations*, No. 9
Rutter, M (1981) *Maternal Deprivation Reassessed*, Harmondsworth: Penguin Books
Rutter, M (1989) 'Pathways from Childhood to Adult Life', in *Journal of Child*

Psychology and Psychiatry, Vol. 3, No. 1

Schaffer, H R (1977) 'Early Interactive Development', in Schaffer, H R (ed) *Studies in Mother-Infant Interaction*, London: Academic Press

Schaffer, H R (1986) 'Child Psychology: the future', in *Journal of Child Psychology and Psychiatry*, Vol. 27, No. 6

Schaffer, H R & Collis, G M (1986) 'Parental Responsiveness and Child Behaviour', in Sluckin, N & Herbert, M (eds) *Parental Behaviour in Animals and Humans*, Oxford: Blackwell

Schaffer, H R & Dunn, J (1979) *The First Year of Life*, Chichester: Wiley

Schwarz, H & Jacobs, J (1979) *Qualitative Sociology: a Method to the Madness*, New York: Free Press

Segal, H (1957) 'Notes on Symbol Formation', *International Journal of Psycho-analysis*, Vol. 38, pp. 391-7; also in *The Work of Hanna Segal*, New York: Aronson

Spillius, E (1988) *Melanie Klein Today: Developments in Theory and Practice*, Vol. 1, London: Routledge

Spitz, R A (1945) 'Hospitalism: An Inquiry in the Genesis of Psychiatric Conditions in Early Childhood', in *The Psychoanalytic Study of the Child*, Vol. 1, New York: International Universities Press

Stern, D N (1985) *The Interpersonal World of the Infant: a View from Psychoanalysis and Developmental Psychology*, New York: Basic Books

Stratton, P (1982) 'Significance of the Psycho-biology of the Human Newborn', in Stratton, P (ed) *Psychobiology of the Human Newborn*, Chichester: Wiley

Szur, R *et al* (1981) 'Colloquium: Hospital Care of the Newborn: Some Aspects of Personal Stress', *Journal of Child Psychotherapy*, Vol. 7, No. 2

Taylor, C (1985) 'Neutrality in Political Science', in *Philosophy and the Human Sciences: Philosophical Papers 2*, Cambridge: CUP

Trevarthen, C (1977) 'Descriptive Analyses of Infant Communicative Behaviour', in Schaffer, H R (ed) *Studies in Mother-Infant Interaction*, London: Academic Press

Trevarthen, C (1979) 'Communication and Co-operation in Early Infancy: a Description of Primary Intersubjectivity', in Bullowa, M (ed) *Before Speech*, Cambridge: CUP

Trevarthen, C (1980) 'The Foundations of Intersubjectivity: Development of Interpersonal and Cooperative Understanding in Infants', in Olson, D R (ed) *The Social Foundations of Language and Thought*, Toronto: Norton

Trowell, J (1982), 'Effects of Obstetric Management on the Mother–Child Relationship' in Murray Parkes, C & Stevenson-Hinde, J (eds), *The Place of Attachment in Human Behaviour*, London: Tavistock

Trowell, J (1989, forthcoming) 'The Use of Observation Skills', in Central Council for Education and Training in Social Work, *Post-Qualifying and Advanced Training for Social Workers: the New Priority*

Tustin, F (1972) *Autism and Childhood Psychosis*, London: Hogarth

Tustin, F (1981) *Autistic States in Children*, London: Routledge & Kegan Paul

Tustin, F (1986) *Autistic Barriers in Neurotic Patients*, London: Karnac

Willis, P (1977) *Learning to Labour*, Aldershot: Saxon House

Winnicott, D W (1941) 'Observation of Infants in a Set Situation', in *Collected Papers*, London: Tavistock (1958)

Winnicott, D W (1945) 'Primitive Emotional Development', in *Collected Papers*, London: Tavistock (1958)

Winnicott, D W (1949) 'Mind and its Relation to Psyche-Soma', in *Collected*

Papers, London: Tavistock (1958)

Winnicott, D W (1951) 'Transitional Objects and Transitional Phenomena', in *Collected Papers*, London: Tavistock (1958)

Winnicott, D W (1960a) 'The Theory of the Parent-Infant Relationship', in *International Journal of Psychoanalysis*, Vol. 41, pp. 585-95; also in *The Maturational Processes and the Facilitating Environment*, London: Hogarth (1965)

Winnicott, D W (1960b) 'Ego Distortion in Terms of the True and False Self', in *The Maturational Process and the Facilitating Environment*, London: Hogarth

Winnicott, D W (1971) *Playing and Reality*, London: Tavistock

【附錄二】英文索引

編按：附錄所標示之數字為原文書頁碼，查閱時請對照貼近內文左右側之原文頁碼。

D

E

F

G

H

I

Psychotherapy 060

嬰兒觀察：分析取向的心智發展解析
Closely Observed Infants

編—麗莎‧米勒（Lisa Miller）、瑪格麗特‧羅斯汀（Margaret Rustin）、
麥克‧羅斯汀（Michael Rustin）、茱蒂‧沙托沃斯（Judy Shuttleworth）
譯—樊雪梅　合作出版—雅緻文化有限公司（愛兒學母公司）

出版者—心靈工坊文化事業股份有限公司
發行人—王浩威　總編輯—徐嘉俊
責任編輯—裘佳慧　特約編輯—林婉華
內文排版—龍虎電腦排版股份有限公司
通訊地址—106 台北市信義路四段 53 巷 8 號 2 樓
郵政劃撥—19546215　戶名—心靈工坊文化事業股份有限公司
電話—02）2702-9186　傳真—02）2702-9286
Email—service@psygarden.com.tw　網址—www.psygarden.com.tw

製版‧印刷—中茂分色製版印刷股份有限公司
總經銷—大和書報圖書股份有限公司
電話—02）8990-2588　傳真—02）2290-1658
通訊地址—242 新北市新莊區五工五路 2 號（五股工業區）
初版一刷—2022 年 1 月　ISBN—978-986-357-233-6　定價—620 元

國家圖書館出版品預行編目資料

嬰兒觀察：分析取向的心智發展解析 / 麗莎‧米勒（Lisa Miller）、瑪格麗特‧羅斯
汀（Margaret Rustin）、麥克‧羅斯汀（Michael Rustin）、茱蒂‧沙托沃斯（Judy
Shuttleworth）編；樊雪梅譯. --- 初版. --- 臺北市：心靈工坊文化事業股份有限公
司，2022.01
　面；　公分. --（Psychotherapy；60）
　譯自：Closely Observed Infants
　ISBN 978-986-357-233-6（平裝）

1. CST：嬰兒心理學 2. CST：心理發展 3. CST：個案研究

173.19　　　　　　　　　　　　　　　　　　　　　　110022769

感謝您購買心靈工坊的叢書，為了加強對您的服務，請您詳填本卡，
直接投入郵筒（免貼郵票）或傳真，我們會珍視您的意見，
並提供您最新的活動訊息，共同以書會友，追求身心靈的創意與成長。

書系編號— Psychotherapy 60　　書名—嬰兒觀察：分析取向的心智發展解析

姓名 _____　　是否已加入書香家族？ □是 □現在加入

電話 (O) _____ (H) _____　　手機 _____

E-mail _____ 生日　年　　　月　　　日

地址 □□□ _____

_____

服務機構 _____　　職稱 _____

您的性別—□1.女 □2.男 □3.其他

婚姻狀況—□1.未婚 □2.已婚 □3.離婚 □4.不婚 □5.同志 □6.喪偶 □7.分居

請問您如何得知這本書？
□1.書店 □2.報章雜誌 □3.廣播電視 □4.親友推介 □5.心靈工坊書訊
□6.廣告DM □7.心靈工坊網站 □8.其他網路媒體 □9.其他

您購買本書的方式？
□1.書店 □2.劃撥郵購 □3.團體訂購 □4.網路訂購 □5.其他

您對本書的意見？
□ 封面設計　1.須再改進 2.尚可 3.滿意 4.非常滿意
□ 版面編排　1.須再改進 2.尚可 3.滿意 4.非常滿意
□ 內容　　　1.須再改進 2.尚可 3.滿意 4.非常滿意
□ 文筆／翻譯 1.須再改進 2.尚可 3.滿意 4.非常滿意
□ 價格　　　1.須再改進 2.尚可 3.滿意 4.非常滿意

您對我們有何建議？

_____

_____

廣 告 回 信
台 北 郵 政 登 記 證
台北廣字第1143號
免 貼 郵 票

心靈工坊
|Ps ❀ Garden|

10684台北市信義路四段53巷8號2樓
讀者服務組　收

免　貼　郵　票

（對折線）

加入心靈工坊書香家族會員
共享知識的盛宴，成長的喜悅

請寄回這張回函卡（免貼郵票），
您就成為心靈工坊的書香家族會員，您將可以——

⊙隨時收到新書出版和活動訊息

⊙獲得各項回饋和優惠方案